小学校体育専科教師の

授業力量形成に関するライフヒストリー研究

林俊雄と大後戸一樹の授業スタイルの形成と変容

木原成一郎　編著

創文企画

まえがき

本書は、全国的に数少ない小学校体育専科教師を対象にした授業力量形成に関するライフヒストリー研究の試みである。2022年度から高学年での教科担任制の制度化に体育科も加えられたことから、『体育科教育』誌の2022年3月号で「小学校体育の教科担任制の導入に向けて」と小特集が組まれたように、小学校体育専科教師の専門性に関心が集まってきている。ただし、本書はこのような時宜的な関心とは異なり、次に示すような編者の体育科教育に関する研究方法の関心から着手された。

教育方法学の研究者として出発した編者は、1992年4月に広島大学学校教育学部に赴任するとともに、体育科教育学を専攻し、主に小学校を対象として、体育の授業研究、教材開発、カリキュラム開発、学習評価の研究を事例研究として行ってきた。その一方、中高等学校の体育教員養成及び小学校の教員養成に教師教育者として従事しつつ、教師教育の事例研究を蓄積してきた。授業研究の授業を担うのは教師であるため、教師の力量と成長の過程を明らかにする研究がよい授業を実現するために重要であることは自明であるが、教師教育研究が授業研究と内在的にどのように関係するのかが編者の中で十分理解できないままであった。つまり、事例として明らかにした体育授業の教育内容、教材、教授行為、学習評価の特徴は、その授業を指導した教師の指導技術や教材構成の知識、教師としての信念と結びついていると直感するのだが、どう説明すれば他者に理解してもらえるのかわからず悶々としていた。

同時に、教育方法学の友人たちと教育内容、教材、教授行為、学習者、学習評価という授業やカリキュラムを構成する概念をもとに制度化された授業やカリキュラムのオルタナティブを開発するとともに、新たな授業やカリキュラムを実際に担う教師の力量と成長の過程を探求してきた。その中で、ライフヒストリー研究の方法を教師の教授技術や知識から信念や態度までが一体となった「授業スタイル」レベルに適用することで、教師の生活や学校での経験から「授業スタイル」の形成と変容を明らかにする研究を進めることになった。つまり、ある教師の授業が教育内容、教材、教授行為、学習者、学習評価という要素から説明されるとする。その時、「授業スタイル」レベルでのライフヒストリー研究は、その教師の授業がどのようにしてそのような特徴を形成するに至ったのかを教師のそれまでの生活史から説明しようとする研究である。ここにいたり、教師教育研究と授業研究が交差することになり、編者が体育授業を継続的に観察し批評してきた小学校体育専科教師を対象にして、授業力量形成に関するライフヒストリー研究を試みることになったのである。

本書は、以下のように展開する。序章は、問題の所在と研究の方法について述べる。第1に本書の解くべき問題は次の問いである。林俊雄（はやしとしお）と大後戸一樹（おおせどかずき）は教師をめぐる困難な時代に、どのようにして「誠実な教師」や「反省的実践家」としての教師の成長をめざして教職生活を歩むことができたのであろうか。そして、この問いに応えるために、本書は、広島大学附属小学校で林と大後戸が小学校体育専科教師として過ごしたそれぞれの24年間および14年間のライフヒストリーを対象に、2人の体育授業の力量形成の過程に焦点を当て、「授業スタイル」を形成し変容させた契機とその要因を明らかにすることを目的とした。第2に、この目的を達成するために本書で用いる研究の方法を述べる。つまり、林と大後戸の事例研究を行う際の研究方法として、学校文化に影響を受けた授業の力量形成の過程に焦点を当てるとともに、その過程について授業スタイルの形成と変容をライフヒストリー研究を通して明らかにすることを説明する。さらに、林と大後戸のライフヒストリーを理解するために必要な背景として、彼らの小学校体育専科教師としての勤務先である広島大学附属小の学校文化と小学校体育専科教師の仕事について説明する。

第1章は、「林俊雄の授業力量形成に関するライフヒストリー研究」である。「第1節　教師の信念の形成と変容」では、第1に林の経歴とともに、林の教師の信念に関する資料の収集と分析の方法が説明される。第2に、林のライフヒストリーによる時期区分に従って、教師としての信念の形成と変容が検討される。「第2節　授業スタイルの形成と変容」では、第1に、林の授業スタイルに関する資料の収集と分析の方法が説明される。第2に、林の授業スタイル一覧表が提示され、授業スタイルが「正解に持っていく授業」の形成と「正解を自分で見つける授業」への変容として検討される。さらに、「第3節　自己のライフヒストリー研究を振り返って」では、林がライフヒストリーの生成に共同で参加した立場からその成果を主に影響を受けた人々との出会いの観点から振り返る。

第2章は、「大後戸一樹の授業力量形成に関するライフヒストリー研究」である。

「第1節　教師の信念の形成と変容」では、第1に大後戸の経歴とともに、大後戸の教師の信念に関する資料の収集と分析の方法が説明される。第2に、大後戸のライフヒストリーによる時期区分に従って、教師としての信念の形成と変容が検討される。「第2節　授業スタイルの形成と変容」では、第1に、大後戸の授業スタイルに関する資料の収集と分析の方法が説明される。第2に、大後戸の授業スタイル一覧表が提示され、授業スタイルが「ここまで引っ張り上げる授業」の形成と「場を提供して押し上げる授業」への変容として検討される。さらに、「第3節　自己のライフヒストリー研究を振り返って」では、大後戸がライフヒストリーの生成に共同で参加した立場からその成果を主に教師教育者としての成長の観点から振り返る。

第3章は、「1982年から2011年までの小学校学習指導要領と児童指導要録の特徴」である。教師のライフヒストリー研究は、教師の生い立ちや学校体験等の個人的な諸経験を核とし、それを包む歴史的・社会的な事件を含んだ教師の個人史を焦点として教師の生活世界を描き出す研究である。林と大後戸の小学校体育専科教師としての力量の形成に焦点化している本書では、2名の個人的諸経験を包む歴史的・社会的な事件として、1982年から2011年までの小学校学習指導要領と児童指導要録の特徴を描くことにした。小学校学習指導要領と児童指導要録は小学校教師の授業を大きく制約する教育行政の文書だからである。ここでは、2名のライフヒストリーの時期に3度めぐってきた小学校学習指導要領と指導要録の改訂の特徴とその時期の広島大学附属小における体育科カリキュラム及び学習評価の観点の実際を説明する。そして林と大後戸が、教育制度の制約との葛藤を抱えつつ、どのように授業力量の形成について自律性を保つことができたのかを明らかにする。

終章では、第1に、本書で検討した林と大後戸の「授業スタイル」を形成し変容させた契機とその要因についてまとめて説明する。第2に、林と大後戸の2名の事例に共通したテーマについて検討する。それは、力量形成の条件、小学校体育科の教育的意義の明確化、であった。このテーマの検討を通して、2人が自律的な教師としてのライフヒストリーを歩むことができた条件と2人のライフヒストリーの「授業スタイル」の形成と変容の要因として最も重要な役割を果たした教師の信念を示す。第3に、本事例研究の意義として、一般化できる知見をどのようにして提供できるのかを示す。

最後に、編者に広島大学で教師教育者として体育科教育を担当する機会を与えていただいた故小林一久先生と最愛の家族、眞理、春香、拓也に心より感謝するとともに本書を捧げたい。

2022年6月
編者として　木原成一郎

小学校体育専科教師の授業力量形成に関する
ライフヒストリー研究
林俊雄と大後戸一樹の授業スタイルの形成と変容

目　次

序章

問題の所在と研究の方法

第１節　問題の所在と研究の目的：教師の受難の時代と求められる教師の専門性

21 世紀を迎える前後の 20 年間、教師をめぐる状況は困難の度を深めていった。1990 年代の半ば以降「学級崩壊」「不登校」「いじめ」問題の深刻化という学校教育の制度的な揺らぎが生じ、教育政策は問題への批判にこたえるための 1 つの方法として教師の資質能力の向上政策を打ち出すことになった。1989 年の初任者研修制度の発足に始まるこの 20 年間の全国的な教師の資質能力の向上政策は、山崎雄介（2012, p.11）によれば以下の 3 つにまとめられる。第 1 の「①採用後の資質能力向上政策」は、「初任者研修」（1989 年～）、「十年経験者研修」（2003 年～）といった法定研修や「教員免許更新制」（2009 年～ 2022 年）、教員評価の強化（2000 年前後～）の開始である。第 2 の「②教員養成課程の改革」は、「教職に関する科目」への新科目・体験等の設置、「介護等体験」（1998 年～）、「教職実践演習」（2010 年～）の設置である。第 3 の「③養成課程・採用後の両者にまたがる施策」は、「教職大学院」（2008 年～）の設置などである。

これらの教育政策の時期に 21 世紀初頭の教員大量退職と新規採用者数の増加が同時進行し、初任者に即戦力としての資質能力が求められるとともに、年齢層として人数の少ない中堅に過度の学校運営や管理の負担がのしかかった。まさに教師は受難の時代を迎えたのである。松下（2012, p.60）は、このような時代には「だれにも理解可能・判定可能な指標に従い、求められた教育成果を一定期間に確実に出す」という学校と教師へ向けられた期待や要求にこたえる「まじめな教師」が生まれざるを得ないと述べる。しかしながら、松下（2012, p.66）は、子どもの未来や社会の将来を支える子どもたちを育成する公教育としての学校の教師は、多様な人々や文献から学んで自らの哲学や理念を持ち、目の前の子どもに応じて独自の教える技法を持ち、自らの教育実践を批判的に省察し哲学や理念を問い直し技法を工夫する自律性を持った「誠実な教師」であるべきとする。また、自律性を求められる専門職としての教師として、佐藤（1997, pp.61-65）は、「反省的実践家」モデルを提案した。そして、「活動過程における認識と省察と実践経験の反省」を意味する「省察」と「理論的な概念や原理を実践の文脈に即して翻案する思考の様式」の「熟考」という 2 つの「実践的思考の能力」を教師の「実践的見識」と呼び「教師の専門性の基礎」とみなしている。

本書では、これまで述べた教師の受難の時代にもかかわらず、主に 1982 年から 2011 年までを対象に、「誠実な教師」や「反省的実践家」として成長をとげた小学校体育専科教師の事例として林と大後戸をとりあげる。林と大後戸は、勤務校の学校文化に守られ、そしてそれを活用しながら、多くの人や文献から学んだ知識を「熟考」して自らの教師としての信念を形成し技術に具体化するとともに、継続的な授業研究を通して「省察」を繰り返し授業の力量を形成しながら、自らの授業スタイルを形成し変容させていった。本書で後述するこうした彼らのライフヒストリーから両者は、「誠実な教師」や「反省的実践家」として成長した教師であると考えたからである。それでは、林と大後戸は教師をめぐるこの困難な時代に、どのようにして「誠実な教師」や「反省的実践家」としてそのライフヒストリーを歩むことができたのであろうか。

こうした問題意識を踏まえ、本書は、広島大学附属小で林と大後戸が小学校体育専科教師として過ごしたそれぞれの 24 年間および 14 年間のライフヒストリーを対象に、2 人の体育授業の力量形成の過程に焦点を当て、「授業スタイル」を形成し変容させた契機とその要因を明らかにすることを目的とした。

本書は林と大後戸という 2 名の小学校体育専科教師のライフヒストリーの事例研究である。このような少数の事例を扱う研究の意義について述べておきたい。ステイク（2006，p.109）によれば、特殊な事例を読んだ読者は、他の事例とどのような点で異なるかを比較して考えながら特殊な事例の分厚い記述の物語を読み、そこにある出来事を追体験し自分自身の中にある様々な出来事の記憶を呼び覚ますことができる。その結果、読者は事例について深い意味付けを行うことができるという。これは、読者による「自然な一般化」とよばれ、特殊な事例の読者への研究の貢献の仕方と説明される。こうした読者による「自然な一般化」により、読者は本研究の事例の林と大後戸の 2 名が経験してきた出来事を追体験して自分自身の中にある様々な出来事を思い出すことができる。そして読者は、その記憶の中の出来事から自分の体育授業の力量形成を促した契機と要因に気づいたり、そうした契機や要因を持っていないことに気づいたりするであろう。

本書では、林と大後戸の事例研究を行う際に、学校文化に影響を受けた授業の力量形成の過程に焦点を当てるとともに、その過程について授業スタイルの形成と変容をライフヒストリー研究を通して明らかにすると述べてきた。ただし、ここまで学校文化、授業の力量形成、授業スタイル、ライフヒストリー研究の用語を特に説明せず用いてきた。そこで、これらの用語の意味内容について次の研究の方法の説明の中で詳しく説明する。

第2節　研究の方法

1　授業の力量形成

「教師の力量」は、「資質能力と職能・専門性の中間に位置し、教育活動のための専門的な知識や技術と、そうした活動のよりよい遂行を志向した構えや態度を意味する概念」（藤原，2007，pp.8-9）とされる。藤原（2007，pp.8-9）は、行政用語として用いられる「資質能力」は生得的に身につけている「資質」を含み、「職能・専門性」は、授業や業務を遂行するために必要な狭い意味の能力を意味するとし、「力量」をその両者の中間的な位置にある概念と説明している。

また、吉崎（1997，pp.39-50）は、教師の仕事の中心である授業の「授業力量」を「授業についての信念」「授業についての知識」「授業技術」の3つの「側面」から捉えている。その中の、「授業についての信念」は、「具体的には、授業観、教材観、子ども観といったもの」とし、「授業についての信念は、教師の授業づくりや授業実践に方向付けを与えるもの」とされている。

両者に共通して、教師の「力量」や「授業力量」は、「専門的な知識や技術」に加え、「構えや態度」や「授業についての信念」を含む幅広い概念と捉えていることが分かる。そこで、本研究では、対象とする体育授業の力量を体育授業に関する「授業についての知識」や「授業技術」に加え、「授業についての信念」を含む幅広い概念と捉える。

それでは、「授業についての知識」や「授業技術」と「授業についての信念」とは、どのような関係にあると考えられているのであろうか。佐藤他（1991）は、「熟練教師の思考様式」を国語の詩の授業と理科の電気の回路の授業を対象として抽出した。その結果、両者の授業から抽出された5つの「熟練教師の思考様式」が同様な特徴を備えていたことに加えて、教師の思考の展開が同型のレトリックの構造で展開していたことを指摘した。この結論から、「そこには、各教師の思考と思考についての談話を規定しているものの存在が予見される」（佐藤他，1991，p.193）と述べ、教師の思考を規定している教師の信念の存在を予見した。

また、秋田（1992）は、「教師の知識と思考に関する研究動向」の国内外のレビューを行い、教師の「信念」が授業の在り方に大きな影響を与えている研究の成果を以下のように指摘した。

「授業の在り方は個人や社会の考え方に規定されている。そこで教師の持つ授業観、教科観等の捉え方、信念の個人差を明らかにしようとする研究がおこなわれている。」（p.227）

そして、秋田（2000, p.194）は、以下のように述べて、教師の信念の機能がその教師の思考や感情や行動を規定すると指摘した。

「信念は、授業場面の解釈や授業行動を根底で規定する認知枠組みとしての機能を持っており、同じ知識でもどのような信念を持っているかによって使用されるか否か、どのように使用されるか、そしてどのような感情がある事象に対して生じるかが規定されてくる。つまり、信念は根底で教師の思考や感情と行動を規定し、行動の目標を与える働きを担っている。」

朝倉（2016）は、教師の信念のレビュー論文を検討し、教師の信念の構造や機能、信念形成や変容のメカニズムが明らかにされていないことを指摘した。そして、国内外の社会心理学の成果を検討し、以下のように信念を定義した。

「行為者が 2 つの対象間に何らかの関係が存在すると思っているかどうかという、個人的な『思い込み』を計る概念として信念は捉えられる。信念は、対象と対象との連結とその強さを問題とする概念と理解できよう。」（朝倉，2016, p.83）

このように信念を定義すれば、「個人的な『思い込み』」から、それらはどういう要素から構成されているのかという問いが生まれる。さらに、「対象と対象との連結とその強さ」から、「対象と対象との連結」の構造や「その強さ」の強弱という問いが生まれてくる。この問いに応えて、朝倉（2016, pp.83-90）は、「信念の要素と種類」「信念の強さ」「信念体系モデル」について国内外の社会心理学の成果を検討した。

そして、朝倉（2016, p.84）は、「信念の要素と種類」を「認識的要素」「感情的要素」「行動的要素」に分類し、信念がこれらの要素から構造化されていると述べた。そしてこの知見は、教師の信念が教師の認識や感情や行動に影響を与えるという理解を裏付けると指摘した。これらの知見から本研究において授業の力量を考察する際に、教師の信念が知識や技術、行動に影響を与え、それらの形成や変容に方向を与える役割を果たすと考えることができる。

さらに、朝倉（2016, p.85-86）は、社会心理学の「信念の強さ」の成果を紹介し、教師の信念研究にそれらの「信念の強さ」を検討した知見が蓄積されていないことを指摘した。そして、「信念体系モデル」について国内外の社会心理学の成果を紹介し、以下のように述べた。

「以上の信念体系モデルでは、中心的—周辺的からなる球体モデルが仮定され、中心に位置づく信念ほど他の信念との連結性及び重要度が高く、変化に対して抵抗し、あらゆる場面の意思決定に影響を及ぼすとみなされる。」（朝倉，2016，p.89）

この指摘に学べば、本研究において授業の力量を考察する際に、教師の信念の強さを観点として、具体的な信念間の関係を整理し、より中核に位置する信念がどれであるかを推察し、教師の信念の構造的な把握に務める必要があると考えることができる。そして、このより中核的に位置する信念を明らかにすれば、これらの信念が次の項で触れる授業スタイルの形成と変容を規定している事実を把握できると考えられる。

さらに、藤原（2007，p.9）は、「力量形成」を「目的状態へ向けた段階的で右肩上がりの接近といった意味合い」をもつ「向上」と区別すると述べる。そして、「力量形成」は「個々の教師が直面する教育状況ゆえに様々な固有の教育課題を抱えつつ、そうした状況に応じた主体的な実践を行いながら自律的に力量を形成していくという現実」（藤原，2007，p.9）を示しているという。

本研究ではこの藤原（2007）の指摘を踏まえ、教師の力量形成を、教師が、各自が直面する「固有」な成長課題に立ち向かい、「自律的」で「主体的」に課題を解決しようと格闘する過程と捉える。

2　授業スタイル

森脇（2007，p.175）は、授業を理解するための「対象理解のスパン」や「対象の把握」「理解の方法」「理解の特質」に応じて表序 -1 にあるような四つのアプローチを提案する。例えば、「対象理解のスパン」を「（ⅱ）1 単元の授業」とした場合、その「対象の把握」は「教科内容及び教科内容に即した教材群の析出。教科内容、教材づくりの過程も含まれる。」ことであり、「理解の方法」は「教科内容研究、教材づくり、授業づくりの過程をストーリーとして理解、あるいは追体験する。」こととなる。その「理解の特質」は「単元レベルのモチーフ、教科内容、教材研究のプロセスの理解が可能」となり、「仮説実験授業の『授業書』」が例として示される。

表序-1　授業理解(授業から学ぶ)の4つのアプローチ（森脇、2007，p.175）

対象理解のスパン	対象の把握	理解の方法	理解の特質	例
(i) 1時間の授業	授業構造を教材や教授行為においてとらえる。脱文脈的な把握。	授業の骨格（教材、教授行為）を分析・追試、あるいは修正追試し検証する。	広範囲、多様な授業から効率的に学ぶことができる。授業実践の背景、文脈については把握しにくい。	「教育技術の法則化運動」「法則化論文」
(ii) 1単元の授業	教科内容及び教科内容に即した教材群の析出。教科内容、教材づくりの過程も含まれる。	教科内容研究、教材づくり、授業づくりの過程をストーリーとして理解、あるいは追体験する。	単元レベルのモチーフ、教科内容、教材研究のプロセスの理解が可能。	仮説実験授業の「授業書」
(iii) 授業者の授業スタイル	教科内容・教材づくりに通底する授業者の授業スタイルを析出。	授業スタイルの形態、構造、その特徴を理解する。	教師の教材・授業づくり、運営・評価の一貫した傾向を「スタイル」として把握し理解する。	教師が執筆する実践書（山本典人、有田和正の著書等）
(iv) 授業者のライフヒストリー	授業者の授業スタイルをその授業者の「カリキュラムの経験」の中に位置づける。	授業者の授業の歴史をインタビューで明らかにし、過去の授業記録、現在の授業記録であとづける。	授業者の授業、授業スタイルの生成と変容を授業者固有の文脈において明らかにすることが可能。	本稿事例

これに対して、森脇（2007）は、授業には「教師の教育観、授業観、子ども観といった観の世界と技術も含む具体的な方法論が一体となったもの」と定義された「授業スタイル」があり、「教師が執筆する実践書」に、その「(iii) 授業者の授業スタイル」が示されているとする。さらに、「(iv)授業者のライフヒストリー」

という「対象理解のスパン」では、「授業者の授業の歴史をインタビューで明らかにし、過去の授業記録、現在の授業記録であとづける。」ことを「理解の方法」として用い、「授業者の授業、授業スタイルの生成と変容を授業者固有の文脈において明らかにすることが可能。」となると示されている。

先に紹介した吉崎（1997，pp.39-50）も、教師の仕事の中心である授業の「授業力量」を「授業についての信念」「授業についての知識」「授業技術」の3つの「側面」から捉えていた。そして「授業についての信念は、教師の授業づくりや授業実践に方向付けを与えるもの」とされていた。吉崎は「授業についての信念」が「教師の授業づくりや授業実践に方向付けを与える」例として以下の例を挙げている。

> ある教師は、「わかる授業」ということに価値を置いて、子ども一人ひとりの考え方やわかり方に関心をもって授業を実践している。また、ある教師は、「楽しい授業」ということに価値を置いて、子ども一人ひとりにとって楽しい・おもしろい授業とは何かということを常に考えながら、授業づくりを行っている。さらに、ある教師は「自己表現ができる授業」ということに価値を置いて、子ども一人ひとりが授業の中で何らかの自己表現ができるような活動や場をつくろうとしている。（吉崎，1997，p.40）

ただし、吉崎（1997，p.112）は、上記のように「授業観」という「授業についての信念」が教師の授業実践に方向付けを与えるという一方、授業研究の中心を「教師の意思決定」場面に置き研究を進めた。そこでは、授業で求められる「教師の意思決定」を「子どもの学習状態は予想していた範囲内か」「他の手立て（代替策）があるか」「どの手立てをとるか」という「3つの判断・決定」という段階で行われると考えた。そして、これらの「3つの判断・決定」の根拠となる教師の知識を「①教材内容についての知識」「②教授方法についての知識」「③生徒についての知識」の3つの領域とそれらの複合からなる7つの領域であると定義した。吉崎の行った授業研究は、再生刺激法やVTR中断法という研究方法を用いて、「教師の意思決定」場面では上記のどのような領域の知識が活用されているのかを明らかにするものであった。そこでは、「教師の意思決定」の背後にある授業観が、その「教師の意思決定」にどう方向付けを与えているのかの検討はいまだ着手されてはいなかった。

これに対して、森脇（2007，p.175）は、教師が教育内容や教材を選び授業を計画する過程はもちろん、授業で教師が子どもに発問し子どもが応答をする授業の過程を対象に、教師の信念がそれらをどのように方向づけているのかを明らかにしようとする。そのため、教師の信念に加え授業の過程や子どもの学習成果が記録されている、「教師が執筆する実践書」を資料として用いることを提案した。

本研究では、第1に、「専門的な知識や技術」に加え「構えや態度」を含む包括的な「体育授業の力量」を把握するために、「教師が執筆する実践書」を用いて、表序-1の「（iii）授業者の授業スタイル」を明らかにすることが求められる。

「教師の教育観、授業観、子ども観といった観の世界と技術も含む具体的な方法論が一体となったもの」という「授業スタイル」（森脇，2007）は、教師の書いた教育実践記録を集団的に批評して他の授業で適用できる「典型」を生み出そうとする授業研究で示されてきた。近年の体育科では以下の2著が代表的である。

1）出原編著（1991）『「みんながうまくなること」を教える体育』大修館書店

2）久保編（1997）『からだ育てと運動文化』大修館書店

本研究の対象となる林は、出原編著（1991）に小学校5年生のサッカーの実践記録を掲載している。そして、大後戸は『「わかる」・「できる」力をつける体育科授業の創造』という実践記録集を2005年に明治図書から出版している。

出原（1991，pp.v-vi）は、授業研究の資料として実践記録を用いることの理由を以下のように述べる。

「授業研究では、子どもの見方や発達観、そして教材観や教材研究の質、具体的な授業の展開、そこでの方法や技術の妥当性などが問われるが、授業研究の対象としてのこれらもまた、教師の全力量の反映されたものとしてみなければならない。その教師の教材解釈や方法の吟味をするとともに、そのような教材解釈や方法をとったその教師自身の全力量を見なければならないのである。このような意味で、実践記録には実践者の人格や思想、信条、生き方などが全て含まれていると考えられるし、実践記録の分析による授業研究もその実践の背後にあるものまでたどらざるを得ないと思う。つまり、実践記録に綴られた内容や実践の事実を、実践者の生活や思想、人格のところまで遡って検討してみなければならないということである。」

つまり出原（1991）は、授業研究において、教師が用いた教授技術や教科内容、教材の妥当性を問う時、教師の子どもの見方や教材観という価値観を含んで分析すべきであるという。そのため、授業研究において、知識や技術のみならず、実践者の人格や指導、信条、生き方などが書かれる実践記録を用いるべきだという。

例えば、出原（1991）に掲載されている林の実践記録から出原氏のコメントと感想を紹介する。本著作は学校体育研究同志会のサークルに集う全国の研究仲間を中心とした授業研究であるが、出原氏は教師の人となりと一体となった授業を理解するために実践記録の対象かどうかを問わず、次のように、必ず全国の学校を訪ねて直接教師の授業を観察することにしているという。

「林さんの実践記録には教師としての力量の高さが示されている。またこの授業の背後に深い教材研究と緻密で粘り強い授業研究があることも十分にうかがい知ることができる。私が授業を見に行ったのは 88 年度の 3 学期であった。＜中略＞今回のサッカー実践からもわかるように林さんの授業ぶりは『徹底して子どもに考えさせること』が特徴である。教師が説明し、課題を提示して子ども同士で考えさせるのである。」

林は、前年度の小 2 のサッカーの授業で 1 人だけシュートを決めることができなかった女子を中心に、小 3 では得意な男子とペアを固定して、この女子にシュートを成功させるための練習を指導した。林は、この 2 名の練習と試合の結果を中心に、体育ノートの子どもの感想を資料として実践記録を書いている。

出原（1991，pp.98-104）は、林の授業の特徴を以下の 2 点として抽出した。第 1 に、「徹底して子どもに考えさせる」ために、子どもの思考にゆさぶりをかける「長尾にシュートさせるために何が必要なのだ」という発問をする体育授業である。第 2 に、これらの発問を通して、「助け合い」や「励まし合い」のレベルを超えて、どのような練習や攻め方をすればシュートができるのかという課題を「教え合い」「学び合い」する学習集団を育てることである。これは、林の授業の特徴を教授技術のレベルにとどまらず、学級の 1 人ひとりが学習の主体として成長するとともに、友達を仲間として尊重する学習集団を育てる授業についての考え方、つまり授業についての信念レベルにおいて林の授業の特徴を示している。本研究では、大後戸の書いた実践記録を含め、これらの実践記録を資料として用いて「（iii）授業者の授業スタイル」を明らかにしていく。

本研究では第 2 に、「授業者の授業、授業スタイルの生成と変容を授業者固有の文脈において明らかにすることが可能。」とされる「（iv）授業者のライフヒストリー」という「対象理解のスパン」に着目する。なぜならば、以下の大後戸の授業の変容への例にあるように、授業の変容とそれをもたらした要因を含めて授業を理解しようとすれば、教師の生活史と個人史という歴史的な視点からその要因を探求するアプローチが必要になるからである。

2010年2月6日の広島大学附属小の公開授業研究会のフラッグフットボール（以下FFと略す）の授業を観察していた編者は、FFの授業の準備運動をみて指導する内容が大きく変わったと直感した。その変化は第1に、時間が長くなったことである。この日は準備運動に9分間を使用した。これまでに観察した大後戸のFFの準備運動は長くても5分間であった。変化の第2は、指導する運動が変わったことである。以前は指や腕、足や、膝や腰という体の関節を動かす柔軟運動が中心だった。これに対して、この日の運動は、最初から全員FFで使用するボールを持ったまま、前向きに小走り、スキップ、ボールを投げ上げて自分で受ける運動と続いた。そして大後戸は、「ペアのQB（クォーター・バック：引用者注）が投げたボールを後ろ向きに走って取る場合があるね。そして後ろ向きにボールを受けた後にはゴールめがけて方向を変えて前に走るね。」という説明の後、次のような動作を指示した。「座った後向きの姿勢から後ろ向きで立ち上がって走り出し、ペアの相手が投げたボールを後ろ向きのままボールを受け取り、受け取ったら体を反転して前に走る。」子ども達は教師の指示に基づいて、グループごとに順番にペアで運動を行った。中には次の図序-1のように、ボールを受けて体を反転して走ろうとした途端、バランスを崩してつまずいてしまう子どももいた。これは、試合の中で、QBとレシーバーがボールにタイミングを合わせて動く時に、実際に起こる動作を準備運動に位置付けようとしていると解釈した。

準備運動は、関節や筋肉の柔軟運動やジョギング等の運動でウォーミングアップを目的とすると理解されている。これに対し、体育の熟練教師は、主運動につながる準備の運動を行う時間として使用することが多い。なぜならば、単元を通して指導する準備運動は、主運動の基礎として絶対に経験しておいてほしい運動を継続して経験できる貴重な時間だからである。例えば、授業スタイルの説明で後に詳述する「ねこちゃん

図序-1　FFの準備運動の写真

体操」は、器械運動全体の準備運動として、どの器械運動の教材の前にも年間を通して実施される。こうした指導計画を作成したことが大後戸の授業スタイルの変容の大きな特徴である。2010年2月6日のFFの授業の準備運動では、FFの試合の中で実際に出てくる、「スタートの姿勢から急にダッシュする」とか「フラッグをとりに来る敵から離れて逃げる動作」「味方が投げたボールを受けて反転して走る動作」が含まれていた。大後戸は、広島大学附属小に小学校体育専科教師として赴任して8年間は、FFの授業における準備運動は関節や筋肉の柔軟運動を短時間で済ませ、チームで攻め方や守り方を練習する試合の時間にできるだけ時間を割いていた。これに対して、広島大学附属小赴任後12年目のこの公開授業研究会では、試合で出てくる動作の中からタイミングを合わせる個々人の動きを選び出し、準備運動で繰り返し指導していた。

準備運動の変化から編者が直感した大後戸の授業スタイルの変化は、何がどのように変化したのであり、何がその変化をもたらしたのであろうか。この時編者は、大後戸の「授業スタイル」に関して、その時間的な変容とそれを生み出した要因を明らかにする必要を感じた。そこで、1人の教師の「生活歴を含むその個人史の全体」（藤原ほか、2006）であるライフヒストリーを検討し、「授業スタイル」を形成し変容させた要因を明らかにしようとした。

3　教師のライフヒストリー研究

3-1　教師のライフヒストリー研究

教師のライフヒストリー研究とは、1980年代以降欧米において生まれた研究である。それは、教師の生い立ちや学校体験、教職での子どもや同僚との出会いという個人的な諸経験を核とし、それを包む歴史的・社会的な事件を含んだ教師の個人史を焦点として教師の生活世界を描き出し、教職生活の現実に接近しようとする研究である（高井良，2015，pp.37-52）。高井良（2015）によれば、その方法論は、社会学的アプローチ、ライフサイクル的アプローチ、自伝的アプローチ、フェミニズム的アプローチという4つの系譜に分類される。

ここでは、社会学的アプローチの旗手とされるグッドソンの主張をもとに、教師のライフヒストリー研究が何をめざしているのかを紹介しよう。グッドソン（2006，ii）は、「多くの国々で教師の仕事が成熟した自律性を持つ職業から方向づけられた従順な技術職に移行していることが明らかになっている」と述べ、教師のライフヒストリー研究に教師の専門職としての自律性を回復する成果をもたらすことを期待した。そして、グッドソン（2001，pp.147-189）は、カナダの教師のライフヒストリー研究の成果から、授業の技術的な側面に狭く理解されている教師の成長を、教師観や授業観の転換を伴う「職業アイデンティティを確立するための葛藤」と学校の予算やカリキュラム改革に向かう「職業コミュニティの構築」という社会的文脈でとらえることを提案し、教師の知識や成長の視野を広げる提案を行った。ここには、教師の経験した世界から、学校のカリキュラムや教育政策を捉え直すことにより、教師の専門職としての自律的な成長の事実を明らかにしようとする意図が読み取れる。

3-2　教師のライフヒストリー研究の方法論

グッドソン（2001，pp.19-24）は、1970年代に欧米の教育社会学者が行った授業研究について、考察の対象が教室での出来事に限定され、授業を行う主体である教師を保守的で不変なものとして考えている特徴を批判した。そして、なぜそのような教室空間の構造が生まれ維持されているかを明らかにするために、教師の個人史や教室を取り巻く時代という歴史的な視点の必要を指摘した。

また、グッドソン（2006，pp.51-80）は、教師が自己の現在までの教師生活を語った「ライフストーリー」と授業資料や社会的制度や事件等の資料も踏まえて研究者が教師と共同してその「ライフストーリー」を解釈して構築した「ライフヒストリー」を区別した。こうして構築された「ライフヒストリー」は、教師の生活という世界から授業や学校、カリキュラムを問い直すことを可能にした。ただし、学校の内部で実践する教師と、学校の外部で専門的知識を持った研究者が対等な共同研究に携わることは容易ではない。対等で公正な共同研究のために、グッドソン（2001，pp.49-69）は、研究プロジェクトに提供できるものは何か、研究プロジェクトに参加することで得られるものが何かを、立場の異なる教師と研究者が正直に公開し交渉することが重要であると指摘した。

3-3　日本における教師のライフヒストリー研究

日本においても1980年代から教師の個人史に着目する教師教育研究が着手された。それらの成果として山崎準二（2002）は、同世代の教師集団である「コーホート」に着目した教師の「ライフコース」研究を著し、同一コーホート内の教師の成長過程に見られる共通性と教師個人のライフヒストリーから得られた個人の成長過程の多様性を明らかにした。さらに、高井良（2015）は、高等学校教師を対象にしたライフヒストリー研究を通じて、高等学校の制度改革の中で教職生活における中年期の危機を迎えた教師が、自己のあるべき姿との葛藤を通して専門職として自律的に成長していく過程を明らかにした。

また、グッドソン（2006, i）が、「数多くの日本の教師たちが自らのライフヒストリーや自伝を記し、書物として出版しているのだが、このことは私の経験から言うとほかに類がないことである。このため日本ではライフヒストリーのための非常に豊かなデータベースが準備されており、研究の機運も高い。」というように、日本では他国に類のない教師文化である教師の実践記録や授業研究の文献資料を用いた教師のライフヒストリー研究が蓄積されてきた。

例えば山崎準二ら（2003）は、社会科教育の著名な実践家の鈴木生氣と山本典人と若狭蔵之助へのインタビューと実践記録を資料として用いて、彼らのライフヒストリーにおける社会科に関する「実践の変容の軌跡」を描いている。さらに森脇（2007）は、奈良女子大学附属小の小幡肇のライフヒストリーを対象とし、彼の小学校社会科授業の「授業スタイル」の形成と変容過程を検討し、「授業スタイル」の形成に奈良女子大学附属小学校の「学校文化」が大きく関与していることを指摘した。これらの研究は、教師の個人史の特徴や画期を検討した上で、その教師の授業実践の形成と変容の過程に焦点を当てている。また、藤原ら（2006）は、中学校の国語科教師である遠藤瑛子のライフヒストリーを対象とし、38年間にわたる国立大学附属中学校における国語科総合単元学習の「授業スタイル」に焦点化し、遠藤の「実践的知識」の形成と変容の過程を明らかにした。

3-4　体育における教師のライフヒストリー研究

英語圏における体育のライフヒストリーの研究は、すでに多くの蓄積がある。Templin et al.（1988）は、アメリカとイギリスの2人の中等学校の女性中堅体育教師のライフヒストリーを比較した。2人の共通点は、長時間労働、学校内での体育教師の地位の低さを感じているが、その中で教育と体育の役割を高く評価していることにあった。相違点は、昇進しようとするか、体育教師のキャリアにとどまるのかという点であった。このキャリア発達の方向の違いには、体育が周辺的教科とみなされていることが影響を及ぼしている。

また、Armour, Jones（1998）は、イギリスの4名の中等学校の女性体育教師と四名の男性体育教師の事例から「体育の哲学」と「スポーツへの参加の過程」を把握した。そこでは、8名に共通した「テーマ」として「体育とスポーツの結合」

「教科としての低い地位」「体育における『ケア』の意識」「教師の生活とキャリア形成の仕方」が抽出された。

これらの研究は、体育教師のライフヒストリーの記述と解釈を通して、対象とした体育教師の成長過程における重要な要因を明らかにしている。つまり、「体育の哲学」「スポーツへの参加の過程」という個人の体育観や、「教科としての低い地位」「体育とスポーツの結合」「体育における『ケア』の意識」「教師の生活とキャリア形成の仕方」等の学校内の体育科の地位や体育教師の職業生活に共通して存在する傾向性が、彼らの成長過程を左右する要因とされたのである。ただし、英語圏における体育のライフヒストリーの研究は、体育教師の専門職としての仕事の中心である授業やカリキュラムについて、対象とした教師の特徴や変容について分析されてはいない。

日本においては、木原ら（2013）が公立小学校教師の個人史を対象にして、その教師の教職への動機から 2011 年の調査時までの体育の授業力量形成の契機と要因、体育授業観の形成と変容の過程を明らかにした。また、朝倉（2016, pp.147-167）は、高等学校の 2 名のベテランの体育専科教師を対象に、ライフヒストリー分析を含むエスノグラフィーの方法により、彼らの信念の形成と強化・維持の要因が実践現場の経験にあることを明らかにした。

これらの先行研究を踏まえれば、授業やカリキュラムに焦点を当て、「授業スタイル」を形成し変容させた過程を教師のライフヒストリーを通して明らかにすれば、その教師の授業力量の形成過程が明らかになると考えられた。

第 3 節　広島大学附属小の学校文化と小学校体育専科教師の仕事

1　広島大学附属小の学校文化

藤原（2007, pp.13-16）は、教師の自律的な力量形成に勤務校の「学校文化」が影響を与え、活用すべき資源となる場合もあるが束縛となる場合もあると述べる。また、「学校文化」は「学校の制度文化」「教員文化」「生徒文化」「校風文化」という構成要素を持つが、それらは相互浸透しながら教師の力量形成に影響を及ぼすので「学校文化」として一括して把握する立場をとるという。本書での学校文化も上記の構成要素を含む概念として使用し、以下に林と大後戸の力量形成に影響を与えたと思われる広島大学附属小の学校文化の特徴を述べる。

1-1　研究開発校としての広島大学附属小

林と大後戸が広島大学附属小に在籍中に、広島大学附属小から以下の 2 つの教育課程開発の成果が出版された。

1. 広島大学附属小学校編(1999)『21 世紀に生きる教育課程』広島大学附属小学校。本書を附属小（1999）と以下記す。

2. 広島大学附属小学校編（2007）『21 世紀型学力を保障する教育課程の創造―教科カリキュラムの構想―』広島大学附属小学校。本書を附属小（2007）と以下記す。

附属小（1999）は、「総合的学習の時間」が新設された 1998 年 10 月告示の小学校学習指導要領の改訂と軌を一にして、「自己学習力を育てる」をキーワードに開発された。その教育課程は、図序 -2 にあるように「道徳」を特設せず教育課程全体で育成し、「自治の活動」を基盤にして「教科の学習」「総合学習」の 3 領域で構成されていた。広島大学附属小は、1973 年 10 月から全国に先駆けて体験的活動を中心とする「総合学習」を実施してきた。附属小（1999）によれば、新しい教育課程は、「自主、協同、探求」という学校の教育目標に基づき、21 世紀に生きる子どもたちに求められる新しい学びを育成するために「総合学習」を異学年合同の「テーマ学習」を中心に再編するとともに、「教科の学習」と「総合学習」を交流させて、方法としての「新しい学び方」と内容としての「新しい知」の育成を求めて開発された。

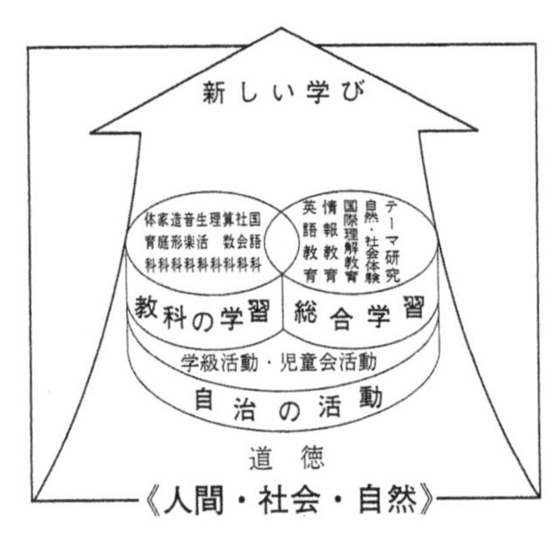

図序 -2　広島大学附属小の教育課程（附属小、1999，p.7）

この教育課程は、前年の 1998 年 12 月に告示された小学校学習指導要領で中高学年に「総合的な学習の時間」が毎週 3 時間設定されたことを踏まえ、広島大学附属小としての独自の教育課

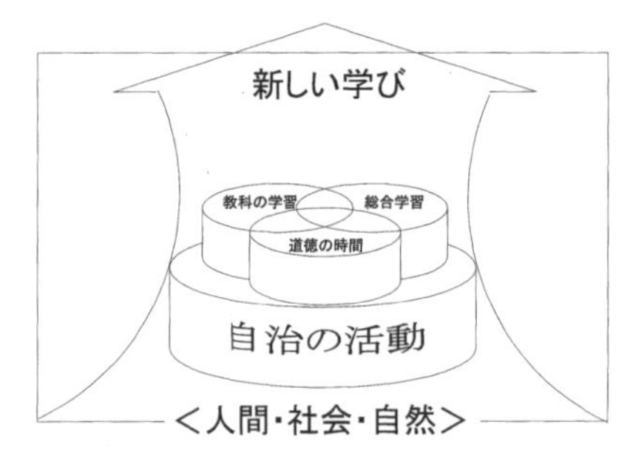

図序 -3　広島大学附属小の教育課程（附属小、2007,p.12）

程を提案したという性格を持っている。

さらに、附属小（2007）は、PISA2003 や TIMSS2003 の国際学力調査の結果を受け、「生きる力」の育成をキーワードとした 1998 年 12 月告示の小学校学習指導要領の見直しを文部科学省で行っていた時期に公表された。つまり、教科学習で知識の習得と活用の双方の重視、総合的学習の時間での探求活動による思考力、判断力、表現力の重視をめざした 2008 年告示の小学校学習指導要領の告示を前に、学力についての全国的な議論を踏まえ、広島大学附属小としての独自の教科の学習に関する教育課程を提案したという性格を持っている。附属小（2007）は、これまでの「基礎認識力」と「応用表現力」に加え「発展構成力」を育成することが 21 世紀型学力であるとした。教育課程の領域は、図序 -3 にあるように、それまで教育課程全体で指導していた「道徳」を 2004 年度から特設し、「自治の活動」を基盤に「道徳」と「教科の学習」と「総合学習」の 4 つの領域から構成された。「総合学習」では「テーマ研究」と「英語教育」が中心であり、「英語教育」は外国人講師（ALT）と英語専科教師が担当し中高学年に時間配当された。これは、2008 年告示の小学校学習指導要領で設置された「外国語活動」に向けた実験的な開発という性格を持っている。

ただし、附属小（1999）の「道徳」を特設せず教育課程全体で育成することから、附属小（2007）の「道徳」の時間を特設するという教育課程の変更は、道徳教育の考え方の変更を伴うものとして注目される。

附属小（1999）の文書ではこの変更が次のように説明される。

「本来、社会や家庭でなされた人間形成機能がうまく機能しなくなったことは、周知の事実である。これは、『価値の多様化』『価値の空洞化』という言葉が端的に表しているのではないだろうか。そこで、全教育課程を通じて道徳教育を行う基本姿勢は堅持しつつも、今、失われつつある社会・家庭においての人間形成機機能をも補充・深化・統合する必要性に迫られたのである。」（広島大学附属小学校編，1999，p.13）

この説明は、1958 年の学習指導要領改訂で「道徳」が特設されたとき、「第 1 章　総則」の「第 3　道徳教育」で次のように説明されている特設の趣旨とほぼ同一である。

「学校における道徳教育は、本来、学校の教育活動全体を通じて行うことを基本とする。（中略）道徳の時間においては、各教科、特別教育活動および学校行事等における道徳教育と密接な関連を保ちながら、これを補充し、深化し、統合し、またはこれとの交流を図り、児童の望ましい道徳的習慣、心情、判断力を養い、社会における個人のあり方についての自覚を主体的に深め、道徳的実践力の向上を図るように指導するものとする。」（文部省、1958）

学習指導要領に示された特設「道徳」は、藤井（2014，p.197）によれば、「諸価値（徳目）を、教育する側の意図に沿い、模範、教訓、賞罰などの方法を通して子どもたちに内面化させる方法」である「インカルケーション」という伝統的な道徳教育である。「道徳」を2004年度から特設した広島大学附属小の教育課程はこの考え方を受け入れた方向への転換と考えられる。

これらの教育課程の開発の事実より、広島大学附属小は、国立大学附属の小学校として、小学校学習指導要領を踏まえながら、ある程度の自由裁量の余地を認められ、授業や教育課程を実験的に創造していく研究開発校としての歴史と実績を持っていたといえる。

1-2　教科担任制におけるメンタリングと授業力量形成のための授業研究

前節で示した附属小（2007）によれば、広島大学附属小は開校以来教科担任制による教科指導を実施してきた。低学年では学級担任が子どもと接する時間を長くとることが望ましいと考え、学級担任が自分の専門教科以外の教科指導に当たる場合もあるが、中高学年は基本的に各教員が専門の教科を担当する教科担任制をとってきた。そして、林（2014，pp.19-20）は、現在の新任教師に求められる資質や能力は高度で幅広いものであることを確認した後で、広島大学附属小では教師の力として「授業で勝負する」ことが最も求められていたと述べる。

「一朝一夕にバランスよく力がつくといった簡単なことでないことは、容易に想像がつく。そこで大切になるのが、どこかに焦点化しそこに集中的に力を注ぎながらまずはそれを伸ばす、それを突破口にすれば関係する諸能力も自ずと身についていくということになろう。それは何かと端的に述べれば、よい授業をつくりそれを行う力ということになろう。これが広大附属小学校で徹底して教えられ実感したことであり、教師を目指す学生たちに自信をもって伝えられることである。」

このよい授業をつくりそれを行う力の育成のために、広島大学附属小では第1に教科担任制に伴うメンターからの支援があり、第2に校内研修としての授業研究システムがあった。

メンターとは、職場への新参者に対して心理的かつ専門的な支援を行いその成長を支える熟練した専門家のことであり、その支援はメンタリングとよばれる。広島大学附属小では教科担任制をとるため、各教師は教科の研究室に机を持ち、毎日各教科の教師が相互に授業や校務分掌のことを相談することができる。林（2014，p.21）によれば、大学の卒業とともに赴任した林と奥川和永氏は毎日体育主任の徳永隆治氏より次のようなメンタリングを受けていたという。

「とにかく恵まれた環境であったとつくづく思うのは、体育の授業づくりや授業研究や授業実践について、毎日目の前で徳永先生の言動を見聞きしながら学べたということである。自分の空き時間に徳永先生が授業されていれば、必ず授業を参観させていただいた。授業を計画し指導案を作るのにどのような文献を読まれているのかを間近で見させていただいた。これはよいと思われる研修には一緒に行こうと誘っていただいた。徳永先生が『学校教育』誌に実践記録としてまとめられたものを読んで、どんな観点でどのように構成された授業であり、成果と課題はどのようにまとめられたのかについても、実際に目の前で何回も見させていただいた授業であったため、子どもたちの姿を思い出しながらリアルに体感することができた。」

さらに、林（2014）によれば、徳永氏は教科担任制の課題を克服するため、学級担任の仕事として毎日必ず学級通信を手書きで発行し、子どもや保護者との交流を確保していた。それをまねて林も毎日必ず学級通信を書くようになり、子どもを見る目、子どもに寄り添う目を養うことになったという。このように、どの教科においてもベテランと若手のメンタリングの関係が組織されていたという。

岡崎（2014）は、2001及び2002年度の研究部長としての経験から、広島大学附属小で毎年校内研修として実施される授業研究の特徴を「『帰納的研究』としての校内研修」と述べている。岡崎（2014）は、それを表序-2「求められる校内研修」（岡崎，2014，p.25）で次のように説明している。広島大学附属小の校内研修は第1に「スタイル」として、個人の研究テーマが研究部の提示する共通テーマとは別に存在し、独創性を主張する指導案が提案されていた。第2に「研究の目的」について、授業者が問題意識、教科論、目標論、授業構成論、提案事項などを提案し、自分の問題・仮説をもって授業を実施し観察者と意見を交換した。第3に「研究の重点」として、教師自身が深く教材を分析し、「自分は何を教えたいのか」について他者を説得できるように資料に書き込まれていた。岡崎(2014)は、これらの3点をまとめて、「共通のテーマ・仮説が設定され、全員がそれを検証しようとする」「『演繹的』研究方法」に対して、「本校では、一人ひとりの教師がそれぞれ切実な問題を持ち、独自の授業を作りだそうとする。」特徴があり、それを「『帰納的研究』としての校内研修」と呼んだのである。

特に、この授業で、この教科で何を教えるのか、そのためにどのような教材を開発し選択するのか、そして授業の目標の達成をめざすためにどのような指導法や評価法を用いるのか、授業の計画から実施、評価と改善の全過程を教師自らが、先行研究や先行実践を踏まえて作りだすことが広島大学附属小の校内研修では求められる。そして、研究授業での子どもの事実を踏まえて、指導助言の大学教員と一緒に提案した問題や仮説が正当であったかどうかを真剣に相互に批評しあう校内研修の継続により、毎年2月に公開される公開研究会で提案するに足る授業の力が育成されていくのである。

表序-2　求められる校内研修（岡崎，2014，p.25）

	よく見られる 校内研修	これから求められる 校内研修	具体的な方法
スタイル	学校としての共通テーマのもと学習指導過程のパターンを求め、すべての教科・教材にあてはめようとする	一人ひとりの教師が自分の授業の振り返りや教育界のニーズから出発し、「自分の問題」のもと、「自分の授業」を創造する	個人・教科テーマの尊重お互い独創性を尊重する お互いに言いっぱなし 自己責任が大前提
研究の目的	共通テーマのもとに学校として共有できる仮説を持ち、その検証として授業をする	教師が学問的根拠のある教材研究・教材解釈のもと、自分の問題・仮説をもって授業を行い、問題や授業過程、結果を検討する	自分の問題意識・教科論・目標論・授業構成論・提案事項を持ち、できる限りレジュメに明示する
研究の重点	教師用指導所に依存した教材解釈または子ども理解への偏重	教師自身が納得いくまで教材を分析し、授業者自身の確固たる「教えたいこと」を持つ	「自分は何を教えたいのか」他者を説得できるようレジュメにしっかり書き込む (参考文献の明示)

1-3　学力の序列化による競争の中で苦しむ子供たち

林（2015，p.22）は、広島大学附属小を離れた10年後の2015年に自己の広島大学附属小時代の授業を振り返った論稿で以下のように述べた。

「私は大学卒業後の1982年4月から2006年3月までの24年間、ずっと同じ職場（広島大学附属小学校）で勤務しました。国立大学附属小学校ですから、やはり公立の小学校とは異なる特殊な環境にありました。子どもたちの多くは経済的にも文化的にも恵まれた家庭環境にありましたし、総じて教育熱心な保護者の多くはとても協力的でした。＜中略＞しかしそんな中でも、よく見れば子どもたちにはそれぞれ何がしかの生活課題や発達課題がありました。低学年のうちから学校帰りや休日の塾通い・習い事に追い立てられ、学年が進むにつれてより過酷な受験競争の渦の中でもがき苦しむ子どもが増えていきました。子どもらしく自由に遊ぶ時間ややりたいことに夢中になれる時間はもちろん、ほっと一息つく時間やぼうっとできる時間すらない生活が続く中で、過度のストレスから異常に敵対的になったり逆に自己防衛的になったりする子どもも多数いました。こうしたことが誘因と思われるいじめや不登校といった問題状況にもいくつか直面しました。」

「過酷な受験競争の渦」に巻き込まれもがき苦しむ子どもたちに小学校体育専科教師は何をすべきなのか。何ができるのだろうか。林は以下のように述べ、ひとつの基準で人間を序列化し敵対させる価値観に対し体育の授業で集団で学ぶことにより仲間の信頼や仲間との協同の価値を示そうと挑戦してきたと述べた。

「いやでも弱肉強食的な価値観にさらされることの多い子どもたちだからこそ、学校教育のなかでは意図的・計画的に集団で学ぶことを組織してその意味や意義、そしてすばらしさや喜びを感じ取らせてやりたい、そうしなければならないと強く思うようになっていきました。」

2　広島大学附属小における小学校体育専科教師の仕事

2-1　広島大学附属小の特徴

広島大学附属小は、1905（明治38）年4月17日に広島高等師範学校附属小学校として開校した。そして、設立当初から広島大学附属小には3つの使命がある

とされた。（沖原，1985）

①学生の教育実習を行う練習学校

②新しい教育理念の可否を研究する実験学校

③実験された教育理論を実施する模範学校

この 3 つの使命を果たすため、広島大学附属小は全国的にも珍しい 1 年生から教科担任制で授業を実施しているという特徴を持った学校文化が形成されている。教科によって持ち時間数が異なるため例外もあるが、広島大学附属小は基本的に教科の担当をしている 1 人の教師が、入学する 1 年生から卒業する 6 年生までの 6 年間の教科指導を担当することになる。公立学校においては、学級担任制が一般的であり、1 人の教師が同じ子どもを対象に 6 年間教科指導を行うことはほとんどない。これに対して、広島大学附属小では、6 年間の発達、成長に合わせて授業を実施する事ができる。

また、広島大学附属小の特徴として、先に述べた 3 つの使命のうち、「実験学校」「模範学校」の使命を果たすための、研究や授業の公開の機会が多い事が挙げられる。1914（大正 3）年に創刊した月刊誌『学校教育』は広島大学附属小の教師が編集、執筆を行っており、現在も発刊し続けられている。さらに、1915（大正 4）年に第 1 回の小学校教育研究大会が開催され、現在では広島大学附属小の研究成果を発表・協議する「研究発表協議会」と、全国各地から研究者・実践者を招いて、各教科の今日的課題を協議する「初等教育全国協議会」を隔年で開催している。このように広島大学附属小の特徴は、学外に研究や授業に関して公開する機会が常に存在しているという点も挙げられる。

また、広島大学附属小で働く教師集団にも特徴がある。戦前の頃は、全国の師範学校から各教科の名人と言われる教師が集まり、教育活動を行っていた。筆者が広島大学附属小に在職していた当時もその名残があり、教師の半数が広島県内や県外から研修として派遣されている教師で構成されている。

このように公立小学校と比べて特殊な特徴を持った広島大学附属小における、小学校体育専科教師の仕事とは一体どのようなものなのだろうか。以下、その仕事の内容について筆者が広島大学附属小に在籍していた経験を中心に紹介していきたい。

2-2　カリキュラムの開発

カリキュラムについて柴田（2000，pp.117-118）は、「①国家的または政治的・

経済的・社会的要求によって定められる教育課程（国レベル）」「②学校で編成される教育課程（学校レベル）」「③個々の教師が計画し、実施する教育課程（教室レベル）」の3つの階層を区別する必要があると指摘している。

体育科におけるカリキュラム開発においては、丸山（2015）が編成主体の3つのレベルが相互に関連していることを図序-4の中で示している。

学習指導要領は、編成主体が「国レベル」であり、教育課程の基準として示されている。そのため、この学習指導要領や学習指導要領解説等をもとにして、各学校において、「学校固有の体育カリキュラム開発」が行われるという。この「学校レベル」のカリキュラム開発は、小学校でいえば、6年間を見通した指導計画の作成である。この指導計画の編成主体はそれぞれの学校である。そのため、この指導計画については、それぞれの学校において作成された後、学校全体で共有され、実際に授業を担当する教師の間で合意される必要がある。そして、学校内で合意された指導計画をもとに、各学年、学級の授業を担当する教師により、実際に実施される「教室レベル」のカリキュラムである単元計画が作成される。この「教室レベル」のカリキュラムの編成主体は、それぞれ授業を担当する教師である。

また、二宮（2018，p.4）は、カリキュラムを3つの階層構造で説明している。学習指導要領などの国の教育課程の基準として示されるものを「意図したカリキュラム」（二宮，2018，p.4）とし、学校、教室で実際に行われたカリキュラムを「実施したカリキュラム」（二宮，2018，p.4）、そして子ども達が実際に学んだ内容を「達成したカリキュラム」（二宮，2018，p.4）として整理した。つまり、カリキュラムは、「意図」「実施」「達成」の全てを含み込んだものとして捉えることができる。一方、「教

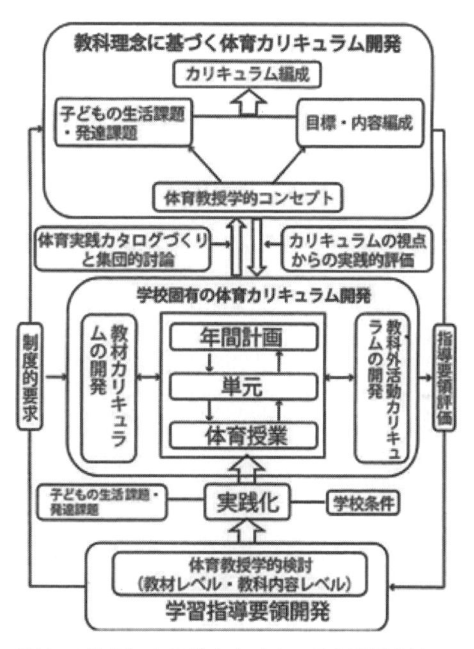

図序-4 教師による体育カリキュラム開発方法のモデル（丸山，2015，p.255）

育課程」は、二宮も指摘するように、行政用語として用いられており、「教科学習に加え、教科外の様々な活動（学校行事や学級活動、生徒会活動、部活動など）」（二宮，2018，p.2）全てを含み込んだ学校の教育計画である。そのため、この二宮の指摘を踏まえ、教育課程はカリキュラムのうちの文書化された計画を示す「意図したカリキュラム」（二宮，2018，p.4）を示す用語として用いることとする。

本項では、広島大学附属小における「学校レベル」「教室レベル」の体育科のカリキュラム開発（以下、体育科カリキュラムとする）について論じていく。そこで、体育科カリキュラムの位置付けを図序 -5 のように整理した。学校では、教育課程として、「教科学習に加え、教科外の様々な活動（学校行事や学級活動、生徒会活動、部活動など）」（二宮，2018，p.2）に関する様々な計画が作成される。これまで述べてきたように、指導計画や単元計画は、教育課程であり、カリキュラムの中の一部分と考えられる。また、本項では、カリキュラムを二宮が述べる「意図したカリキュラム」「実施したカリキュラム」「達成したカリキュラム」の全てを対象としている。そのため、本項においては、体育科における「意図したカリキュラム」である指導計画や単元計画、「実施したカリキュラム」である実際の授業実践、「達成したカリキュラム」である子ども達の学習成果の全てを含みこんだものが体育科カリキュラムである。そして、本書の序章、第 3 節、1-1「研究開発校としての広島大学附属小」で木原が述べたように、広島大学附属小では、学校レベルのカリキュラムの大筋が研究部を中心に開発され、それを元に学校レベルの体育科カリキュラムを体育専科教師が開発する。さらにその体育科カリキュラムを個々の担当教師が担当学年や担当クラスの実情に合わせ、教室レベルの体育科カリキュラムを開発し、研究授業や授業実践を行う。そして、「研究授業での子どもの事実を踏まえて、指導助言の大学教員と一緒に提案した問題や仮説が正当であったかどうかを真剣に相互に批評しあう」（本書、p.28）ことにより、「達成したカリキュラム」について検証する。このように、広島大学附属小では、「意図」「実施」「達成」の

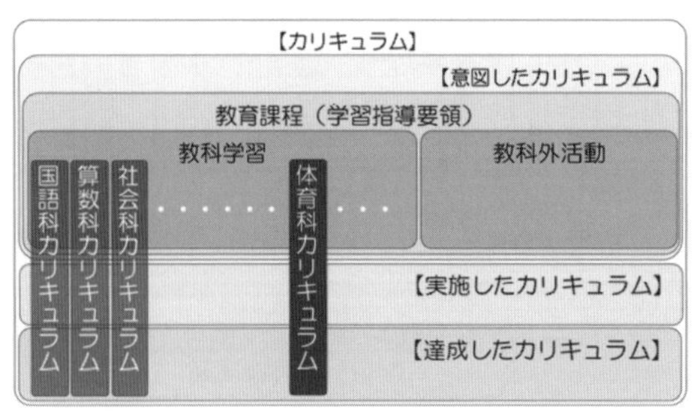

図序 -5　カリキュラムと教育課程の用語の整理
（中西, 2021, p.8）

全てを含みこんだ形でカリキュラム開発が伝統的に行われてきた。では、実際にどのように体育科カリキュラム開発を行ってきたのか、筆者が広島大学附属小に在籍（2013 年度から 2017 年度）していた体育科カリキュラムの開発の一端を紹介したい。

2-3　広島大学附属小における学校レベルのカリキュラム開発

広島大学附属小では、体育専科教師が「学校レベル」の体育科カリキュラムを開発する。先に述べたように、広島大学附属小は、新しい教育理念の可否を研究する「実験学校」の使命があるため、「国レベル」のカリキュラムである学習指導要領を相対化し、独自のカリキュラムを編成することに取り組まなくてはならない。丸山（2015）も、日本の学校は学習指導要領に強く規制され影響を受けているため、教師がカリキュラム開発に着手する際には、「まず現場の実践を規定する学習指導要領を検討することから出発しなければならない。」（丸山，2015, p.257）という。さらに、「その際、学習指導要領の目標や内容をただ理念の問題として捉えるのではなくて、その目標や内容を日常の授業や実践と結びつけて検討していく作業が必要となる。言い換えれば、それは授業実践と関連する具体的な教材レベル、教科内容レベルにおいて学習指導要領の内実を検討するということ」（丸山，2015，p.257）だと言う。

広島大学附属小においては、学習指導要領に示された内容に対して、理論と実践の両面から検討し、「学校レベル」において附属小学校独自の各教科のカリキュラムを編成してきた。この「学校レベル」の各教科のカリキュラムについては、毎年行われる校内研修において、校内の他教科の教師に各教科が考える理論と授業を公開することで「カリキュラムの正当化に向けての合意形成」（丸山，2015）を校内の教師集団で行っている。そのため、学校レベルのカリキュラムに関しては、校内研修において研究部から出される全教科を含み込んだ研究テーマを元に、各教科の視点から研究主題を設定し、それを具現化した授業提案が行われる。広島大学附属小における研究授業の指導案は、10 ページ以上になるものも珍しくない。前半部分において、研究主題に関わる理論的な背景を論じ、各教科の考え方を説明する。その上で、その理論を具現化した授業を提案する。提案した指導案や授業に対しては、授業検討会において他教科の教師から鋭い質問や意見をもらったり、授業後に 1 人ひとりの教師が書く授業振り返りシートにより、更なる批評をもらう。これらの内容を元に、再度各教科の専科教師が共同で学校レベルのカリキュラムの修正を行う。これは、丸山（2015）が指摘する「カリキュラムの正当化に向けての合意形成」の原則で示された、「相互批評・議論—情報公開—共同決定」という手続きにあたる。つまり、この校内研修を通して、学校レベルの各教科のカリキュラムは「意図」「実施」「達成」の全てを含みこむ形で開発される仕組みができているという事になる。

さらに、附属小学校は校内だけではなく、「研究発表協議会」で「学校レベル」のカリキュラムに関して全国の先生方にも理論と授業を一般に広く公開し、カリキュラムの評価、修正を行っている。このように、日常の教育活動の中に、学校レベルのカリキュラムを公開し、意見をいただくことにより修正する事が可能な環境にあることで、毎年カリキュラムを修正していく事ができ、常により良い学校レベルのカリキュラムを開発、修正していく文化が存在しているのである。このような研究の成果として、広島大学附属小では、学校レベルのカリキュラムである教育課程を開発し、実践を積み重ねてきている。広島大学附属小の HP に記載された沿革においては、1978 年に 1978 年版教育課程を完全実施、1991 年、1999 年、2007 年にそれぞれ「新教育課程を完全実施」と記載され、文部科学省が告示する学習指導要領とは一線を画す学校レベルのカリキュラムを開発してきた。さらに、2014 年には、文部科学省の研究開発学校の指定を受け、新しいカリキュラムの開発を行った。

例えば、広島大学附属小の研究紀要第 46 号（2018）では、「グローバル化社会を生き抜く子どもの育成」として、研究部から学校レベルのカリキュラムが提案された。そこで、グローバル化社会を生き抜く子どもの育成を実現するための 3 つの資質・能力が以下の様に設定された。

①生きるために必要となる知識・技能【知識・技能】
②文脈に応じて全体を向上させる思考力・表現力【思考・表現】
③アイデンティティをもち、異なる文化や価値観をもつ他者との共生を創る態度【共生を創る態度】

この研究部の提案を受け、体育科担当の 2 名の教師で、体育科カリキュラムで育成する 3 つの資質・能力を、表序 -3 のように設定した。

そして、この 3 つの資質･能力を育成するために体育授業で大切にすることを、「運動技術、戦略戦術に関する学習」と「ルールについての学習」の 2 点に絞り

表序 -3　体育科で育てたい資質・能力（広島大学附属小，2018，p.125）

	生きるために必要となる知識や技能	文脈に応じて全体を向上させる思考力・表現力	アイデンティティをもち、異なる文化や価値観をもつ他者との共生を創る態度
体育科	運動についての知識・技能	運動についての思考力・判断力	共に学びあい、共に学習課題を共有し合う仲間として能力の異なる他者を認め合い、結び合う態度

各教師が教室レベルの授業実践を行った。

しかし、先にも述べたように広島大学附属小に集まる教師は、1 人ひとりが各教科について専門的に研究してきた教師である。そのため、教師 1 人ひとりの取り扱う教材や教授方法等は教師個人に委ねられている。学校レベルと教室レベルのカリキュラムの関係性について、丸山は、「同じ目標像を目指した場合でも、そこに向かうアプローチの方法はそれぞれ教師によって、また子どもの実態や学校・施設条件等によって異なる」（丸山，2015，p.266）と述べている。つまり、学校レベルのカリキュラムにおいて目標が共有されても、教師やクラスが違えば、同じ学年であっても教室レベルのカリキュラムは異なるということである。公立小学校においては、学級担任制で授業が行われるため、それぞれの教師によって得意教科が異なる。そのため、複数学級が存在する学校においては、同学年の授業においては、教材や展開を揃えて実施する事がある。広島大学附属小においては、同じ教師が指導する場合でもクラスが違えば教材や展開も異なる場合もある。

つまり、学校レベルのカリキュラムにおいて、理念や目標を共通認識した上で、各教師が指導する目の前の子ども達の状況や教師の特徴によって、教室レベルのカリキュラムは異なっているという事である。次項では、個々の教師によって開発される教室レベルのカリキュラムの実際を紹介したい。

2-4　広島大学附属小における教室レベルのカリキュラム開発

先ほど述べたように、広島大学附属小の体育専科教師で開発した学校レベルの体育科カリキュラムを受け、体育専科教師はそれぞれ受け持った学年、クラスの教室レベルの体育科カリキュラムを開発する。この時点で、広島大学附属小は一般的な公立小学校とは異なる性質がある。

公立小学校においては、研究主任や体育主任が作成した体育の全体計画を元に、各学年の体育の年間計画を作成する。そして、その年間計画をもとに各学級において教室レベルの体育科カリキュラムが実施される。しかし、公立小学校は、基本的に学級担任制が採用されているため、子ども達が前年度までにどのような内容をどの程度学んできているのかを十分把握できていない。一方、広島大学附属小では、基本的に1年生から6年生までの6年間の体育授業を1人の体育専科教師が担当する。そのため、それまでの学年において、どのような内容をどのような学び方で習得してきているのかを把握した上で教室レベルの体育科カリキュラムを実施する事ができる。系統的な指導の必要性が高まっている中で、小学校体育科には唯一教科書が存在していない。他教科には教科書という指導のための一定の地図が存在しているため、前年度までの内容や学習方法はある程度把握が可能である。体育科には教科書がないため、公立小学校においても広島大学附属小のような教科担任制で授業をしていくことで、系統的な学習が展開される可能性は高い。2022年度から導入される高学年での教科担任制に体育科も挙げられているが、高学年のみの実施にとどまらず、全学年の体育授業への関わりが望まれるところである。

2014年からスタートした、文部科学省の研究開発学校における、新しいカリキュラムの開発において、筆者は次のような教室レベルの体育科カリキュラム開発を行った。

3つの資質・能力を育成するために体育授業で大切にすることのうち、「ルールについての学習」に焦点を当て、小学校6年生の児童を対象に、競争のルール、特に勝敗を決める基準のルールを競い合う本人である子ども達自身が考え、合意形成しながら、その状況における最適解のルールを作り出すことができるような態度を育成することを目標とした「卒業記念クラスマッチをしよう」という単元を開発した。この学年については、筆者が小学校2年生から6年生までの5年間の体育の授業を担当していたこともあり、これまでの5年間の実践を子ども達と振り返りながら､ルールを考えていくことができた。この授業の詳細については、広島大学附属小学校（2018）をご参照いただきたい。2年生の鬼遊びでは、夢中になってゲームに没頭するあまり、ルールを破ってしまい言い争いが発生してしまったことから、審判の役割を学習し分担した。3年生のボールゲームでは、まとめのリーグ戦で直面した勝ち点が同じになった際にどのように順位を決めるのかという問題を解決する学習（後からルールを追加すると、どこかのチームに有利なルールになってしまうことから、勝敗を決めるルールは事前に合意する必要があるという知識）を行った。5年生の体つくり運動領域におけるペース走では、どのように得点化して競い合うのかに関するルール学習（得点のルールを変えると競い合いの中身がペースの維持か記録の速さかというように異なってしまう知識）を行った。そしてこれらの学習経験をベースとして、卒業する前に学年の全員が楽しむことができるような競い合いのルールを創り出していくことを目標とした教室レベルの体育科カリキュラムを開発した。このような実践は、低学年から継続して指導に携わることができる教科担任制で授業実践できる広島大学附属小だからこそ実現できた、系統的な学びを保障する体育科カリキュラムだったと考える。

2-5　学校行事に関わるカリキュラム

広島大学附属小では、伝統的な行事が継続して行われていた。その中でも体育科に大きくかかわる行事の 1 つに「臨海学校」での遠泳が挙げられる。この遠泳は時代とともに対象とする学年や実施日数など実施方法が変化してきたが、筆者が所属していた当時では 5 年生において、足が海底に届かない深さの海で、1 km から 2 km を隊列を組んで泳ぎ切ることを目的として実施していた。そのため、学校レベルの体育科カリキュラムにおいて、5 年生の段階で海において長い距離を泳ぎ切る泳力を身に付けることが必然的に目標として位置づけられた。そのため、体育科担当の 2 名の教師でこれまでの広島大学附属小で受け継がれてきた水泳指導の体育科カリキュラム（表序 -4）を元に、新たに学校レベルの体育科カリキュラムを編成した。

表序 -4　水泳領域の「学校レベル」のカリキュラム（研究紀要 34 号、2006）

学年	1・2 年		3・4 年		5・6 年	
ねらい	水慣れ ・顔つけ ・いろいろな浮き ・初歩的な呼吸法		ドル平 ・呼吸の確保 （呼吸法・浮きの姿勢） ・リラックスした中での意識的な身体コントロール		近代 4 泳法 ・ワンキックドル平→平泳ぎ ・大きなグライドを入れたドル平→バタフライ ・片手ドルクロ→クロール	
重点教材	水慣れ ムカデ競争 お話水泳	いろいろな浮き	呼吸を確保しながらのドル平	ワンキックドル平	ワンキックドル平→平泳ぎ	近代 4 泳法

この表序 -4 のように、5 年生においてワンキックドル平から平泳ぎへと技能を高めていけるように、それまでの 4 年間のカリキュラムが構成されている。また、このカリキュラムにおいては、全員が 5 年生において平泳ぎの技能を習得することが目指されている。しかし、そこまでの 4 年間において、平泳ぎの習得をあせることなく、それぞれの学年に必要な「運動技術」を確実に習得してくこと

ができるように重点教材が選ばれている。教える教師、学ぶ子ども達によって取り扱い方に違いは出るが、5 年生の時点で到達すべきゴールは学校レベルで共有されている。

また、水泳指導においては、安全面の確保の観点からもクラス単位ではなく、学年単位で授業が行われる。そのため体育科担当の 2 名の教師が全ての学年の授業に関わる事になる。実際の授業においては、それぞれの教員が担当する学年の授業では、主担当として指導を行い、もう 1 名の教員がティームティーチングの形で指導に関わっていた。

この指導体制で授業を行うことで、お互いの水泳指導の指導方法や授業のスタイルを理解し、学校レベルの体育科カリキュラムの進捗状況を少しずつ調整することができた。学校レベルで共有されている体育科カリキュラムが 6 年間という長い期間を見据えたカリキュラムであるため、ある学年において到達度が少し低くなってしまった場合でも焦って子ども達に到達のための練習を強要することがなく、翌年のカリキュラムを修正して授業を行うことで実践を積み重ねていくことができた。そのため、子ども達はどの年度においても 5 年生の時点では、長い距離を平泳ぎで泳ぎ切る泳力を身につけていくことができた。

このように、「臨海学校」という 1 つの行事を契機として、学校レベルの体育科カリキュラムが体育専科教師の間で共有され、「意図」「実施」「達成」の全てを含み込みながら教室レベルの体育科カリキュラムの評価、修正を行うことができるようになっていた。さらに、この「臨海学校」は、附属小学校の全教師で取り組む行事となっていた。そのため、学校レベルの体育科カリキュラムである水泳指導に関しては、学校の全教師が小学校 5 年生の時点で「達成」した体育科カリキュラムを把握することができた。そのため、「臨海学校」の様な学校行事は、全教師の視点から体育科カリキュラムの評価を得ることができる。これらの全教師の評価も参考にしながら、カリキュラムの修正を行っていくことも学校レベルのカリキュラム開発には重要である。2022 年度から教科担任制が実施されるようになると、学校レベルのカリキュラムにおける学校行事の役割について、各学校において再度考えていくことが重要になっていくだろう。

第 4 節　林俊雄と大後戸一樹と木原成一郎の関係

第 2 章及び第 3 章では、広島大学附属小のこうした学校文化の中で林と大後戸が小学校体育専科として過ごしたそれぞれの 24 年間および 14 年間のライフヒストリーを対象に、「教師の信念」を観点として「授業スタイル」の形成と変容を明らかにする。この林と大後戸のライフヒストリーは、編者である木原と林及び大後戸の間で行われたインタビュー形式の会話及びその会話を文字化したものの解釈という 3 者の共同作業として構築された。ここでは、このライフヒストリーの対象となった時期をこの 3 者がどのような職歴と立場で過ごし、お互いにどのような交流関係を持っていたのかを説明する。この説明は、第 2 章及び第 3 章で展開されるこの 3 者の共同作業によるライフヒストリーが、3 者のどういう職歴と交流関係の中で進行したものであるかを明らかにし、構築されたライフヒストリーの記述について読者の解釈を手助けすることであろう。

図序 -6 は林と大後戸と木原の職歴と 3 者の関係を示している。以下、図序 -6 に示された内容について、第 1 に 3 者の職歴とその過程での 3 者の交流関係、第 2 に林と大後戸の授業スタイルの形成と変容を順に説明する。

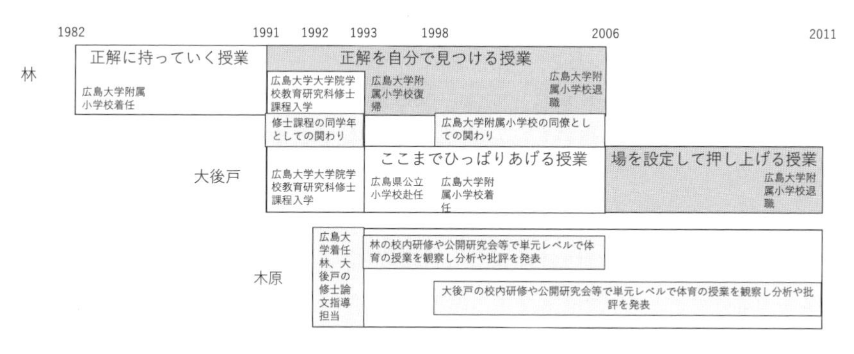

図序 -6　林と大後戸と木原の職歴と 3 者の関係

第 1 に 3 者の職歴とその過程での 3 者の交流関係を説明する。林は 1982 年 4 月に広島大学学校教育学部を卒業後、広島大学附属小で初任の小学校体育専科教諭として採用され 8 年間勤務の後、1991 年 4 月から 2 年間広島大学附属小を離れ、33 歳で現職研修のため広島大学大学院学校教育研究科に派遣された。大後戸は 1991 年 3 月に広島大学学校教育学部中学校教員養成課程を卒業し広島大学大学院学校教育研究科に進学した。編者の木原は、1992 年 4 月に 34 歳で広島大学学校教育学部に体育科教育担当の講師として着任した。木原は、学校教育研究科修士課程の保健体育専攻で保健体育科教育学の授業を担当した。その時の学校教育研究科修士課程で初めて大学院の指導を担当した学生が、当時修士課程 2 年目に在籍していた林と大後戸であった。林と大後戸は 1993 年 3 月に大学院を修了し、林は 35 歳で広島大学附属小の小学校体育専科教師の仕事に戻り、大後戸は広島県の公立小学校の教諭として初任の小学校に赴任した。

その後、大後戸は 5 年間の公立小学校の勤務を経て、1998 年に 29 歳で広島大学附属小の小学校体育専科教師として赴任した。林と大後戸は、林が 2006 年 3 月に広島大学附属小を転出するまでの 8 年間、体育専科教師もしくは体育専科教師と管理職の同僚として共に勤務した。林は大後戸のメンターとして大後戸に対して小学校体育専科教師の成長のための支援を行った。林は、2006 年 4 月に小学校教員養成を担当する大学教員として九州女子大学人間科学部人間発達学科に転出し、梅光学院大学を経て広島都市学園大学の現在の職場に至る。大後戸は、2012 年 3 月に広島大学附属小を転出し、4 月から広島大学大学院教育学研究科に小学校教員養成担当の大学教員として採用され現在に至る。

木原は林が 2006 年 3 月に大学の教員養成課程に転任するまでの 14 年間、校内研修や毎年開催される公開研究会はもちろん、学生の修士論文や卒業論文のために、幾度か単元レベルで林の体育の授業を観察し授業研究として分析や批評を発表してきた。同様に、木原は、大後戸が広島大学附属小の小学校体育専科教師として赴任し、林と同僚であった 9 年間を含め、2012 年 4 月に広島大学教育学部に転任するまでの 14 年間、幾度か単元レベルで大後戸の体育の授業を観察し授業研究として分析や批評を発表してきた。そして、木原と大後戸は、2012 年 4 月以降広島大学の小学校教員養成担当の同僚として現在まで勤務を続けている。

第 2 に林と大後戸の授業スタイルの形成と変容を説明する。林の授業スタイルは、広島大学附属小に赴任した 1982 年 4 月から大学院の研修に出る 1991 年 3 月までは、「正解に持っていく授業」であり、大学院の研修を経て「正解を自分で見つける授業」に変容し、2006 年 3 月に転出するまで継続した。他方、大後戸の授業スタイルは、1993 年 4 月から林が転出する 2006 年 3 月まで 2 名が同僚として働いた間は「ここまでひっぱりあげる授業」であり、その後「場を提供して押し上げる授業」に変容し、2011 年 3 月に大学に転出するまで継続した。

これらの 3 者は、広島大学と広島大学附属小というそれぞれの職場で、大学教員と大学院生、大学院の同学年の学生、小学校体育専科教師の同僚、大学教員と小学校体育専科教師、大学教員同士とその時々の立場を変えて、現在まで交流を続けている。第 2 章及び第 3 章で展開されるこの 3 者の共同作業によるライフヒストリーは、3 者が体育科教育の実践と研究について継続して交流してきたこれらの関係に基づき作成された結果である。

【文献】

秋田喜代美（1992）「教師の知識と思考に関する研究動向」『東京大学教育学部紀要』第 32 巻，pp.221-232.
秋田喜代美（2000）「教師の信念」日本教育工学会編『教育工学事典』実教出版，pp.194-197.
Armour, K. M. and Jones, R. L. (1998) Physical education teachers' lives and careers: PE, sport & educational status. Falmer Press.
朝倉雅史（2016）『体育教師の学びと成長』学文社.
グッドソン：山田浩之他訳（2001）『教師のライフヒストリー』晃洋書房.
グッドソン：高野良健一他訳（2006）『ライフヒストリーの教育学』昭和堂.（Goodson I., Sikes P. (2001) Life History in Educational Settings: Open University Press.）
林俊雄（2014）「広大附属小学校の歴史と伝統―自由と責任の中で自前の教育を構築する―」『学校教育』1157 号，pp.24-29.
林俊雄（2015）「異質協同の学習集団による『わかる・できる』体育を求め続けて」『たのしい体育・スポーツ』第 288 号，pp.22-27.
広島大学附属小学校編（1999）『21 世紀に生きる教育課程』広島大学附属小学校.
広島大学附属小学校（2006）『研究紀要』第 34 号.
広島大学附属小学校編（2007）『21 世紀型学力を保障する教育課程の創造―教科カリキュラムの構想―』広島大学附属小学校.
広島大学附属小学校（2018）『研究紀要』第 46 号.
藤井啓之（2014）「第 3 節　道徳教育」日本教育方法学会編『教育方法学研究ハンドブック』学文社，pp.194-197.
藤原顕「現代教師論の論点」（2007）グループ・ディダクティカ編『学びのための教師論』勁草書房，pp.1-25.
藤原顕・遠藤瑛子・松崎正治 (2006)『国語科教師の実践的知識へのライフヒストリー・アプローチ』渓水社.
出原泰明編著（1991）『「みんながうまくなること」を教える体育』大修館書店.
木原成一郎・村上彰彦（2013）「体育授業の力量形成に関する一考察―小学校教諭 A のライフヒストリーにおける体育授業観を中心に―」『学校教育実践学研究』19，pp.247-258.
久保健編（1997）『からだ育てと運動文化』大修館書店.
丸山真司（2015）『体育のカリキュラム開発方法論』創文企画.
松下良平（2012）「第 3 章　まじめな教師の罪と罰」グループ・ディダクティカ編『教師になること / 教師であり続けること』勁草書房，pp.46-67.
文部省 (1958)『小学校学習指導要領 (昭和 33 年改訂)』国立教育政策研究所 HP（2021/12/14 検索），https://erid.nier.go.jp/files/COFS/s33e/chap1.htm
森脇健夫（2007）「教師の力量としての授業スタイルとその形成」グループ・ディダクティカ編『学びのための教師論』勁草書房，pp.167-192.
中西紘士（2021）「小学校体育科の器械運動領域におけるはね動作習得のための体育科カリ

キュラムの開発」『広島大学大学院教育学研究科　博士論文』https://ir.lib.hiroshima-u.ac.jp/ja/list/doctoral_thesis/%E5%8D%9A%E5%A3%AB(%E6%95%99%E8%82%B2%E5%AD%A6)/p/2/item/51241（2022 年 5 月 8 日検索）

二宮衆一（2018）「教育課程とは」細尾萌子，田中耕司編著『教育課程・教育評価』ミネルヴァ書房.

岡崎誠司（2014）「教師の力量を形成する校内研修システム―広島大学附属小学校（平成 13・14 年度）の場合―」『学校教育』1157 号，pp.24-29.

沖原豊（1985）「創立 80 周年にあたって」広島大学附属小学校八十周年記念誌編纂委員会編『広島大学附属小学校　創立 80 周年記念誌』広島大学附属小学校八十周年記念事業委員会.

佐藤学他（1991）「教師の実践的思考様式に関する研究（2）」『東京大学教育学部紀要』第 31 巻，pp.183-200.

佐藤学（1997）「教師の省察と見識＜教職専門性の基礎＞」『教師というアポリア―反省的実践へ』世織書房，pp.57-77.

柴田義松（2000）『教育課程―カリキュラム入門』有斐閣.

ステイク R.（2006）「事例研究」デンジン N. K.・リンカン I. S. 編（平山満義監訳・藤原顕編訳『質的研究ハンドブック 2 巻　質的研究の設計と戦略』北大路書房，pp.101-120.

高井良健一（2015）『教師のライフストーリー』勁草書房.

Templin, T. J., Bruce, K., and Hart, L. (1988) Settling down: an examination of two women physical education teachers. In J. Evans, (Ed.), Teachers, teaching & control in physical education, pp. 57-82. The Falmer Press.

山崎準二（2002）『教師のライフコース研究』創風社.

山崎準二・高井良健一・坂本明実（2003）「戦後日本の教育　実践と教員文化」久冨善之編著『教員文化の日本的特性』多賀出版，pp.267-401.

山崎雄介（2012）「第 1 章　教師になること / 教師であることの現在」グループ・ディダクティカ編『教師になること / 教師であり続けること』勁草書房，pp.3-22.

吉崎静夫（1997）『デザイナーとしての教師　アクターとしての教師』金子書房.

第１章

林俊雄の授業力量形成に関するライフヒストリー研究

第1節　教師の信念の形成と変容

1　研究の対象と方法

1-1 研究の対象

対象とする林は、1958年に生まれ1982年3月に広島大学学校教育学部を卒業後、同年4月に24歳で広島大学附属小に体育専科教員として採用された。広島大学附属小は、低学年で学級担任が担任学級の国語や算数を担当する場合を除き、原則として全ての教科を専科教員が担任する教科担任制をとっている。林は、大学院に研修で派遣された2年間を除き、2003年4月に広島大学附属小副校長となり授業担当を外れるまでの21年間体育専科教員として授業を担当し、ほぼ毎年低・中・高学年の体育科の指導を担当した。そして、2006年4月に48歳で九州女子大学に転出するまでの24年間広島大学附属小に奉職した職歴を持つ。

表1-1　林俊雄の学歴及び経歴

年月	学歴及び職歴
1958年2月	出生
1976年4月	広島大学教育学部入学
1980年3月	広島大学教育学部卒業
1980年4月	広島大学学校教育学部編入学（小学校教員免許取得のため）
1982年3月	広島大学学校教育学部卒業
1982年4月24歳	広島大学附属小に体育専科教員として赴任
1983年4月	広島大学附属小体育専科教員と1年生を学級担任（1987-88.1991-92.1995-96年度は学年主担任や大学院研修のため学級担任せず。）
2001年4月	広島大学附属小主幹（体育専科教員、学級担任を外れる）
2003年4月	広島大学附属小副校長（授業担当を外れる）
2006年4月48歳	九州女子大学人間科学部人間発達学科講師（小学校教員養成課程体育科教育担当）
2009年4月	梅光学院大学子ども学部子ども未来学科准教授（小学校教員養成課程体育科教育担当）
2015年4月	広島都市学園大学子ども教育学部教授（小学校教員養成課程体育科教育担当）

林は、赴任して2年目の1983年度から学級を担任し、2001年度に主幹になるまで、1987年度（学年の副担任として学級を担任せず）、1991-92年度（2年間大学院で研修）、1995年度（学年の副担任）の4年間を除き、18年間低中学年の学級担任を経験した。そして林は、2001-02年度の2年間は主幹、2003-05年度の3年間は副校長として広島大学附属小の管理職を経験し学校運営に携わった。

また林は、1997 年度までは徳永氏及び服部宏冶氏、1998 年度以降は大上輝明氏及び大後戸と 3 名体制で、広島大学附属小体育専科教員として勤め、3 名で協働して 6 年間の学校レベルの体育科カリキュラムを計画し実践した。さらに、林は学校体育研究同志会という体育サークルに 1987 年 29 歳で入会し、主に広島支部の毎月の例会、全国のメンバーとの毎年 2 回の研究大会を通して、体育の授業研究を継続的に集団的に行ってきた。

1-2 資料の収集

林がこれまでに書いた体育授業に関する授業研究についての主な文献全 171 編を収集するとともに、それらの文献名と概要、広島大学附属小時代の教師の同僚関係、学習指導要領を中心とした教育情勢を加筆した年表を作成した。そして、この年表の概要を第 2 節に、表 1-3 「授業スタイル」の形成と変容を代表する主な実践記録、として掲載した。

表 1-2 のように、インタビューを第 1 次、2 次、3 次、4 次、5 次、6 次と 6 回実施した。第 2 次から第 6 次インタビューでは、その年表をもとに次の表 1-2 にある「内容」に関して林が語った。全てのインタビューを通して、インタビュアーは必要に応じて林に質問し、インタビュアーは林の意見を引き出すために必要な解釈や意見を述べることに留意するという「半構造化面接法」（鈴木，2002，pp.24-25）の形式で行った。そして、インタビューについて、全て発話を文字にしたトランスクリプトを作成した。

表 1-2　インタビューの概要

	期日	参加者	内容
第1次インタビュー	2015年7月15日	林、木原	教師になる前の教職をめざした契機やエピソード
第2次インタビュー	2015年6月5日	林、木原、大後戸	第 1 次インタビューの解釈の発表と確認
第3次インタビュー	2015年9月22日	林、木原、大後戸	「授業スタイル」の形成及び「授業スタイル」の変容
第4次インタビュー	2015年12月25日	林、木原、大後戸	「授業スタイル」の変容
第5次インタビュー	2016年7月5日	林、木原、大後戸	「授業スタイル」の変容の契機としての困難
第6次インタビュー	2021年2月15日	林、木原、大後戸	「授業スタイル」の変容の確認

第 1 次インタビューは、以下の 2 つの項目の順に林が語った。

1）教師になる前の教職をめざした契機やエピソード等について、①大学入学以前の時代、②広島大教育学部時代、③広島大学校教育学部時代についてお話しください。

2）教職参入後、年表には私が「時期区分」を仮説的に附しました（「学歴、職歴、転機」欄のI、II、III、IV、V）。この「時期区分」の区分の是非についてご意見をいただければと思います。

1-3 分析の方法

編者が、第1次インタビューのトランスクリプトを、文脈が切れないように意味内容のまとまった単位で区切り、34個の発話を得た。その34個を「KJ法」（川喜田，1967）を参照し、意味内容の似通った発話同士をまとめ、その意味内容を代表する「名札」を命名し小カテゴリーとした。続いて小カテゴリー同士で意味内容の似通っているものがあればそれらを集めて、同じ手続きで中カテゴリーを作成し「名札」を命名した。この手続きを、同じ意味内容をまとめられなくなるまで続けた。その後、この「名札」に含まれた発話を再度読み直し、各カテゴリー同士の関係を考え、その関係を図示した。

「内的妥当性」を高めるために、2015年7月25日に林に第2次インタビューを行い、この各カテゴリーの分類と命名及び図示の結果について、協議し「メンバーチェック」（メリアム，2004，p.298）を行った。また、同日に林と8年間広島大学附属小で体育専科教師の同僚として働いた経験を持つ大後戸とこの結果について協議し、「仲間同士での検証」（メリアム，2004，p.298）を行った。双方とも両者が結果に納得するまで協議を続けた。また、本研究は、広島大学大学院教育学研究科倫理審査委員会の承認を得て実施した。

2　林のライフヒストリーによる時期区分

林の第1次インタビューで得られた各カテゴリーを図解したものが図1-1である。以下では第1次インタビューの発話と文献資料を用いて、第1に林のライフヒストリーによる時期区分を説明する。

2-1 修学時代

2-1-1　中学校、高等学校時代

林は、農業が中心の地方都市で生を受け兼業農家の二男として高等学校まで家族とともに過ごした。家族構成は、1番上の姉、2番目の兄、その下に林が次男として生まれ、年少の時に祖父が他界した。母は重要な農業の働き手であり、年少のころは主に祖母に世話を受けて成長した。農家を継ぐために教師への夢をあ

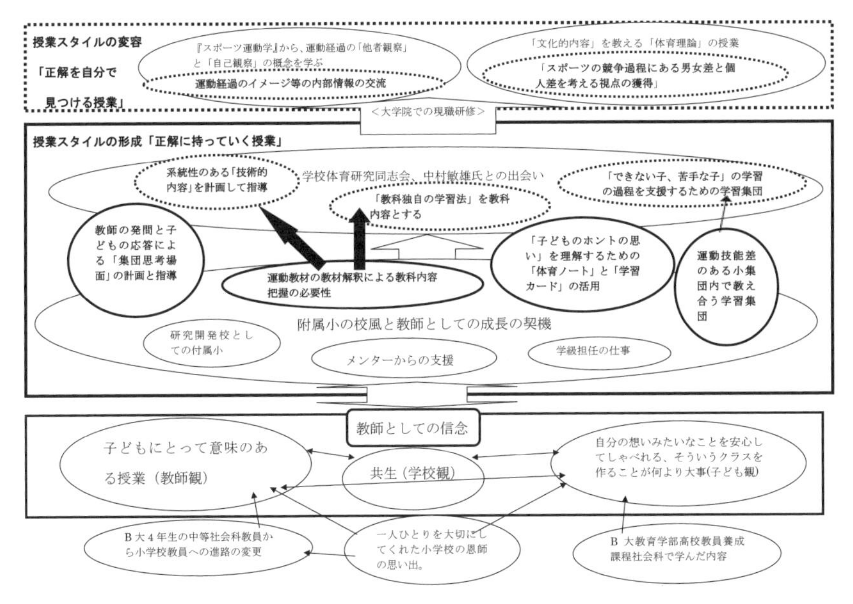

図 1-1　林の第 1 次インタビューのカテゴリーの図解

きらめた父は、長兄と林には大学への進学を認めてくれたと林は次のように述べた。

「家は農家で、親父は兼業で。専業じゃないです。それこそ典型的な高度経済成長時代に農業だけではやっていけなくなった家庭なんですよ。親父はだから、昔の高等小学校しか出てない。で、そこそこの土地持ち、田んぼ持ちの長男だったから、親父によると、教育を受けさせてもらえんかったと。親父は自分では結構勉強ができたと。ただ家はそんなに裕福じゃないから、本人は師範学校に行って、師範学校だったらお金がかからんから。先生になりたかったけどそこに行ったら絶対に百姓を継がんと祖父さんは信じとったけん、学校に行かせてもらえんかったと。だから私らには物心つくかつかん時から、半分は自慢じゃけど、半分は『お前らは学校に行かせてやるけん、勉強して自分の行きたいとこに行け』って、私と兄貴にはね。」（2015/7/15、第 1 次インタビュー）

一方、長姉は女性だからと進学を認めなかった家父長的な父親に反発するとともに、地方都市を脱出したいという思いから高等学校は隣の都市にある進学校に進んだ。

林は、中学校では100mを11秒台で走る俊足を生かして野球部で活動し4番バッターで投手を務めていた。高等学校は大学進学を目指しできたばかりのN高校理数科にJRで通学することになった。陸上部に所属したが、高2の春に骨折で2カ月間入院し競技生活を断念することになる。もともと文系志向であったので、最も好きな世界史を勉強することを希望し、特に強い教職志向もないまま担任教師にすすめられて高校教員養成で著名な広島大学教育学部の社会科教員養成課程（当時）を受験し入学した。

2-1-2 大学時代

2-1-2-1 生活綴方教育との出会い

林は、学部の社会科教育の講義で心に残っている内容として生活綴方教育をあげ、自分の出身地が戦後の生活綴方教育で有名な地域であったことに気づいたと以下のように述べた。

「わかった。社会科です。『山びこ学校』からです。無着成恭の『山びこ学校』の話が出るじゃないですか、教育法に。それとの関連で当然生活綴方が出てきて、戦前の北方性、そこがはっきり覚えてないけど、戦後の、そこで言えば、実は東北地方だけじゃなかったんだよっていう話で。恵那地区の。」(2015/7/15、第1次インタビュー)

『山びこ学校』を読んで共感した林は、自分が受けた作文指導が、子どもが綴った作文を教材として子ども達の生活の中にある社会問題を指導する生活綴方教育であったことに気づいたと次のように述べた。

「あれは無着成恭さんが1人で『山びこ学校』書いたけど、むしろああいう子どもの作文集みたいな。誰にもらったっけな、廃版になってたから本を借りて、全部コピーして。『恵那の子ども』とかね、そういう作文集があったりするんですよ。それなんかを読むと、私のいとこで、大分上のいとこの作文が載ってたりとか。まさに生活課題を。『うちは何でこんなに貧しいんかね？』見たいな話をお祖父ちゃんとした、みたいな話から入って。そんなのは後で知るんよね。どっちにしても、いわゆる抵抗の、権力者側ではない教育を一生懸命されていた土地なんだな、とか。もっと後で知るのは、それを組織していく、地域の人たちの中に入っていく先生たちの姿とかね。もっと後で知るんだけど。」（2015/7/15、第 1 次インタビュー）

2-1-2-2　小学校教員への進路変更

林は、広島大学教育学部高校教員養成課程の社会科を卒業した後、小学校教員免許を取得するために広島大学の学校教育学部小学校教員養成課程に編入学した。その進路の変更には学部 4 年の 6 月に行った広島大学附属小での教育実習での 1 週間の体験が大きな影響を与えたと以下のように述べた。

「やっぱり、高校の先生というのは、教科を中心とした教科指導が主じゃないですか。今の先生は違うかもしれんけど、忙しすぎて（笑）。そうだけど、やっぱり当時はそうでしたからね。そこのところには、あんまり、自分自身の興味というか、喜びみたいなのは感じられなかったけど、その、人としての接触とか、もっと全体的な人間としてのかかわりみたいなことで、おそらく小学校の実習でそれを感じたんだろうと思うんですよ。だから先生をするんなら、というか、これなら先生をしようか。」（2015/7/15、第 1 次インタビュー）

1 週間の小学校教育実習は、観察が主で 1 時間か 2 時間教壇実習を行う。林は専門の社会科と体育科を教えた。体育科は、5 年生の蹴伸びを入れた平泳ぎが課題であり、授業の最後に 4 人のグループで 25 m 泳ぎストローク数の和が少ないグループが勝ちという競争を取り入れたところ、体育専科の先生にそのアイデアを褒められとてもうれしかったと次のように回想している。

「そこに行った時に、小学生なら、教員として楽しくやれるかも知れん、と思ったんですよ、初めて。それは正直楽しかった。子どもと一緒に遊んだり、授業は当時 YS さんがやってた体育。しかも水泳だったんですよ。この 6 月の。ちょうど今行っとるでしょ。この時期ですよ。5 年生だから遠泳に向けて、プールで。どの教科をやるかは自分で選べたんですよ、よっぽど重なりがない限り。社会だったから社会は 1 つ。で、もう 1 つ何をやろうかとなった時に、算数も国語もみんな決まっちゃったから。運動やってたからできんことはないなって思って体育をやって。私だけだったけどね。」（2015/7/15、第 1 次インタ

ビュー）

しかし教育実習よりも深いところで林を小学校教員に導いた経験は、小学校3・4年生を担任された恩師との思い出であった。林は広島大学附属小に採用された約1年後に雑誌に書いた随想にその先生との出会いについて次のように書いたと述べた。

「そこにね、小学校の時の担任の先生の思い出を書いたんです。それ、すっごくありますね。当時、僕が小学校3年生の時で、G大を出た新任の男の先生。小学校に男の先生なんかおらんし、若い先生おらんし。その人がもうめちゃくちゃ面白かった。その影響を受けてますね。そういうのが楽しかったんです、自分自身の3、4年が、その先生が担任の時の。で、学校の先生というか、そういう生活を作ってやるのが小学校の先生、みたいな。ずーっとあったんです。」（2015/7/15、第1次インタビュー）

その先生との楽しかったエピソードを林は次のように回想している。

「学校で、絶対に入ってはいけない洞窟に、禁止されてた、そこを、3、4年生じゃけんそういう年でしょ、で、黙って入って行ったんですよ。それを誰かがチクったり。そしたら、すっごい怒られるか思ったら、『お前らだけでいくけぇ怒られるんじゃ』って。先生が率先して、『じゃあいっしょに行こう』って連れて行ってくれたりとか。こんなことをしてくれるんだって思ったよね。叱られるんかと思ったら逆に。『行きたいなら一緒に行こう』とか。1つの例で、そういうのがあったんですよね。」（2015/7/15、第1次インタビュー）

このインタビューの32年前に書かれた雑誌の随想で、林は、大学への進学で学部を選んだ時、高校から小学校に専攻を変える決心をした時、実際に小学校の教師になり担任を受け持つようになってから、いつもこの時期の先生との楽しい学校生活の思い出が自分の進む方向を指さしてくれていたと書いていた。林は、インタビューの際に32年前に書いた随想の内容とともに、そのタイトルまで正確に思い出した。子どもの想いを尊重し行動するその先生が林の小学校教師の進路決定に大きな影響を与えたことがわかる。

2-1-2-3　小学校教員養成時代

1980年2月に学校教育学部への編入試験に合格後、保健体育教室に配属されたところ、保健体育教室の小林助教授（当時の職階）が社会科時代の指導教員Mの大学院時代の同期生であることがわかり林の指導教員となった。林は、2年の間にその小林助教授から学習集団論や「わかりできる」ことをめざす体育の授業論の薫陶を受けたことを以下のように述べている。

「（学習集団論に触れたのはいつかという質問に対して）学校教育学部に来てからです。（学習集団論で著名な当時の広島大学教授の）吉本均さんは知ってますよ、当然。知ってたけど、学習集団に着目というか、学習集団をつくることと授業をつくることというのがね、セットで。だから学習集団ってそれだけ授業を変えていく力にもなるし、或いは、授業を変えていくっていうのは、子どもを育てることになっていくっていうね、それは学校教育学部に来てから。小林一久先生に会ってから。間違いなく。だからそれはものすごく大事なことだと思ったし、おそらく2年間で一番、自分が現場に出てまずしないといけないことについては、そこはありました。だから、（広島大学附属小の同僚の）徳永隆治先生が一生懸命実践をつくられてるのを知ってたから、身近で学べるなと思ったし。それと、ついでに言うと、学習集団と一緒だけど、小林一久先生はずっと、『できるだけの体育、それはダメだ』ってね。『わかりできる』ということを学生時代から言っておられた。」（2015/7/15、第1次インタビュー）

2-1-3　広島大学附属小時代前期（正解に持っていく授業）

1982年4月に広島大学附属小に初任の体育専科教師として採用され、その後の9年間である。林は当時の体育主任の徳永氏の支援を受け、学級担任としてかつ体育専科教師として授業力量を形成していく。当時は毎年春と冬の2回授業を公開する体育授業研究会が開催され、林は赴任の初年度から毎年授業を公開し研究発表を行った。林は小林氏の指導を受け集団思考場面を設定し、教師が教えたい内容を子どもが学びたい内容として把握する体育授業を提案し、実践記録を『学校教育』誌や『体育科教育』誌に発表していった。その後、1987年3月学校体育研究同志会の西日本大会に参加して同会に入会した。そして、体育同志会が開発した優れた教材を授業で用いてその成果を検証する授業研究を積み上げるとともに、運動の技術ポイントを子どもたちが教え合う学習集団を育成する授業を実践記録として発表していった。この時期の林の授業スタイルは、教師が教えたい内容を正解とし、その「正解に持っていく授業」であった。

2-1-4 広島大学附属小時代後期（正解を自分で見つける授業）

1991年4月から2006年3月までの15年間である。最初の2年間、林は広島大学大学院学校教育研究科に派遣され現職研修に従事した後、広島大学附属小に戻った。そして、10年間体育専科教師として働いた後、2003年4月に副校長に就任し、2006年3月に広島大学附属小を退職した。大学院で現職研修に従事した2年間、林はそれまでの体育授業実践を振り返るとともに体育科教育学や運動学等の様々な研究成果を学んだ。その結果、林の授業スタイルは、子どもたちがそれぞれ自分の運動のでき具合を交流する「正解を自分で見つける授業」へと変容した。林は1993年4月に広島大学附属小に戻り、2003年4月に副校長に就任するまでの10年間、体育専科教師としてハードル走やござ跳び越し走、FF、ドーナツボール等の「正解を自分で見つける授業」を継続して実践記録として発表した。また、小学校学習指導要領には示されていない体育理論領域の「正解を自分で見つける授業」を開発し実践記録として発表した。そして、2006年4月、小学校の教員養成に従事する教師教育者として九州女子大学に転出した。

3 林俊雄の教師の信念の形成と変容

林の第1次インタビューで得られた各カテゴリーが図1-1に図解されていた。以下では、第1に広島大学附属小に初任として赴任する段階で保持していた「教師としての信念」に関する図1-1に示された各カテゴリーの内容を説明する。第2に、大学院での研修を経てからの「教師としての信念」の変容について、図1-1に示された各カテゴリーの内容を説明する。「教師としての信念」については、第1次インタビューの発話と文献資料を用いて説明する。

3-1 教師の信念の形成：林の「教師としての信念」の形成

こうした学部教育での経験と小学校時代の恩師の思い出に影響を受け、広島大学附属小に奉職した時点で、林の「教師としての信念」が形成されていた。それは、「子どもにとって意味のある授業（教師観）」「共生（学校観）」「自分の想いみたいなことを安心してしゃべれる、そういうクラスを作ることが何より大事（子ども観）」の3つのカテゴリーで構成されていた。

3-1-1「自分の想いみたいなことを安心してしゃべれる、そういうクラスを作ることが何より大事（子ども観）」

林は、採用1年目は学級担任ではなく体育専科として授業を担当していたが、2年目に副校長に学級担任を持ちたいと願い出て学級担任となった。このエピソードにあるように、林は学級担任として子ども達に「安心」できる環境を作ることを教師として何よりも大事にしていたと次のように述べている。

「うんと、まあ、教科を教える教師というより、ひょっとしたら、小学校だからよけいに、担任としての思いの方が強いかもしれんけど、やっぱり、遠慮なくって言ったらちょっと言い過ぎかもしれんけど、少なくとも、自分の思いみたいなことを、安心してしゃべれる、出せる、そういうクラスをつくることが私はやっぱり何より大事だと思ってますよ。そこで何を掴むかは人それぞれでいいんだと思うんですよ。」（2015/7/15、第1次インタビュー）

そして、このように「安心」した学級で子ども達が語る「本心」から教育を出発させようとする考えは、生活綴方教育の影響であると以下のように述べる。

「ああ、してると思う。うん、思いますよ。やっぱり、子どもから出てくる、何ていうかな、子どもが本心で語ること、述べること、書くこと、それがないとおそらく、ホントの教育は始まらんのんじゃないかなというのは、通底して、自分の中では、ちょっと、きっちりあるつもりでいるし、それが、どっからそういう考え方になったかというと、1つは間違いなく生活綴方的な実践を知ったこと、はある。」（2015/7/15、第1次インタビュー）

ただし、林が生活綴方教育から学んだ最も大切なことは、その教育方法ではなく、以下のインタビューにあるように、安心して子どもたちが本音を出し合えるような学級集団を作ることにあったのである。

「そうそうそう。だけど、家の恥ずかしいことも色々、言ってはいけない、というふうに判断するのもその子の自由だけど、だけど、家庭の中で悩んでたりすることだって、きっと言っても聞いてくれる、みんながね。或いは先生も真剣になって相談に乗ってくれるとか、そういうことがちゃんと、何ていうかな、子どもにとってよ。意味のあること、みたいなことで、1年生でも1年生なりにそういうことがわかれば、安心して表現できるんじゃないかなって思うし、それが、なんか、全ての根底にあると思うから。そうなってくると、生活綴り方でリアルな現実認識とか、うんぬんかんぬんって確かに大事だと思いますよ。でもそれ以前に、自分を認めてくれるとか、理解してくれる人が周りにいる、みたいな、そこにも通じるんだろうと思ってるけどね。」(2015/7/15、第1次インタビュー)

3-1-2「子どもにとって意味のある授業（教師観）」

「教師としての信念」の1つであるカテゴリー「子どもにとって意味のある授業（教師観）」は、授業を子ども中心に考えることが教師の仕事の中心であると考える教職に関する「教師の信念」と考えられる。林は次のように、「その子にとって意味のある授業」ができるかどうかが、「教師の最大の力量」であると述べている。

「どんなに長く集中の続かない子でも、個人によって差がありますよね。けど、その子にとって、ピピッと、その子のアンテナに引っかかった時は、100%ピッて聞きますよ。それが45分ピッとできるのは素晴らしいことだけど、なかなかそう簡単じゃないよね。だけど、やっぱり、こっちがその子にとって意味のある授業、意味のある活動をできるかどうか、そこが教師の最大の力量なんだろうって。私はそれは、ある時期からずっと思ってきて。」(2015/7/15、第1次インタビュー)

また、体育授業で友だちに勝ちたくて短距離走でフライングした子どもを叱責する指導がよくあるが、そうではなくて、フライングすれば順位が付けられないので競争すること自体ができなくなるからフライングしてはいけないという意味を子どもに気づかせることが教師の指導であると次のように述べている。

「(短距離でフライングした子どもを怒らず、勝敗を決められないと教える学習規律の指導について) そうせんと、一生懸命勝とうと思ってやっとんだけど、その勝とうと思ってがんばってやっていることの意味がなくなる。誰も勝てなくなる。そういうことを教えてやりたい。それがね、ひょっとしたら、小林先生が言いたかった間接指導の最たるものじゃないかなって。それを管理的にやると、おそらく、ルール違反そのものを叱責する。だから、それは、小林先生流に言うと、『それは教育か？』って、『教育と言えるのか？』っていうことじゃないかなって。」(2015/7/15、第 1 次インタビュー)

ここに示された「小林先生が言いたかった間接指導」について林は、小林氏の考えは教師は子どもをその気にさせることしかできないというものだと次のように述べた。

林「うん。よく使われるのはね、『その気にさせる』っていう言葉を時々使われていた気がするんだけど。」
木原「ただ、『その気にさせる』と思えば、何か、内面を理解するとか、たぶん教師はしますよね？」
林「だから、働きかけは絶対にいるから、何に対して働きかけるかの材料を知っとる、そのところまでは先生の仕事だっていうことは思っておられた、と思うんだけどね。」(2015/7/15、第 1 次インタビュー)

授業を子ども中心に考えることが教師の仕事の中心であると考える林の考え方は、授業で学習する主体は子どもであり、教師の指導は子どもの学習を励ますにとどまらざるを得ないという小林氏の「間接指導」の影響を受け、広島大学附属小赴任時に形成されていたと思われる。

3-1-3「共生（学校観）」

林は、広島大学附属小を退職する直前の 2006 年 3 月に書いた雑誌の論稿のタイトルにある「共生」について、「だけど、やっぱり、学校という制度の中で、人間がってことを考えると、まさに共生こそ教える時代、今こそ。そういう思いはずっとあったから、それでこれを出したんだと思いますよ。」と述べている。

そして、この「共生」を学校の中心にすえる考え方は、広島大学附属小でずっと考えてきた信念であると次のように述べる。

「だけど、やっぱり、学校という制度の中で、人間が、ってことを考えると、まさに共生こそ教える時代、今こそ。そういう思いはずっとあったから、それでこれを出したんだと思いますよ。それから、まあ、昔から盛んに言われたけど、個性を伸ばすことところで、要するに、『よくできる子たちを伸ばさんのか？』とか、能力主義的なことに関しても、個性を伸ばすのはすごく大事だし大切なことだと思うけど、それがイコール、何て言うかな、個をバラバラにすることではない。むしろ一緒に生きるという中で、初めて1人ひとりのよさが活きてくる。それは、何ですかね、哲学なのかよくわからないけど、でもそういうことを求めて学習集団とかやってきたことだし、現実、うん、やっぱりそうやって、できない子を大切にする、絶対放っておかない、そのことが、全ての子どもを大事にすること、になってくるという思いは。最後は授業してなかったけど、わりと確固たるもの的なことは思ってましたよ。」（2015/7/15、第1次インタビュー）

また、この「共生」をめざす学校は、子ども達にとって「安心」できる学級を作ることであり、授業で学習集団をつくる実践と関連していると次のように述べている。

「それがね、最初に言った『安心』っていうのと、繋がっとるような感じはするんですよ。初めて、そうやって排他的じゃないとか、あるいは差別的じゃないとか、特に社会的弱者と言われる人たちが、そういう疎外感を受けない、その、能力差はあるしね、競争もあるでしょ。だけど、そこで精一杯自分を出せる安心、みたいな、それがベースにあるということと、僕は繋がっているような気がするんですよ。そういう社会であってほしいし、それを突き詰めると、クラスという小さな、学校の中の組織って言えばクラスがそうでないといけないと思うし、じゃあ、それをどうやってつくるかと言えば、言葉でではなくて、授業の中の事実としてつくっていくしかないだろうから、それがグループ学習とか、学習集団で、体育、そういう体育の授業をつくること、が、子どもたちの、そういう関係性に繋がっていくだろうというふうに。それがわりと強いですね。」（2015/7/15、第1次インタビュー）

3-2 広島大学附属小の校風

広島大学附属小に赴任後、林は、カテゴリー「附属小の校風と教師としての成長の契機」の中で自分の「授業スタイルの形成」を行う。「附属小の校風と教師としての成長の契機」は、「研究開発校としての附属小」「メンターからの支援」「学級担任の仕事」の3個のカテゴリーから構成されている。

3-2-1「研究開発校としての附属小」

「研究開発校としての附属小」は、広島大学附属小が学習指導要領を踏まえながらも、授業や教育課程を実験的に創造していく自由とプライドを持っていたことであると次のように述べている。

「で、えっと、『文科省がやろうとしてることをやっても意味がないんだ』ってしょっちゅう言われてたし、先生たちも長くいる人ほど言ってた。だから、それを、何て言うのかな、文科省の先を行くのか、別道を行くのか、それはそれぞれだったけど、『ここのアイデンティティは、学習指導要領と同じことをしていても意味がない』とか、『それはうちの学校の使命じゃない』とか。それは世間でどういうふうに取られるかわからんけどね。その精神は、私は結構嬉しかったというかありがたかったし、なんか、自分の中にはかなり残ってて。」（2015/7/15、第1次インタビュー）

このような雰囲気の中で、林は学習指導要領を相対化し、学習集団論に基づき子どもを学習の主体と見た「わかりできる」体育の授業研究を一貫して続けていくことになる。

3-2-2「学級担任の仕事」

林は以下のように述べて、赴任当初から学級担任の教師として1人ひとりの子どもを丸ごと理解し、学習集団を組織したいという希望を持っていたという。

「けど、今ははっきり覚えてるというか言えるのは、1年目の初任の年、昭和57年、私は担任はなかったんですよ。1年生のいわゆる学年担任、副担任、で1年間、体育の授業と、1年、5年の体育の授業と、あと総合学習みたいなのが中心で、やってたんですけど、ずーっと思ってたのは、担任持ちたい。それはわりと早い時期から。1年目の。担任を持ったらもっと子どもとしゃべれて、当時も吉本均氏の校長先生時代だから、学習集団みたいなことを言ってく中でもね、やっぱり1人ひとりの子どもがわからんと、難しいやろうなって、もっと楽しいやろうなって。で、実は2年目の人事が発表された時に、持ち上がりだったんですよ。そのまんま。2年生で副担。で、校長、副校長が発表したのを、実は、お願いに行って、「担任持ちたい」「もし可能なら担任持たせてほしい」って言ったら、えっと、その前に、同じ学年を組んでた学年主任の先生に言ったんですよ。」(2015/7/15、第1次インタビュー)

林は、体育専科教員として体育の授業研究を継続していく。学級担任として体育授業を指導することの意義を質問すると、林は以下のように述べた。

「体育の授業と同時に、ほぼ毎日のように、その子の生活、さっき言った生活課題、或いは、課題と言わなくても興味関心でもいいんだけど、その、その子がどういう生活の中で生きてて、どういう生活の中で体育の授業を受けているかということが、体育で学んだことが、どういうふうにその子の中で反映していくか。そこはすごく興味があるんですよ、自分の中で。きっと。人間関係を含めて。だけど、担任でないとそれを見れないですね。家庭環境もそうだし。」(2015/7/15、第1次インタビュー)

林は、体育授業における子どもの興味関心や学習成果を把握することと、学級担任として体育授業の背後にある家庭環境を含めた子どもの生活を理解することを関連付けていたのである。子どもを理解するためには授業の成果とその背後にある生活をまるごと理解する必要があるという林の考え方がここに示されている。

3-2-3「メンターからの支援」

学部を卒業して広島大学附属小に赴任した林は、当時の体育主任の徳永氏のメンタリングを受け体育専科教員としての知識と技術、学級担任としての学級経営の知識と技術を身につけていく。そして、徳永氏の林への学級担任としての成長に関する支援について林は以下のように述べた。

林「薫陶を受けたのは、1年目に、まだ担任してなかった時に。僕の目の前で毎日書いてましたから。手書きで。びっくりしたもん、毎日ですから。」
木原「すごいよね。とにかく、ここのまとめのところには、毎日書くことが目的だと、何書いてもいい、とにかく書く。そりゃ大変だわな。」
林「これは、もうちょっと後やけど、僕がずっと書いとった。」
木原「林先生も学級通信ずっとやってんだ。」
林「だから徳永先生から教えてもらったから。」
木原「体育通信じゃなくて。ずっとやってたわけじゃないと思うけど、若い頃？」
林「いや、ずっとやってました。」
木原「最後まで、担任持ってた時に毎年ずっと作った？」
林「はい。それは、附属小の教員って、担任にしたら、それをしなかったらクラスはつくれんっていう感じで、徳永先生の影響が大きかった。徳永先生が常に言ってたのは、僕が行った時は、それ、5年生か、6年か。その子たちが3年の時だった。その時に、3年の担任をされてて、国語もされてたかな、徳永先生。どっちにしても、1日に1、2時間しか会わん、その中で学級をつくっていこうと思うと、こういうことは欠かせんって言う。」（2015/7/15、第1次インタビュー）

林は、赴任1年目に徳永氏が毎日欠かさず学級通信を書き子どもと保護者に渡している事実を体育研究室で見ていた。徳永氏は新参者を支援するメンターとして、「学級担任の仕事」についても林の力量形成を支援していたのである。

3-3 教師の信念の変容：林の「教師としての信念」の意味内容の変化

林は、広島大学附属小赴任の2年後に以下のように書いた。

「授業でとりあげられる運動に対して、子どもたちは様々なかかわり方をすることを予想しながらも、その子どもたち1人ひとりが主体的、能動的に運動学習に参加するような授業を成立させねばならない。究極の目標は、1人ひとりの子どもたちを、運動学習の主体者として育てることにある。」（林，1984, pp.24）

教師になって2年後、少々荒削りの表現で、「1人ひとりの子どもたちを、運動学習の主体者として育てること」を「究極の目標」と表現している。同じ論稿の別の個所で林は以下のように述べ、「究極の目標」の実現のために、教師がなすべきこととして、子どもたちの運動に対するでき方やわかり方を高めるための教師の働きかけ自体の重要性を強調し、自己の体育授業のスタイルを形成していく。

「しかし、同じように学級を単位とする授業であっても、できるかできないかという結果だけを固定的に見るのではなく、異質な子どもたちが『どのようにしたらできるようになっていくのか』ということについて、相互に、問い、求め、かかわり合うことによって。1人ひとりの子どもたちの、運動に対するかかわり方を高めていくことができるのである。運動に対するかかわり方（でき方、わかり方）が異なるからこそ、対立と分化があるからこそ、全員を質の高い共感と統一へ至らせる可能性があるのである。」（林，1984，p.25）

実際に広島大学附属小赴任後の9年間は、「1人ひとりの子どもたちを、運動学習の主体者として育て」るために以下のようなことに取り組むことになる。つまり、教師が適切な教科内容を選択し、その教科内容を子どもに効果的に理解することのできる教材を開発し授業を計画する。そして、実際の授業では、教材の運動技能の適切なポイントを「集団思考場面」を組織して「子どもの心をゆさぶる」ことで子どもたちに理解させ、運動技能の異なる子どもたちが相互に教え合う学習集団をつくり出すことに邁進することになる。

林は、広島大学附属小赴任後10年目の1991年度から2年間大学院での教員研修の機会を得た。この時期、林は、それまでの体育授業に大きな行き詰まりを抱えていた。この困難を契機として林はそれまでの授業スタイルを変容させる。

林は、マット運動の側転指導で、学校体育研究同志会の成果に学び、手形足方や円盤周り、大耳ウサギという様々な指導法を工夫したが、「できる子はできる。だから、ホントできん子が上手くなっていかない。で、そういう子達をちゃんと取り残さずに一定程度伸ばしてあげるという事に関しては、うーんそうですね。」（第5次インタビュー）と述べ、器械運動において苦手な子どもの技能指導に行き詰ってしまったと述べた。

そして、苦手な子どもの技能習得の行き詰まりから、「先ほど言った形の指導ではなくて、感覚的あるいは意識の方ということが凄く大きいんじゃないかなっていう。それは正直ありましたね。」（第5次インタビュー）と述べ、大学院で行った運動習得の過程の表象（イメージ）や意識焦点に着目した授業研究への動機を次のように語った。

「（なぜマイネルの本を読んで『わかった』と発言したのかという問いに対して）そうそうそう。だから、その前のサッカーのところは、いわゆるお互いで技術分析をする場があれば、空間があれば共有できるということはある程度つかめたと思うんですよ。だけど、器械運動になると何がそういう交流の素材になってくるのか、仮説だけどそれが『意識焦点』じゃないのかなっていう。それまでの外から見た目だけじゃなくて。で、それを持ってて、マイネルを読んだ時に『他者観察』『自己観察』っていうのが出てくるじゃないですか。あれがやはりすごく『意識焦点』っていうのは、まさに自己観察に近いんだと。あの本を読んだ時に。それで『わかった』と言ったのもしれません。」（2015/12/15 第 4 次インタビュー）

これに続いて、林は次のように述べ、「技術的内容」を習得するための共通のポイントを「正解」として教えるのではなく、個々の子どもで異なる「意識焦点」や「自己観察」という運動の感じ方を交流する授業に変容したと述べた。授業で教える教科内容を「技術的内容」に加え、「運動経過のイメージ」という子どもの内面的な感覚に拡大したのである。子どもの内面的な感覚には唯一の正解があるわけではなく個人によって多様である。その結果、「正解に持っていくとかじゃなくて。正解は自分で見つけるもの」という「授業スタイル」の変容が生まれたのである。

「別の言い方をすると、先ほどの信念の図で、あれがずっと継続しているのは確かではあるが、特に『安心してしゃべれる』とか。自分の感じたこと思ったことを出してもいいんだということは、当たり前の事だし、おそらくそれは昔からずっとあったんだけど、この時にこういう授業をしてみてとか、あるいは、先ほどいった『意識焦点』、『自己観察』みたいなことからすると、答えなんかいっぱいあるんじゃないかっていう。子どもによって、40 人子どもがいたら 40 通りの感じ方があっていいし、それをもちろん不正解とかじゃなくて出していいし、ひょっとしたらその中で自分が気づかなかった事もいっぱい出てくるじゃないですか、それが自分にとっては凄く参考になることがあるし、ならないこともあるし、そういう授業を作りたいっていうかね。ひょっとしたら正解に持っていくとかじゃなくて。正解は自分で見つけるものじゃないか。というのを運動の学習でも凄く強く以前より意識していたと思います。その代わり発達段階があるから、修論で扱ったのは6年生。6年生だからあのような形で一定出たけど、1年生なら本当にそんなことが可能なのかとか、それを知りたかったのもありますよ。それを先生と話した経験があります。」(2015/12/15 第4次インタビュー、下線は引用者。)

林は、「教師としての信念」に変容はないが、「正解に持っていく」授業から、「正解は自分で見つける」授業に変わったという。では、なぜ林は、唯一の正解があるわけではなく個人によって多様な「運動経過のイメージ」という子どもの内面的な感覚を教科内容として新たに設定したのであろうか。1991年度から2年間大学院での教員研修を受ける前後の変化について、林は、第6次インタビューで、研修の前の授業と後の授業を比較して振り返り、以下のように述べた。

「(研修前の授業について:引用者注)いやいやそれはねぇおそらくそんなに分かってないですよ。子どもは大事にしたいっていう想いはあったけど、やっぱりどっちかって言うとやっぱり教材研究をして、で、こういう方にいって欲しいなって思いももちろんね、強かったと思うしね。(研修後の授業について:引用者注)だけど、そうでなくて良いんだ、みたいな。うん。ただ、じゃあでたらめで良いのかっていうとそれはないけど。」(第6次インタビュー)

林は、大学院研修に行く前には、教師の設定した教科内容を習得させること、つまり教師の設定した「正解に持っていく」授業であったというのである。それに対し、研修後は以下のように考えていたという。

「あの、おそらくねぇ、いろんな考え方があって良いし、あって欲しいし。さっきから同じこと言ってるけど。みんなで出し合い、あるいは自分で、よう出さなかったら先生が手伝って通信にして出してやるとかね、を含めてだけど。それを組織すれば特に高学年なんかはちょっと違うかもしれないけど、低学年は、それで子どもたちを交流させることはできる、ってものすごく強く思ってました。今もそれはあるかな。だからしっかりと話をして、しっかりと引出し合えばわかり合えるとか、あるいは1つにならんで良いけどね。そこが意味のあること、大事なことだっていうことをすごく強く思ってたし。で、じゃあ何をそれをするのかっていった時には、さっき言った出原さんに引っ張られたって言うのはあるけど、みんなで考える中身を出原さんが言ってたような文化内容的な形で作っていくっていうのは面白いなって思ったんですよ。上手く言えないな。」（2021/2/15 第6次インタビュー）

運動の学習で子どもたちの感じたいろいろな考え方をそのままを出して、教師の指導のもと交流すれば、考え方は1つにならなくても子どもたちは分かり合える。その交流から子どもたちは正解を自分で授業の中で見つけていく、つまり「正解は自分で見つける」授業に変わったという。

林の「教師としての信念」は、「子どもにとって意味のある授業（教師観）」「共生（学校観）」「自分の想いみたいなことを安心してしゃべれる、そういうクラスを作ることが何より大事（子ども観）」の3つのカテゴリーで構成されていた。既に本項で示した第4次インタビュー「H33」では、これらの「教師としての信念」に変化はないとされる。それでは、何が「正解に持っていく」授業から「正解を自分で見つける」授業への変化を生み出したのであろうか。それは、「共生（学校観）」の信念が他の2つの信念よりも中核的な信念として強くなり、他の信念の意味内容の変化を生み出したことになると考えた。「共生（学校観）」の信念は、第1次インタビューにあるように、「排他的じゃないとか、あるいは差別的じゃないとか、特に社会的弱者と言われる人たちが、そういう疎外感を受けない」という、1人ひとりの多様性を受け入れる学級や学校を作ることが大切という信念であった。この信念が強くなったことによって他の2つの信念の意味内容が変化したと解釈できるのではないだろうか。

例えば、「子どもにとって意味のある授業（教師観）」の「意味」が、「できない子を大切にする。絶対ほっておかない。」（第1次インタビュー）つまり、大学院での研修前では、教師の設定した「正解に持っていく」授業で、うまくなりたいという子どもの共通の願いにこたえること、つまり運動ができるようになることが、その子どもにとって意味のある授業だと考えていた。これに対して大学院の研修後の「正解は自分で見つける」授業では、1人ひとりの多様性を受け入れる「共生（学校観）」の信念が強くなり、1人ひとりの子どもが、運動ができることのみならず、運動のでき具合について自分自身の感じ方で自分の正解を見つけることが、その子どもにとって意味のある授業になると考えたと読み取れる。

さらに、「自分の想いみたいなことを安心してしゃべれる、そういうクラスを作ることが何より大事（子ども観）」については、大学院での研修前では、「できない子を大切にする。絶対ほっておかない。」（第1次インタビュー）ことで、学級内で運動ができないことを冷たい目でみられることがない安心感を生み出そうとしていた。これに対して、大学院の研修後には、「正解は自分で見つける」授業で、1人ひとりの多様性を受け入れる「共生（学校観）」の信念が強くなり、1人ひとりの運動のでき具合や感じ方が異なることを肯定し、自分自身の運動経過のイメージを安心して発言することができる授業を実現しようとしたのである。つまり、体育授業において、何を学習し何を発言することがその子どもによって意味のある学習なのかという「生徒の理解」（「授業スタイル」の要素）が大学院の研修の前後で変化したと考えられる。この「生徒の理解」の変容が、「授業スタイル」の他の要素の変容を生み出していった。

「ひょっとしたら正解に持っていくとかじゃなくて。正解は自分で見つけるものじゃないか。というのを運動の学習でも凄く強く以前より意識して、意識していたと思います。」という林の発言は、それまでの「正解に持っていく」授業から、「正解は自分で見つける」授業に林の授業が転換したと解釈できる。そこで、林の「授業スタイル」は、広島大学附属小に赴任した1982年度から1990年度までの9年間に形成され、1991年度から1992年度の大学院研修を経て、1993年度から2002年度の10年間に変容したと解釈した。

第2節　授業スタイルの形成と変容

1　研究の対象と方法

1-1 研究の対象と資料の収集

第2節では、林の「教師の信念」に規定されて生み出された「授業スタイル」の形成と変容を明らかにする。編者は林が広島大学学校教育学部学校教育研究科に研修のため在籍した1992年4月に大学院指導教員として出会い、翌1993年4月から2006年4月に林が九州女子大学に転任するまで、毎年2月に林が公開する研究授業をはじめ多くの授業を観察し批評してきた。そして、林がこれまでに書かれた体育授業に関する授業研究と学級経営についての主な文献171編を収集するとともに、それらの文献名と概要、広島大学附属小時代の教師の同僚関係、学習指導要領を中心とした教育情勢を加筆した年表を作成した。ここでは、表1-3に示すように、編者が数多くの林の実践記録の中から各年度の主要な実践記録を抽出した。「授業スタイル」は実践記録で示されることから、これらの実践記録の解釈から、「授業スタイル」の形成と変容を明らかにすることを試みた。

表 1-3 「授業スタイル」の形成と変容を代表する主な実践記録

年度、月日、年齢、職務	勤務状況	実践記録等の名称〈正解に持っていく授業〉と〈正解を自分で見つける授業〉は本文の「授業スタイル」の説明で用いた実践報告	発行所, 発表雑誌等、発行又は発表の年月	付属小、同僚関係、職階、共同研究者 教育行政・社会の動向等
広島大学附属小時代(正解に持っていく授業)				
1982(S57)年、24歳	広島大学附属小学校教諭、体育専科教諭	1年生のボール遊び—「ならびっこゲーム」における課題提示場面より—〈正解に持っていく授業〉	『学校教育』782号, pp.71-73.1982/9/1	•1982(S57)年から2003(H15)年 3月まで体育専科教諭、21年間体育授業担当〈2006(H18)年48歳まで3年間副校長〉 •同僚:徳永体育科主任、1982年4月~83年3月;奥川氏在籍。 •小林一久編著『達成目標を明確にした体育科授業改造入門』明治図書、1982年2月
1983年、25歳	1年生学級担任〈体育専科〉	別れのあとで出会いがわかる	『学校教育』794号, pp.64-65.1983/9/1	•小林一久他「連載:体育の授業研究」『体育科教育』1983/4-1985/3
1984年、26歳	2年生学級担任〈体育専科〉	わかり、できる体育の授業と教師の働きかけ—1年生のボール蹴り運動の実践より—〈正解に持っていく授業〉	『学校教育』802号, pp.74-75.1984/5/1	•同僚:徳永体育科主任、1984年4月~87年3月;田中新二郎氏(87年4月佐賀大就職)
		a.子どもの心をゆさぶる体育の授業〈正解に持っていく授業〉	『学校教育』807号, pp.24-29.1984/10/1	
		b.体育の授業における評価活動とその組織化〈正解に持っていく授業〉	『学校教育』809号, pp.58-61.1984/12/1	
		授業の組織化と評価活動(その1)	『体育科教育』第33巻2号, pp.60.63. 1985/2/1	•小林一久『体育の授業づくり論』明治図書、1985年2月
		授業の組織化と評価活動(その2)	『体育科教育』第33巻3号, pp.64-67.1985/3/1	
1985年、27歳	3年生学級担任〈体育専科〉	子どもの主体性を伸ばす体育の授業—教師の働きかけと子どもの主体性—〈正解に持っていく授業〉	『学校教育』819号, pp.70-71.1985/10/1	
1986年、28歳	4年生学級担任〈体育専科〉	「空間表現」に視点をおいたとび箱指導	『学校教育』827号, pp.60-63.1986/6/1	•1986年4月、中村敏雄氏が山口大学に教授として赴任。
1987年、29歳	1,2年生の学年担任と体育専科〈1,2,5,6年生体育〉	「まなざし」の共有、そして本心を語り合える学級を目指して	『学校教育』837号, pp.60-63.1987/4/1	•1987年3月学校体育研究同志会西日本大会に徳永先生と参加し広島支部入会 •1987年4月、奥川氏が附属小教諭を退職 •同僚:1987年4月~98年3月:徳永体育科主任(98年3月安田女子大学に赴任)、1987年4月~98年3月:服部宏之氏(98年3月広島国際大学に赴任)

1988年、30歳	1,2年生の学年担任と体育専科〈1,2,5,6年生体育〉	a.主体的な体育学習を引き出す授業の構成—「サッカー」5年—〈正解に持っていく授業〉	『学校教育』852号, pp.30-37.1988/7/1	•大後戸一樹氏、広島大学学校教育学部中学校課程保健体育専攻　入学
		基礎研究とその指導について：小5•サッカーの実践より〈正解に持っていく授業〉	『たのしい体育•スポーツ』第8巻第1号、29号, pp.60-68.1989/3/1	
1989年、31歳	3年生学級担任〈体育専科〉	教師の想いと子どもの想いの統一を目指して—6年「持久走(ペースランニング)」—	『学校教育』861号, pp.30-37.1989/4/1	•1989年4月、中村敏雄氏が広島大学学校教育学部教授として赴任。
		連載、「みんながうまくなること」を教える体育「小学校(3年生)サッカーの実践記録」	『体育科教育』誌、37巻10号, pp.60-65.1989/9/1	•出原泰明氏との「体育科教育」誌授業研究連載1989, 4〜1990.3
		「うまい子」と「へたな子」の結び合いをつくる—技術認識で結び合う関係をどうつくるか—	『学校教育』867号, pp.60-63.1989/10/1	•1989(H元)年 小学校学習指導要領(告示)：「新しい学力観」「生活科」新設、体育科で「個に応じた指導」として「めあて学習」が流布された.
1990年、32歳	4年生学級担任〈体育専科〉	1.「小学校(3年生)サッカーの実践記録」出原泰明編『みんながうまくなること」を教える体育』	大修館書店, pp.88-108. 1991/1/1(初出は『体育科教育』1989年9月号)	
広島大学附属小時代〈正解を自分で見つける授業〉				
1991(H3)年、33歳(大学院1年)	広島大学大学院学校教育研究科保健体育専攻修士課程　入学	言語化による運動イメージの形成について—4年、開脚前転の実践より—	『学校教育』887号, pp.72-73.1991/6/1	•大後戸一樹氏、広島大学大学院学校教育研究科保健体育専攻修士課程　進学 •1991(H3)年児童指導要録改訂。「評定」欄低学年廃止。体育科の観点は「運動や健康•安全への関心•意欲•態度」「運動や健康•安全についての思考•判断」「運動の技能」「健康•安全についての知識」
1992(H4)年、34歳(大学院2年)		2.運動技術の習得過程に関する研究—「小6：ハードル走」の授業分析を中心に—	広島大学学校教育研究科修士論文、1993/3/1	•1992年4月、木原成一郎、中村敏雄氏の後任として広島大学学校教育学部に講師として赴任。34歳。林俊雄氏と大後戸一樹氏の修士論文指導を担当。
1993(H5)年、35歳	1年生学級担任〈体育専科〉	12.運動技術の習得をめざした「わかる•できる」授業構成のあり方—「ハードル走」の実践(6年)における言語活動に着目して—〈正解を自分で見つける授業〉	『学校教育』919号, pp.24-29.1994/2/1	•1993年4月、林俊雄氏付属小教諭に復帰。大後戸一樹氏広島県能美町立(現江田島市立)高田小教諭に赴任、25歳。
1994(H6)年、36歳	2年生学級担任〈体育専科〉	13.「わかる•できる」体育の授業づくり—1年生「川とびでござーる：規則的•連続的リズム走(ござ跳び越し走)—	『学校教育』922号, pp.30-38.1994/5/1	1994年10月木原成一郎、学校教育学部助教授
1995(H7)年、37歳	•5年生学年担任〈体育専科〉	「ドーナツボールの授業づくり」山本貞美編『新学力観に立つ体育科授業モデル30選』	明治図書, pp.23-31. 1995/12/1	
1996(H8)年、38歳	(6年生学年担任〈体育専科〉)	15.「わかる•できる」内容と指導過程の追求-発達段階に応じたゲームの授業づくり：5年「フラッグフットボール」	『学校教育』950号, pp.30-37.1996/9/1	

1996（H8）年、38歳		教室でやる体育（体育理論）の試み―6年「スポーツの中の男と女」(1)―〈正解を自分で見つける授業〉	『学校教育』956号，pp.46-49.1997/3/1	
1997（H9）年、39歳	1年生学級担任、〈体育専科〉	教室でやる体育（体育理論）の試み―6年「スポーツの中の男と女」(2)―〈正解を自分で見つける授業〉	『学校教育』960号，pp.46-49.1997/7/1	
1998（H10）年、40歳	2年生学級担任,〈体育専科〉	17.「わかる・できる」指導内容と指導過程の追求-1年生「ボールけり」―〈正解を自分で見つける授業〉	『学校教育』972号，pp.30-37.1998/7/1	・体育科主任。同僚：1998年4月、大上輝明氏、大後戸一樹氏赴任。 ・徳永隆治氏と服部宏治氏が転出し大上輝明氏、大後戸一樹氏が赴任し同僚となる ・1998（H 10）年 小学校学習指導要領（告示）：「生きる力」「ゆとり教育」「総合的な学習の時間」新設、体育科では「心と体を一体として」とらえ、「体操」が「体つくり運動」と変更され「体ほぐし」が登場した。
		第2章　新しい学びの形成をめざす「教科の学習」　体育科	広島大学附属小学校編『21世紀に生きる教育課程』1999.pp.128-131.	
1999（H11）年、41歳	1年生学級担任、〈体育専科〉	18.体育科教育に学習内容（教科内容）概念の定着を	『学校教育』986号，pp.24-29.1999/9/1	・1999（H11）年 小学校学習指導要領解説　体育編に「技能の内容」「態度の内容」に加えて「学び方の内容」が新設。
2000（H12）年、42歳	・2年生学級担任、〈体育専科〉	19.競争について「わかる・できる」をめざす授業づくり―1年生「みんなで楽しく競争しよう」―	『学校教育』995号，pp.30-37.2000/6/1	・2000（H12）年3月、小林一久教授、広島大学を退職。61歳。 ・2000年4月広島大学教育学部と学校教育学部が改組し、新たな教育学部が発足。木原成一郎、教育学部助教授。
2001（H13）年、43歳	2001年4月から2003年3月まで2年間、主幹教諭、体育専科教諭	5年生体育理論　スポーツと「女らしさ」「男らしさ」〈正解を自分で見つける授業〉	『たのしい体育スポーツ』137号，pp.16-21.2001/11/1	・2001（H13）年児童指導要録改訂。「評定」欄も「目標に準拠した評価」を導入し相対評価を廃止。「個人内評価」も重視。体育科の観点は「運動や健康・安全への関心・意欲・態度」「運動や健康・安全についての思考・判断」「運動の技能」「健康・安全についての知識」
		体育理論の授業づくりへの取り組み―「スポーツとジェンダー」の教材化	『学校教育』1014号,pp.54-57.2002/1/1	
2002（H14）年、44歳		体育理論の授業づくりへの取り組み（二）―「スポーツとジェンダー」の教材化	『学校教育』1018号，pp.58-61.2002/5/1	
2003（H15）年、45歳	・広島大学附属小学校副校長（2003年4月～2006. H18年 3月）3年間	22.新しい評価観について	『学校教育』1032号，pp.18-23.2003/7/1	・2003年1月小林一久氏死去 ・2003年4月～2006年3月まで附属小副校長 ・2003年～10年経験者研修制度化
2004（H16）年、46歳		運動感覚のイメージ化を促す教師の指導言について	『学校教育』1051号，pp.48-51.2005/2/1	・2004年4月、木原成一郎、広島大学大学院教育学研究科教授。
2005（H17）年、47歳		26.学習の個別化ではなく共有化を―個性のとらえ方を視点として―	『学校教育』1054号，pp.12-17.2005/5/1	

大学教員として小学校教員養成、教師教育に従事				
2006（H18）年、48歳	九州女子大学人間科学部人間発達学科講師（2006年4月からH21年3月まで）	28.共生の世紀に求められる学力とは	『学校教育』1066号, pp.12-17.2006/5/1	・教育基本法改正：第16条教育行政は「諸条件の整備確立を目標として行われなければならない。」が削除され、大幅変更。
2007（H19）年、49歳	九州女子大学附属自由ヶ丘幼稚園園長［兼任］（2007年4月からH21年3月まで）	29.体育授業における間接的指導としての評価活動	『学校教育』1088号, pp.54-57.2008/3/1	・学校教育法改正：義務教育の目標が新設明記。 ・教育職員免許法改正：教員免許更新制度発足。
2008（H20）年9月、50歳	梅光学院大学子ども学部子ども未来学科　准教授（2009（H21年4月から2015年3月）	30.「わかる・できる」体育の授業と教師の指導性について	『学校教育』1111号, pp.32-35.2010/2/1	・2008（H 20）年 小学校学習指導要領（告示）。基礎基本の重視、「ゆとり路線」の見直し。体育科で1977年の要領以降 30 年続いた「基本の運動」が廃止。基礎となる運動の技能や知識の改善。「自己の能力に適した」が「運動技能」の目標から削除。「体つくり運動」が小1から高3まで設定。
2010（H22）年、52歳		学習規律は間接的指導による自覚的習得でこそ	『楽しい体育・スポーツ』第245号, pp.12-15.2010/11/1	・2010年の指導要録改訂。従来の「思考・判断」の観点が「思考・判断・表現」に変更された。また、「技能・表現」が「技能」に変更された。「関心・意欲・態度」と「知識・理解」は従来どおりで変更なしであった。そして、「技能」と「知識・理解」の観点で「基礎的・基本的な知識・技能の習得」を評価 し、「思考・判断・表現」の観点で「教科の知識・技能を活用して課題を解決する」能力を評価するとされた。
2013（H25）年、55歳		広島大学附属小学校の歴史と伝統―自由と責任の中で自前の教育を構築する―	『学校教育』1157号, pp.18-23.2014/1/1	

1-2 分析の方法

藤原他（2006, pp.15-16）は「授業スタイル」という概念に含まれる要素を以下のように説明している。

「授業スタイルという概念は、生徒の理解、授業の目的や教育内容の想定、教材の準備や提示、学習活動の組織をめぐる選択性や複合性という観点から、さらにはそうした選択や複合の基盤をなす歴史性という観点から想定できるわけである。」（藤原他, 2006, pp.15-16）

この説明によれば、林の「授業スタイル」を記述するためには、「生徒の理解、授業の目的や教育内容の想定、教材の準備や提示、学習活動の組織」という各要素にあたる内容を林がどう選択したのか、そして選択されたこれらの要素がどのように相互に関連していたのか、さらに、時間とともにそれらがどのように変容したりしなかったりしたのかを記述することが求められる。調査者は、この「授業スタイル」の各要素について、第1次インタビューから帰納的に作成した概念と第3次インタビューの発話、授業研究の文献から記述を抽出した。そして、それらの記述を代表する表題を付けた「授業スタイル一覧表」（図1-2）を作成した。以下、林への第1次インタビューから帰納的に作成した概念と第3次から第6次にかけてのインタビューの発話、授業研究の文献を資料として各要素の内容とそれらの相互関係、それらの変容を記述する。

第1節の検討で、林の「授業スタイル」は、広島大学附属小に赴任した1982年度から1990年度までの9年間に「正解に持っていく授業」として形成され、1991年度から1992年度の大学院研修を経て、1993年度から2002年度の10年間に「正解を自分で見つける授業」に変容したとされた。そこで、「正解に持って

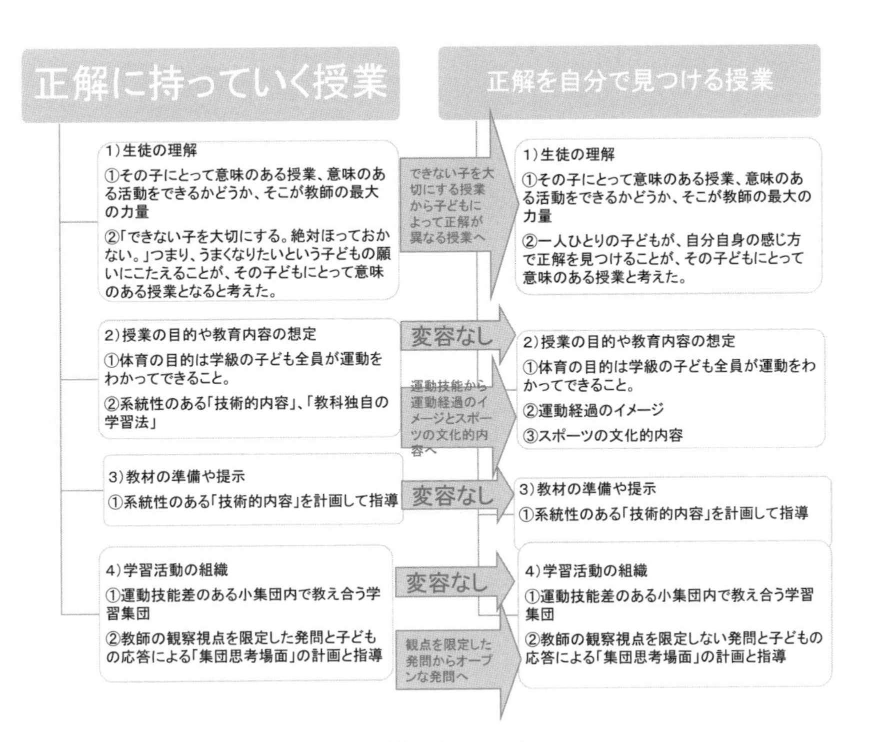

図1-2　授業スタイル一覧表

いく授業」と「正解を自分で見つける授業」のそれぞれの時期について、「授業スタイル一覧表」（図 1-2）の要素にあたる内容を林がどう選択したのか、そして選択されたこれらの要素がどのように相互に関連していたのか、さらに、時間とともにそれらがどのように変容したりしなかったりしたのかを説明していく。

2　「授業スタイル」の形成と変容

2-1「正解に持っていく授業」：1982-1990 年度（教職 1-9 年）

2-1-1　生徒の理解

「正解に持っていく授業」の「授業スタイル一覧表」（図 1-2）にある「1）生徒の理解」の表題は、「①その子にとって意味のある授業、意味のある活動をできるかどうか、そこが教師の最大の力量　②『できない子を大切にする。絶対ほっておかない。』つまり、うまくなりたいという子どもの願いにこたえることが、その子どもにとって意味のある授業となると考えた。」である。

前項で検討した林の「教師の信念」の 1 つに「子どもにとって意味のある授業（教師観）」がある。それは、「その子にとって意味のある授業」ができるかどうかが、「教師の最大の力量」であるというものであった。林（1984a,p.25.）は、広島大学附属小赴任の 2 年後に以下のように書いた。

「体育の授業ほど、子どもたちのでき、不できが目に見えやすい教科はないであろう。運動技能的に異質な子どもたちの集団である学級を単位として授業を行う場合、このでき、不できを固定的に捉え、学習者相互に何のかかわり合いもないまま指導すれば、どういう結果が生じるかは明らかである。できる子にとっては、楽しい体育の授業となるが、できない子にとっては、できないという事実だけで、苦痛以外の何物でもない授業となろう。しかも、このでき具合は教師に見えやすいばかりでなく、子ども相互の間でも見えやすいものである。その結果、知らず知らずの間に、子どもたちの間で優劣の序列化が生じ、できない子が授業から疎外されていくことになるのである。」

この文章によれば、体育の授業では、運動ができることが子どもにとって最大の意味をもつと捉えていたと考えられる。また、林は、学校の役割を様々な能力をもつ子どもたちが「共生」する場所だと考える「教師の信念」をもち以下のように述べていた。第 1 節で引用したインタビューを再度引用する。

「だけど、やっぱり、学校という制度の中で、人間が、ってことを考えると、まさに共生こそ教える時代、今こそ。そういう思いはずっとあったから、それでこれを出したんだと思いますよ。それから、まあ、昔から盛んに言われたけど、個性を伸ばすことところで、要するに、『よくできる子たちを伸ばさんのか？』とか、能力主義的なことに関しても、個性を伸ばすのはすごく大事だし大切なことだと思うけど、それがイコール、何て言うかな、個をバラバラにすることではない。むしろ一緒に生きるという中で、初めて1人ひとりのよさが活きてくる。それは、何ですかね、哲学なのかよくわからないけど、でもそういうことを求めて学習集団とかやってきたことだし、現実、うん、やっぱりそうやって、できない子を大切にする、絶対放っておかない、そのことが、全ての子どもを大事にすること、になってくるという思いは。最後は授業してなかったけど、わりと確固たるもの的なことは思ってましたよ。」(2015/7/15 第1次インタビュー)

つまり、学校や学級は、能力の異なる子どもたちが、「一緒に生きるという中で、初めて1人ひとりのよさが活きてくる。」場所であると捉える。ただし、そのためには教師は「できない子を大切にする、絶対放っておかない、そのことが、全ての子どもを大事にすること、になってくる」と考え、能力差のある全ての子どもたちを対象に「その子にとって意味のある授業」を実現する必要があると考えていた。そして、全ての子どもを対象に、うまくなりたいという子どもの願いにこたえる教師の指導性が、その子どもにとって意味のある授業を生み出すと考えていた。

このように「その子にとって意味のある授業」を実現する必要があると考えていた林は、初任として広島大学附属小に赴任した当初から、「子どものホントの思い」を理解するための「体育ノート」と「学習カード」を活用していた。林は、「自分の想いみたいなことを安心してしゃべれる、そういうクラスを作ることが何より大事（子ども観）」という「教師としての信念」として、「安心」した学級で子どもたちが語る「本心」から教育を出発させるという考えを広島大学附属小赴任当初から持っていた。この子どもたちが語る「本心」から教育を出発させる考えから、林は、毎日欠かさず学級通信を書いている先輩教員の影響を受け、赴任当初から退職までずっと宿題の「体育ノート」と授業中の「学習カード」を子ども達に書かせて、必ず全員に朱書きをして返却していた。

林は、1984年12月に採用2年目に2年生のドッジボールの授業の実践記録を発表した。（林，1984b）ここには、図1-3の「評価活動の組織化」が掲載され、宿題の「体育ノート」に「こんなことがわかった」「たのしかったこと、いやだったこと」について授業を振り返らせて子どもに「自己評価」させ、授業中に「せめ」と「まもり」について「学習カード」に記入する時間を取り、班内で子ども同士に「相互評価」させたと書かれている。

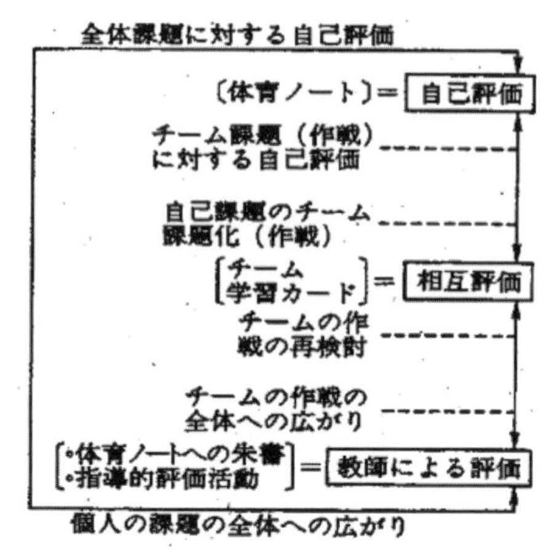

図1-3 「評価活動の組織化」

この「評価の組織化」の図1-3は、「でも、『評価活動の組織化っていうのを私は考えとるんだ』っていうのを（小林氏が：引用者注）おっしゃったのは事実。それで、『まとめてみんか？』みたいな。」（林第3次インタビュー、9月22日）と林が述べたように、小林氏のアイデアに基づくものであった。

その一方で、林は次のように述べ、赴任直後から意識的に「体育ノート」と「学習カード」を活用し、ここに書かれた子どもたちのうまくなりたいという「子どものホントの思い」を理解し、その願いにこたえるために、教師の指導性を発揮しようと考えていた。

「体育ノートを書かすとか、チームゲームだったら学習カードを使うとか、そういうことは1年目から当たり前のようにやってた。〈中略〉あれがないと、子どものホントの思いはわからんだろうというのがあったので、最初からそれはあった。」（2015/9/22 第3次インタビュー）

2-1-2 授業の目的や教育内容の想定

「正解に持っていく授業」の「授業スタイル一覧表」（図1-2）にある「2）授業の目的や教育内容の想定」の表題は、「①体育の目的は学級の子ども全員が運動をわかってできること。②系統性のある『技術的内容』、『教科独自の学習法』

である。

第1に、「授業の目的」について、林（1984a，pp.24-25）は広島大学附属小赴任の2年後に以下のように述べた。

「できるかできないかという結果は一目瞭然である。そのことのみを体育学習の結果として評価するとすれば、それは、弱肉強食の序列化を生み出す以外の何物も残さない。どうすればできるようになるのか、また逆に、なぜできないのかを知的に探究したり、できるようになっていく過程を見極めるということを確かにしていくことを疎かにしてはならない。子どもたちの目に映りやすく、したがって、学ぶ側もそのように傾斜しがちな、できるかできないかという結果のみの運動学習観を、わかり、できるという視点からゆさぶりつづけることこそが、全ての子どもを、主体的な学習者にそだてることにつながるのである。」

林は、全ての子どもを、主体的な学習者に育てるためには、体育の目的を学級の子ども全員が運動をわかってできることとし、「できるかできないかという結果のみの運動学習観を、わかり、できるという視点からゆさぶりつづける」教師の働きかけを組織していくと主張していた。この体育の目的は、授業スタイルが「正解に持っていく授業」から「正解を自分で見つける授業」に変容してもまったく変化していない。

第2に、「教育内容の想定」の表題は、「②系統性のある『技術的内容』、『教科独自の学習法』」である。林（1984a）は赴任2年目に「子どもの心をゆさぶる体育の授業」で「ある運動を教材とすることで、何を教えるのかということを、教材解釈を通して明確にして行かねばならない。しかしその教えたい教科内容は、そのままでは子ども達に全く見えないことが多い。」「見えないものを見えるようにしてやることが、教師の指導技術としての、教材づくりということになろう。」と述べた。つまり、赴任2年目で、林は運動教材の教科内容を教材解釈を通して明確にしようとする自覚があった。

ここでは「お互いに協力する」という教科内容を教える教材として小1の「ならびっこゲーム」（図1-4）が示されている。この授業の詳細は、後の「授業スタイル」の「4. 学習活動の組織」で説明する。授業の中で次頁の図1-4のように、相手をアウトにするために味方が協力して並ぶ子どもの行動が「協力」を教えていると次のように説明された。

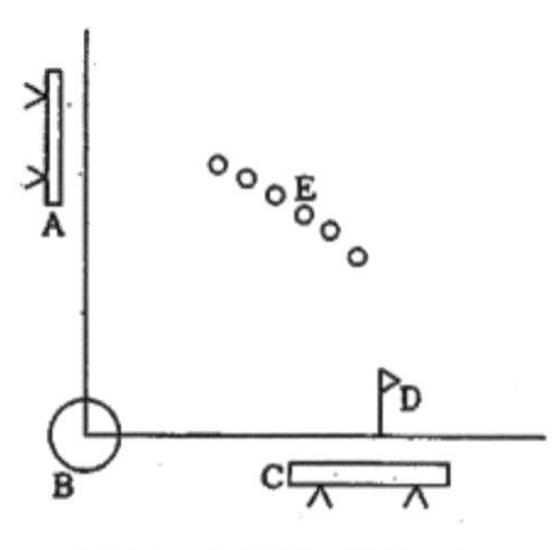

図 1-4　ならびっこゲーム

「今言ってるように、その内容、「見えないもの見えるもの」をここで取り上げてる点はね、まさに、『協力』ということを、ここに書いてあるけど、『教える側のチェック、特に協力し合うということ』。並ばんといけんから、アウトの時とかね、協力というのは絶対にいるんだけど、それが一体どういうことなのか、『協力しましょう、協力しましょう』と言っただけでは、これは『見えないもの』だろうと。だけどそれが、いち早くみんながボールの所に集まって並ぶということ、それができることが協力なんだというふうに捉えて。だからこれが、見えないものを見えるようにする教材づくりだっていう、おそらくそういう捉え方なんですよ。自分はそれを書きたかった、間違いなく。だけど、それって、いわゆる戦術とか技術内容じゃないですから。言ったように、運動の持ってる、運動そのものの構造がね、持ってる内容から、導き出されたものではないと思います。それは見えてないんですよ、自分に、きっと。特にこういう戦術とかボールゲームとか、ドッジボールも全く一緒ですよ。パスができる、一人だけでするんじゃなくて、みんなが協力したドッジボールにさせたい。」（2015/9/22 第 3 次インタビュー）

林は続けてこの授業の中での子どもの学習の様子を次のように述べた。

「野球のルールなんかわからん子いっぱいおるし、アウトとかセーフとか意味もわからん子がいっぱいおるわけですよ。だけど知っとる子もいて、それが中心になってやるんだけど、何回かやる中で、そんな子たちが、特に守り場面で一生懸命やってたのが、並ぶことだったんですよ。ホントに。声も掛けるし、そこ行って並ぶことだったらボールが取れん子も一生懸命するから、これってひょっとしたらすごい教材だなと思ったんですよ。」（2015/9/22 第 3 次インタビュー）

ただし、この段階では、「お互いに協力する」という教科内容を教える教材として「ならびっこゲーム」を説明するにとどまっている。他方で「並びっこゲーム」というボール運動には、攻め方や守り方という戦術等の運動技能という「技術的内容」が含まれている。しかしながらそれらを「教科内容」とは考えられていなかったと林は次のように回想した。

「そうそう。それに気付けるのは、気付けるというか、上手く言えんけど、この時期これをやってて、次にどうなるだろうとか、これをした結果どういうゲームになっていくんだろうとかいうことには、おそらく自信がないんですよ。なかったと思うよ。」（2015/9/22 第 3 次インタビュー）

「『みんな集まれー』って言われたけん、『来いー』って言われたけん行っとったかもしれんけど、チームの強力な、リーダー的な奴に。でも、それにしても、ひょっとしたらそうすることがチームにとって必要なことなんだってことは 1 回理解して動けること。その結果、ひょっとしたら勝った、勝ったらみんなバンザイしてたから。そういうくらいの意識かな。だからこれがどこに発展するかなんかほとんど何にもない。発展せんけんやめたんよね。だから、ここでやろうとしてたのは、どっちかっていうと、投げるとか。」（2015/9/22 第 3 次インタビュー）
「そうそう。守りはせいぜい、どう散らばって守るのがいいか、そのくらい。今えらいのは、ベースボール協会で、ここから始めて、これの発展がもう作られてる。野球にもっていくためにね。『並びっこ』の次が『集まりっこ』なんですよ。『並びっこ』はボールを取った人の所に並ぶけど、それを『集まりっこ』にするとベースを選択して、どこに行って集まるのがいいか、みたいな。それが教科内容だと思いますよ。」（2015/9/22 第 3 次インタビュー）

林は学部時代に体育会馬術部で活動し高校教員養成課程社会科を卒業した後、小学校教員養成課程に学士入学した経歴から、広島大学附属小の体育専科教員としては運動教材の技術的内容に関する専門性が不足しているとの不安にかられていたと以下のように述べた。

「何かが凄い得意とかね、そういうのがない。無くて。運動自体は嫌いじゃないけど、何かをキチッと教える事ができる力みたいな事に関しては、そんな

に自信があった訳でもないし、おそらく無かったと思います。」(2016/7/5 第 5 次インタビュー)

この不安に応える契機が広島大学附属小赴任 6 年目に訪れる。林は、1987 年 3 月に中村敏雄氏(当時山口大学教授)の呼びかけで中国・四国・九州地区の学校体育研究同志会会員が中心となり開催された西日本大会に参加し、学校体育研究同志会の授業研究の成果を学び、その後に会員となる。林は、学校体育研究同志会編(1979)の「技術指導の系統性」概念を「熟考」(佐藤, 1997, p.65)して翻案し、運動領域の「特質」が高度化するように系統化された「技術的内容」を中心に据える単元構成を行うようになった。また、中村編(1991)の「学習活動の対象化」の概念を「熟考」(佐藤, 1997, p.65)して翻案し、「技術的内容」を観察して記録する「教科独自の学習法」を教科内容と考え、単元の目標に設定するとともに授業の過程に子どもの学習活動として設定した。林は運動教材の教科内容として「技術的内容」及び「教科独自の学習法」を選択したのである。

赴任 7 年目の 1988 年 7 月の実践記録で、林は、この新しい教科内容の選択に基づく授業研究を報告している(林, 1988, pp.30-37)。この実践記録では単元計画の「(1) 指導目標」が以下の 3 点とされる。

○2 人でのパスーシュートというコンビネーションプレーを使った攻撃ができるためのポジショニングやパスワークを工夫させると同時に、それに必要なボール操作技術を認識させ、課題を明確にした練習をすることにより、上記コンビネーションプレーの技能の習熟を図る。
○子どもたち自らの力で、練習やゲームの記録をとり、それを分析・総合することによって学習課題を明確にしたり、課題の達成具合を判断できるような能力を養う。
○グループノートへの記述や練習、ゲーム中の相互評価の活性化により、互いの気持ちを理解し合い、教え合い、学び合いのある学習集団の育成を図る。

実践記録に「サッカーを含めて、1 つのコート内で攻防入り乱れるボールゲームの特質を『シュートを含んだコンビネーションプレー』ととらえ、その基礎技術を『2 人によるパス―シュート』ととらえたい。」(林, 1988, pp.31-32)とあるように、林は、学校体育研究同志会の「技術指導の系統性」研究に基づく教材解釈を行い、系統性のある「技術的内容」を示した単元計画を作成した。単元の第１の運動技能の目標は、この教材解釈に基づいている。

この単元では2次と3次の9時間を、図1-5のようなゴール前のシュート攻撃2名とゴールキーパーを含む防御2名の対戦にあて、攻撃の作戦づくりとパスからシュートの実技を指導した。

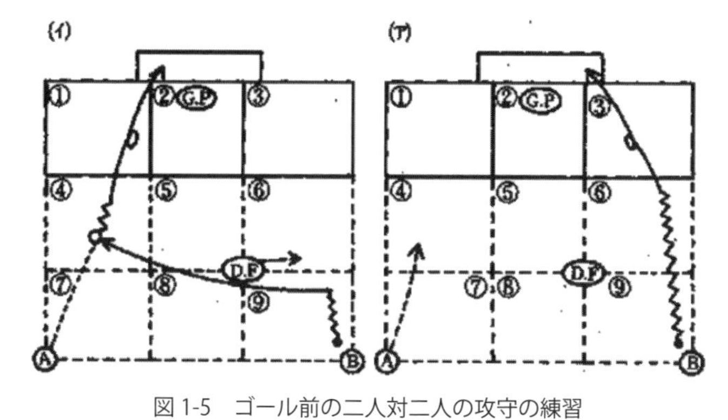

図1-5　ゴール前の二人対二人の攻守の練習

林は、図1-6のようにゴール前の2人の攻めの行動を同じ班の子どもに観察して記録させ、その記録を資料として2人の攻めの行動の動き方や動くタイミングを子どもに考えさせ、自分たちでペアの課題を考えて練習できるように指導した。

教師が設定した「技術的内容」の練習について、その到達と課題を子ども自身が観察して作成した授業の記録から見つけ出し、その課題を解決するという「教科独自の学習法」を学習する授業への変容である。

林は､教科内容として｢技術的内容｣及び｢教科独自の学習法」を選択し、サッカーでゴール前の2人の攻めの行動を同じ班の子どもに観察して記録させた授業とそれまでの「集団思考場面」の授業との相違を次のように述べた。

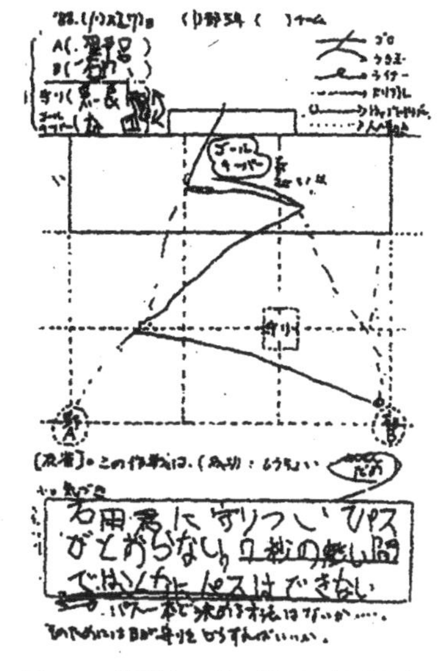
図1-6　学習カードの練習の観察記録

「〈前略〉だけど、こういう、その前のところは、小林先生が言ってた集団思考場面って、直接観察して、違いを、今だったらビデオを使うかもしれんけど、当時はまだね。目の前でやられるパフォーマンスを、観察視点を限定して見比べることで、どこがどう違うとか、そういうことだった。だけど同志会は、心電図（ゲーム記録の方法:引用者注）を含めて、要するに記録とかデータとか、そういうものを残して、そのことを分析材料にする、それは同志会から学びましたよ。はっきり言って。」（2015/9/22 第 3 次インタビュー）

「うん、材料に。教師が教師だけで解釈する材料ではなくて、学習活動の対象化、それはすごく新鮮でしたね、方法としては。だからわざと、こういうふうに『学習方法の習得』みたいなことを。意味がわかったというか。〈中略〉その前から言よったんよ、教育方法学の人らは。教科独自の学習法とか言ってたし。」（2015.9.22 林第 3 次インタビュー）

2-1-3 教材の準備や提示

「正解に持っていく授業」の「授業スタイル一覧表」（図 1-2）にある「3）教材の準備や提示」は、「①系統性のある『技術的内容』を計画して指導」である。

前項で検討した赴任 7 年目の 1988 年 7 月の実践記録の詳細が翌 1989 年 3 月の学校体育研究同志会の機関誌『たのしい体育・スポーツ』に掲載された。林（1989a，p.60）は、次のように述べ、学校体育研究同志会で研究されたサッカーというスポーツを教材として教える際の「技術的内容」を確認するとともに、その「技術的内容」を授業実践の中で吟味し新たにその内容を修正するという意識を強く表明している。

「同志会ではサッカーの特質を『コンビネーションプレーを含むシュート』と捉え、この特質を支える基礎技術を『2 人のコンビネーションプレーによるパス→シュート』と捉えてきた。〈中略〉しかし、当然のことではあるが、これもあくまでも 1 つの仮説であり、その理論的整合性や子どもの発達との適合性などを多方面から実証的に検証し、より良き体系の構築を目指さねばならない。」

さらに、その「技術的内容」の系統の再検討の課題意識が説明されている。林は以下のように述べる。

「しかし、2 対 0 で教える中身を検討してみるとき、いくつかの未解決な問題を感じるのである。1 つは、シュートをすべき時、つまり、シュートチャンスを十分に教え切れているかという問題である。〈中略〉2 つ目には、子どもの自然な意識により近く、また、できるだけ実際のゲーム状況に近い状況を想定した条件のもとでのコンビネーションプレーによるパス→シュートの探求ができているかどうかという問題である。具体的には、子どもの攻め方の意識により近いと思われるフォワードパスをつなげてのシュートという典型練習をはじめに位置付ける方が良いのではないかということである。3 つ目には、コンビネーションプレーの質は個々のボールコントロールやボディコントロールの質に規定されざるを得ないが、両者をどういう関連の中で指導していくのかという問題である。」（林，1989a，pp.60-61）

林は、「コンビネーションプレーを含むシュート」というサッカーの「技術的内容」から、さらに下位の内容を取り出し、それを教えるための具体的な練習方法である教材を作りだすことを提案している。具体的には、前項目で紹介した授業実践で、図 1-5 のようなゴール前のシュート攻撃 2 名とゴールキーパーを含む防御 2 名の対戦を練習の教材とし、攻撃の作戦づくりとパスからシュートの実技を指導した。そして、子どもたちに書かせた学習カードから小学校 5 年生がゴール前の攻撃 2 名と守備 1 名の状況で、どのようなタイミングでパスを出し、パスを受け、シュートすることを理解するのかを確認し、あらゆる組の成功パターンが図 1-7 の①と②の 2 通りであることを VTR の視聴により子どもたち全員と確認し、このようなコンビネーションプレーを成立させるためのボールコントロール技能の練習を同じ 2 対 1 の攻撃練習で単元後半に繰り返した。（林，1989a，p.63）

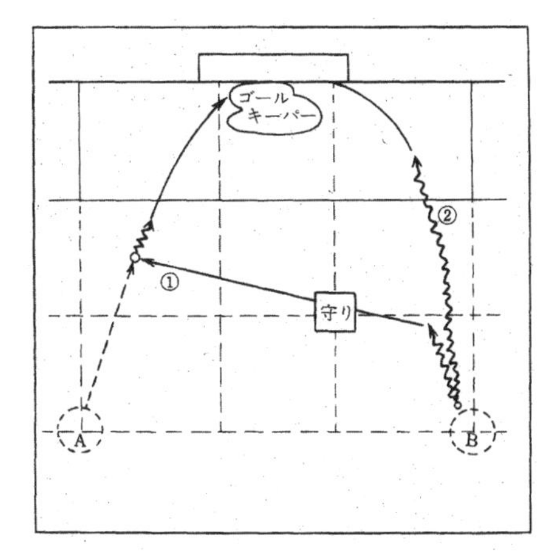

図 1-7　あらゆる組の成功パターン
（林, 1989a, p.63）

林は、この授業実践を通して、「コンビネーションプレーを含むシュート」というサッカーの「技術的内容」を教えるための下位の要素の系統を提案し、その要素を教えるための教材を開発し授業実践でその成果を検証するという単元計画の開発と検証を行っていたと考えられる。

教材として用いる運動種目の特質から「技術的内容」を抽出し、子どもたちの技能習熟レベルに即して、その下位要素を系統的に並べ、その要素を教えることのできる練習方法を教材として開発し指導するという指導計画は、まさに、「3）教材の準備や提示」は、「①系統性のある『技術的内容』を計画して指導」なのである。林のこの「3）教材の準備や提示」は、授業スタイルが「正解に持っていく授業」から「正解を自分で見つける授業」に変容してもまったく変化していない。例えば、授業スタイルの転機となる大学院での研修中に実施した授業研究で「正解を自分で見つける授業」の実践例として後に取り上げる、1993 年度に『学校教育』に発表された「運動技術の習得をめざした『わかる・できる』授業構成のあり方：『ハードル走』の実践（6 年）における言語活動に着目して」においても、それまでのハードル走の授業研究で指導されていた「技術的内容」を踏まえ、その下位要素を系統的に並べ、その要素を習得するための練習を教材として指導する単元計画を作成し指導している。

2-1-4　学習活動の組織

「正解に持っていく授業」の「授業スタイル一覧表」（図 1-2）にある「4）学習活動の組織」は、「①運動技能差のある小集団内で教え合う学習集団　②教師の観察視点を限定した発問と子どもの応答による『集団思考場面』の計画と指導」である。

第 1 に、「①運動技能差のある小集団内で教え合う学習集団」について検討しよう。林は、「できない子を大切にする、絶対ほっておかない」ことが、「全ての子どもを大事にすること」につながるという「教師の信念」を次のように述べていた。

> 「むしろ一緒に生きるという中で、初めて 1 人ひとりのよさが活きてくる。それは、何ですかね、哲学なのかよくわからないけど、でもそういうことを求めて学習集団とかやってきたことだし、現実、うん、やっぱりそうやって、できない子を大切にする、絶対ほっておかない、そのことが、全ての子どもを大事にすることになってくるという思いは。」（2015/6/5 第 2 次インタビュー）

林は、赴任3年目の「折り返しリレー（3年）」の実践記録で、「でき方やわかり方に質的な差がある集団の中で質的な差に注目させながら、より高い共感と統一を目指した指導を行うことができる。」と述べている（林，1985）。この実践記録は、技能差のある集団で子ども同士が教え合いながら集団として高まる「学習集団」の指導を意識した実践記録である。この実践記録に対して、林は「これは間違いないと思うんだけど、できる子とできない子のかかわりみたいなこと以上に、できん子を大事にしてやりたいという意識の方が強かったと思いますね。」（2015/9/22 第3次インタビュー）と述べた。

つまり、林は「できない子を大切にする、絶対ほっておかない」という「教師の信念」から、「技能差のある集団」を教え合う「学習集団」に高める授業をめざしたのである。

林は、広島大学附属小赴任8年目に学校体育研究同志会の出原泰明氏が主宰した『体育科教育』誌の連載で、3年生のサッカーの実践記録を発表した。（林，1989b）

この授業の前年度に学級担任した2年生で「全員シュート」の達成を目標とするサッカーの授業を行ったが、クラスで1名だけシュートできなかった長尾さんが授業の最後に涙を流した。そこで、学級担任を持ち上がって3年生になり長尾さんがシュートできるようにする授業を計画した。それは、小集団のグループ内で図1-8にあるような班練習を指導し、「体育ノート」や「学習カード」に毎時間「わかったこと」「できるようになったこと」「感想」を記入させ、その資料をグループ内で交流させて長尾さんと岡村君の教え合う関係を組織した（図1-9）。結局単元終了時に、長尾さんのシュート成功は達成できなかったが、長尾さんは「もうおわりだけど、またやる時はがんばろうと思う。点を入れられるようにね。」と学習カードに記述し学習への意欲を示す成果を残した。技能の異なる子どもたちが教え合う「技術的内容」が明確になったことで、「技術的内容」の教え合いを介して子ども同士の関係がかけがえのない仲間に変わっていく。こうして林の学習集団の指導は深まっていった。

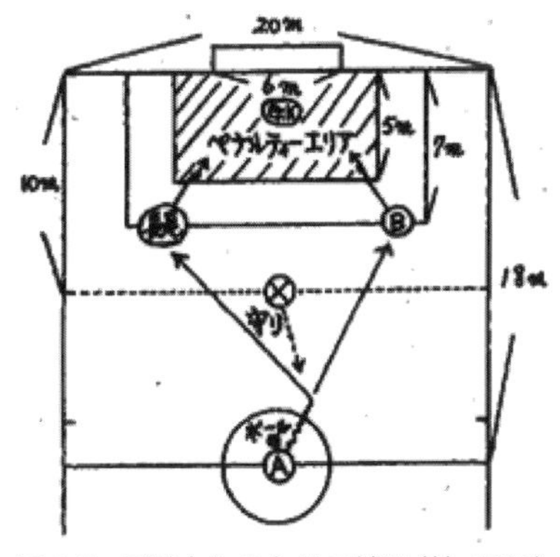

図1-8　長尾さんのための練習（林，1989）

さらに、林は、小集団のグループノートを学級全員で交流させる「グループ学習」の指導に着手したが、挫折を経験する。林は、赴任 7 年目の 1989 年に学級担任した 3 年生のラグハンドボールの授業で「グループノート」を教室の後ろに置き、自チームのメンバーの要求や他チームの工夫を小グループを越えて学級内で交流することを指導する「グループ学習」を試みた。しかし、体育と国語しか授業を担当しない教科担任制の広島大学附属小では、昼休みや放課後に体育授業の交流時間をとることができず、「グループノート」の内容の交流は「敗北というか挫折感がある」（第 5 次インタビュー）という結果を林に残した。

◎岡村
〈わかったこと〉ボールのくる所を考える。（パスする時、正面にパスすると、一ぺんふり向かないといけないけど、少しはなれた所にパスしたら、出やすくてけりやすい。）
〈感想〉し合では、ぼくはキーパーだから、長尾さんや村上君などにパスをして、入れるようにいいパスをよく考えようと思う。
◎長尾
〈わかったこと〉人のいないところへ行って、まもりの人にとられないようにする。

図 1-9　「体育ノート」の感想（林，1989）

第 2 に、「②教師の観察視点を限定した発問と子どもの応答による『集団思考場面』の計画と指導」を検討する。林は、広島大学学校教育学部で指導教員の小林氏の影響を受け、「子どもにとって意味のある授業」を実現することが教師の仕事であるという信念を持ったと述べた。そして、その授業を実現するために、林は小林（1985）の「集団思考場面」の概念を「熟考」（佐藤，1997，p.65）して翻案し授業研究を開始した。「集団思考場面」とは、「1 時間の授業の展開のヤマ場で、直前の練習や過去の運動経験に基づいて、どうしても子どもに気づかせたい運動の原理・原則を、示範・観察を含んで、発問―応答のなかで、一般化しようとする場面」（小林，1985，p.175）とされる。つまり、教師が子どもに分からせたい運動の要点について教師が発問し、子どもが応答する過程で子どもからその要点の理解を引き出す場面を具体化したのである。

林は、広島大学附属小に赴任した最初の年に実践記録「一年生のボール遊び―『ならびっこゲーム』における課題提示場面より―」（林，1982）を発表した。この「ならびっこゲーム」は、バッターが手で投げたドッジボールを守備の誰かが受けた後、守備チームが 1 直線に並ぶ前に、バッターが 1 塁の旗を回ってホームまで走って戻れば 1 点が得点されるゲームである。

林は、図 1-10 の「ならびっこゲーム」の授業冒頭の課題提示で「集団思考場面」を計画し、1 年生に、「図 3-1 のように相手が守っている時、どこをねらっ

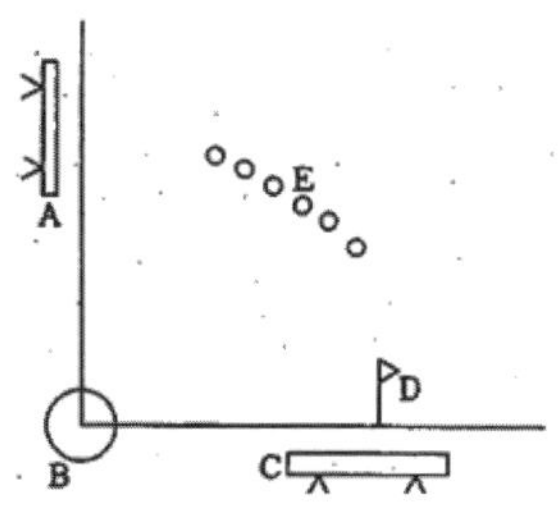

図 1-10　ならびっこゲームの試合

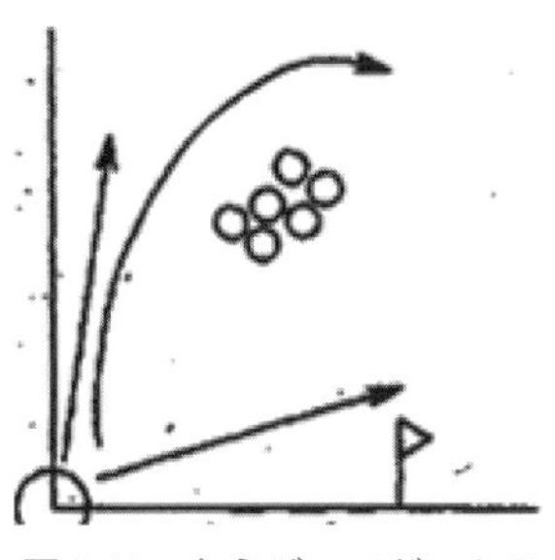
図 1-11　ならびっこゲームの攻め方

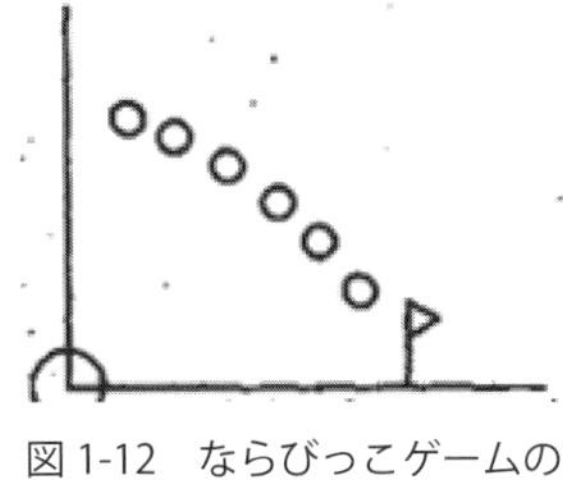
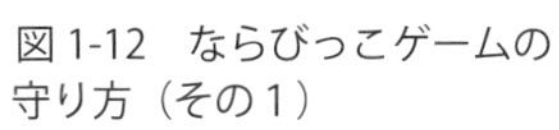
図 1-12　ならびっこゲームの守り方（その1）

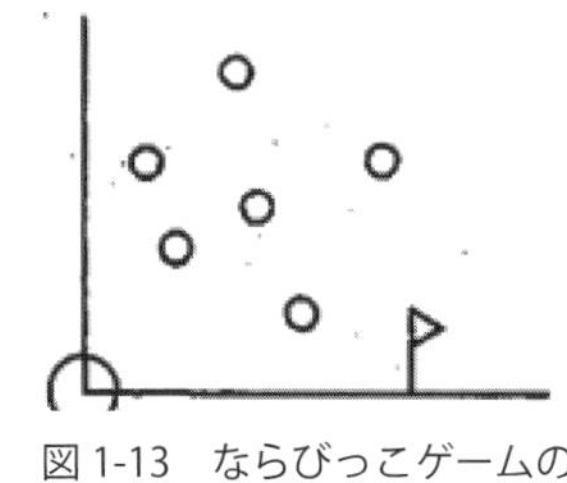
図 1-13　ならびっこゲームの攻め方と守り方（その2）

て投げたらセーフになりやすいか。」「どうすれば人のいないところを少なくして守れるか。」と発問し、「敵のいないところをねらって投げる」攻め方（図1-11）と「散らばって守る」という守り方（図1-12と図1-13）の回答を引き出している。

林は、課題提示以外にも本時のまとめや運動の練習中に「集団思考場面」を設定し、教師が子どもに分からせたい要点を子どもから引き出す一斉指導を行った。この授業の後、別の教材でも「集団思考場面」の実践報告がされている。「集団思考場面」は、この時期に林が形成した「授業スタイル」の1つの要素である「4）学習活動の組織」といえる。

さらに林（1984a）は、広島大学附属小に赴任して3年目の1984年10月に『学校教育』誌に報告した「子どもの心をゆさぶる体育の授業とは」の中で、小学校1年生に指導した「ボールけり運動」の中でも、「集団思考場面」を説明している。このサッカーボールをまっすぐ勢いよくけるという課題について、以下の3つの課題が設定された。「I ボールをよく見て、ボールの中心をねらってける」「II 立ち足を一歩踏みこんでける」「III 立ち足は、ボールの真横近くまで踏み込んでける」実践報告ではIIの課題の教師の発問と子どもとの応答が以下のように記されている（林，1984a，pp.28-29）。

「T1　あのね、先生今だまってみてたらね、どうも二つのけり方があるみたい。今からね、二つのけり方をやってもらいます。どこがちがうかしっかり見ておいてください。はい桧山さん、はい瀬川さん、出てきてごらん。

T2　桧山さんと瀬川さんの、けらない方の左足を見ておいてください。

—桧山、瀬川それぞれ二回示範。—

T3　桧山さんと瀬川さんのけらない方の足のちがい、わかった？

P1　桧山さんはける時に、けらない方の足のかかとが上がっているけど、瀬川さんは上がっていない。

T4　大事なことかもしれませんね。まだある？

P2　桧山さんはけらない方の足をそのまま動かさないで、ける方の足だけ動かして、瀬川さんはけらない方の足がちょっと動いてる。

T5　ちょっと瀬川さんのまねしてみて、けるまね。

—示範（立足の踏み込みをしてみせる）—

P3　ける時にね、桧山さんはこういうふうにけるけど（その場で動かないで）、瀬川さんは前に出てきてけってる。

T7　そうだね。よう見てたね。すごい。桧山さんはね、こういうふうに足をのままにしてバーンとけってたね。瀬川さんは、けらない方の足を動かしてけってた。そういうちがいがみんなにもあります。どっちがうまくけれるだろうか。よそうでいいよ。

P4　瀬川さんの。

P5　どうしてかもいえるよ。勢いがつくから。

T8　でも昨日勉強した時にさ、しっかりボールを見て真ん中をけったらいいって言ったね。桧山さんみたいにした方が、じっとボールを見て狙いをつけやすくない。そうじゃない？

P6　でも……勢いがつくよ。

T9　……それじゃね、今からね……瀬川さん式の方と桧山さん式の方を、ちょっと二回づつぐらいためしてごらん。」

この結果、子どもたちは2、3人をのぞいて瀬川式の方を支持した。林は、瀬川式を指示しなかった子どもは踏み込んだ片足で体重を支えることができなかったのであろうと推測している。

この次に、「III 立ち足は、ボールの真横近くまで踏み込んでける」課題について、II の課題と同様に、ボールの真横まで踏み込み、しっかり立ち足に体重をのせてけっている子の示範を観察させたが、この課題は「1 年生には理解はできても、できるようになるには少し難しい課題であった。」とあるように、観察はできても実技で試すことはできなかったようである。

この実践報告から林は「集団思考場面」の設定のために、教師からの「観察観点の限定」と教師の発問による子どもたちのそれまでの「運動経験の『ゆさぶり』の必要」を結論付けている。

2-2「正解を自分で見つける授業」：1993-2005 年度（教職 12-24 年）

2-2-1　生徒の理解

「正解を自分で見つける授業」の「授業スタイル一覧表」（図 1-2）にある「1）生徒の理解」の表題は、「①その子にとって意味のある授業、意味のある活動をできるかどうか、そこが教師の最大の力量②一人ひとりの子どもが、自分自身の感じ方で正解を見つけることが、その子どもにとって意味のある授業と考えた。」である。

林は、1998 年 2 月の公開研究会で授業公開した「1 年生『ボールけり』」の実践記録を「『わかる・できる』指導内容と指導過程の追求―1 年生『ボールけり』」として、『学校教育』に掲載した（林，1998，pp.30-37）。

この授業は、前項目の「正解に持っていく授業」の「授業スタイル一覧表」「4）学習活動の組織」でとりあげた小学校 1 年生に指導した「ボールけり運動」と同じ課題を指導した授業であり、その中でも「集団思考場面」を指導している。この授業では 3 m 先に置かれた 1 m 四方のベニヤ板に書かれたポケモンキャラクターに向かって勢いよく 2 号球のスポンジボールを蹴るという課題であった。この授業の詳細は「正解を自分で見つける授業」の「4）学習活動の組織」で紹介するが、1984 年の授業では「集団思考場面」で教師からの「観察観点の限定」と教師の発問があったのと異なり、この授業では、「観察観点の限定」がなく、次のように展開した。授業の最初に教師が勢いよく蹴ったボールでないと的が倒れないことを示範した後、「勢いの強いボールを蹴るためには、どんな蹴り方をすればいいかと思うか、予想してごらん。」と発問し、子どもから出た 4 つの予想をとにかく試してみて最後に試した結果を交流するという展開であった。

林（1998，p.36）はその意図を次のように実践記録に書いていた。

> 「教師が教え込むのではなく、子どもたちの予想から出発し、1 人ひとりが試行したり、相互観察し合ったりしながら、技術ポイントを発見していく過程を大切にしていこうと考えた。」

第 6 次インタビューでこの授業映像を見て、林は次のように述べた。

「うーん。あの一おそらくね、何が 1 番、正解が何かっていうのが私にも分からなくて。その一、子どもがやっぱり何に目をつけるかっていうのを自分自身も知りたいのもあったし。だから子どもが何に目を付けるかっていうところを出発点にしなかったらどうしようもないのかな、っていうのはあって。勿論予想してたことが出てくれると、どっちかっていうとそっちへ誘導したがってるのはあるんですよ。最後の M 君も。蹴り足をどうするんみたいなことは思ってたから。だから K さんが言ったようなこと（「足の外側で蹴る。（アウトサイドで蹴る。）」：引用者注）は全く予想してなかった。（笑）だからといってダメではなく。まあ、そうですね。その辺は大学院前と一番変わったところではあると思いますよ。」（2021/2/15 第 6 次インタビュー）

「今の授業なんかをどう見るかなんだけど、（笑）ごめんなさい、私は自分で自分の授業なんだけど、好きですね。（笑）ザワザワさが。ほいで、初期の 84 年とかね、83 年から 84 年の頃、とにかく発問をして観察視点を限定して、みたいなのをこっちは一生懸命やってたんだけども、子どもの表情的には明らかに今の K さんたちの学年の方が断然楽しそうなんですよ。それはすごく感じる。」（2021/2/15 第 6 次インタビュー）

このインタビュー発話にあるように、林は「正解を自分で見つける授業」の「授業スタイル一覧表」の「1）生徒の理解」の表題にある「①その子にとって意味のある授業」を、以前のうまくなりたいという子どもの願いにこたえることではなく、「②一人ひとりの子どもが、自分自身の感じ方で正解を見つけること」と考えるように変容したのである。

2-2-2 授業の目的や教育内容の想定

「正解を自分で見つける授業」の「授業スタイル一覧表」（図 1-2）にある「2）授業の目的や教育内容の想定」の表題は、「①体育の目的は学級の子ども全員が運動をわかってできること。②運動経過のイメージ③スポーツの文化的内容」である。「授業の目的」の「①体育の目的は学級の子ども全員が運動をわかってできること。」は変容していない。ここでは変容した「教育内容の想定」の表題である「②運動経過のイメージ③スポーツの文化的内容」のうち、第 1 に、「②運動経過のイメージ」を説明する。林は、マイネル（1981）の「運動経過のイメージ」「運動経過の『他者観察』と『自己観察』」という概念を「熟考」（佐藤，1997, p.65）して翻案し、6年生のハードル走の授業研究の単元計画に具体化した。

林は、赴任10年目の1991年4月に広島大学修士課程に入学し2年間の研修の機会を得た。そして、修士論文として行った授業研究を実践記録として発表した。（林，1994）

そこでは、外から観察した「・視覚情報を中心とした技術ポイントの発見とその言語化」という従来の学習に加えて、「・運動の感覚を表す言葉を重視し、それを集団的な交流によって、より豊かで確かなものにしていく活動」が指導された。つまり、図1-14の子どもの動作の軌跡図を掲示し、ハードリングの身体重心の上下動を最小限にとどめるための動作のポイントを発問し回答させる集団思考場面が従来の指導である。

これに加えてこの授業では、跳びこし動作を実際に動いて感じた運動経過の感覚を表す言葉を授業中の発言や「体育ノート」等から以下のようにとりだし、授業で他の子どもたちに紹介し交流する学習が指導された。

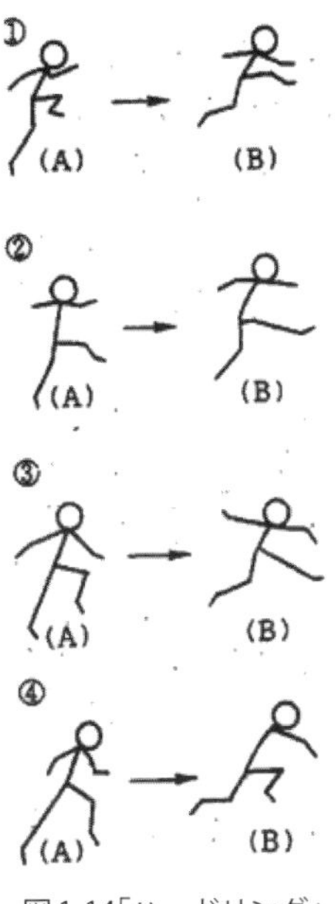

図1-14「ハードリング」動作の軌跡図

「わかった。振り上げ足を伸ばせば抜き足も伸びるけれど（そのままの態勢では）遅くなるから、まっすぐ抜くのではなくて、横に抜いた方がいい」（林，1994）（a男の発言）

「前方に体重をかけ、足（抜き足）をすばやくくくりだすことを考えるとうまく走れる→滞空時間が短い」（林，1994）（a男の体育ノート）

（※この「くくりだす」という用語は、抜き足をくくるようにたたみ前方へすばやく送り出すという感覚をa男が独自の用語として使用したものである。）

第2に、「2）授業の目的や教育内容の想定」の表題の「教育内容の想定」である「③スポーツの文化的内容」を説明する。赴任15年目1996年の1学期、林は体育理論の授業を教室で行い、実践記録を発表した（林，1997a，1997b）。

林（1997a，1997b）は、「体育理論」の授業を中心に「スポーツの文化的内容」

を教えるという出原氏の主張（出原編，2000）を踏まえ、「スポーツと人間の関係を歴史や哲学、政治・経済とのかかわりを土台にして、スポーツの価値や文化としての発展論を教える授業」として「スポーツの中の男と女」の体育理論授業を実践した。林は、出原（1993）の「体育の教科内容」の概念を「熟考」（佐藤，1997，p.65）して翻案し、「スポーツの中の男と女」という体育理論の単元計画に具体化したのである。この単元計画では、小学校体育科の教科内容として、運動技能にとどまらず、スポーツ諸科学の成果の知識を理解することを通して、近代スポーツの発展に内在する問題を理解し自分の考え方を持つことを設定したのである。その結果、実技を伴わない体育理論の授業を指導し、子ども1人ひとりの考え方を交流して学ぶ合う授業への変容が生まれた。

この授業は2時間単元で、1時間目は近代オリンピックの種目と女子種目の変遷を資料で配布し、近代オリンピックへの女子の参加の変遷を理解させ、百年前の第1回オリンピックで女子が参加できなかった理由を推測させた。2時間目は、図1-15の写真を拡大して網掛部分を隠して児童に提示し、何の写真か発問した。そして、テニス大会における女性の競技参加の歴史、服装の開発と競技力の向上の関係を資料を用いて理解させた。その後、競技種目から、シンクロナイズドスイミングやバドミントンダブルス、サッカー、柔道、新体操、相撲等の13種目をあげ、各自に次の4つに分類させてから、各班でその理由を話し合い、最後に学級全体でその理由を発表させた。

図1-15　1884年第1回女子ウィンブルドンテニス大会の優勝者の写真（網掛部分を隠して掲示）出典：林(1997a, p.57)

①男だけがやった方がいいと思うもの。②女だけがやった方がいいと思うもの。③男も女もやっていいが別々にやった方がいいと思うもの。④男女区別なく一緒にやったらいいと思うもの。

この授業は、競技スポーツの参加における男女差の問題という知識の理解に関しては成果を残した。他方、競技スポーツの参加における男女差の問題に対する子ども達の考え方を揺さぶることはできなかったと次のように限界が述べられた。

「これはだから凄く覚えているんだけど、授業計画を立てる時に小学校でできるかが話題になった。私は自信がなかった。ホントに教室で身体を動かさずに子どもが興味を持ってついてくるかどうか。すごく不安だった。ので、正直、やってみないと分からない。ただ、やった。附属小学校だからできたのかもしれない。（子ども達が）そっぽ向くことはなかったし、結構、感想をみれば『おもしろかった』と書いてあるけど、反省にも書いてあるが、だからといってこれをしたことが、子ども達のスポーツ観を変えることになるかどうかになると難しいかもしれないなぁと正直思った。」（2015/12/15 第4次インタビュー）

林（2001）は、2001年に再度5年生で4時間単元の体育理論を指導し実践記録を発表した。

この授業は、第1時に男子シンクロナイズドスイミングの選手と女子ボクシングの選手の写真を見せ、学級全体で子ども達の正直な印象を発表させ、みんなの違和感は各自の感じる男や女の「らしさ」が影響していることに気づかせようとした。その後、第2時と第3時は1996年の「スポーツの中の男と女」と同じ内容で展開した。続く第4時は、本単元直前のハンドベースボールで子どもからの意見で採用し実技した「男女別のホームランライン」を示し、各班で「男女別の

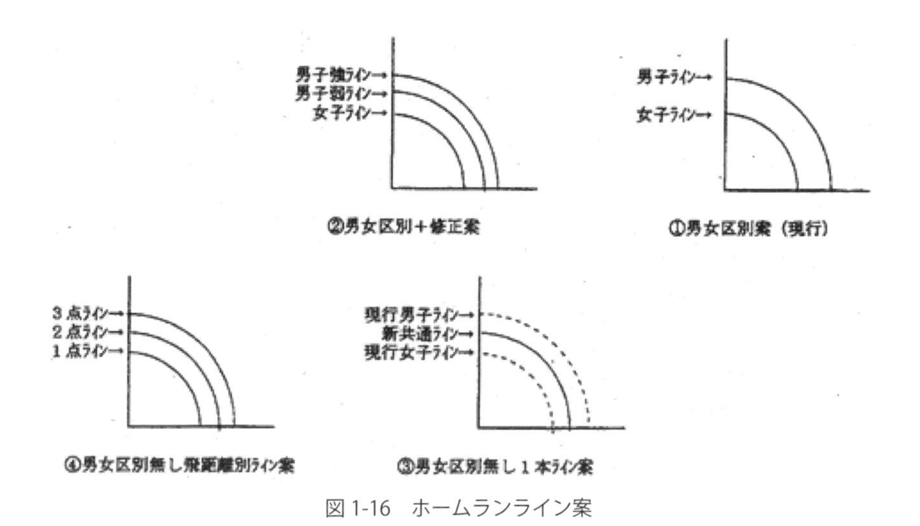

図1-16　ホームランライン案

ホームランライン」はこれでいいのか、もっといい考えはないのかについて討論させ、その結果を発表させた。その結果、図 1-16 のような 4 種類の案が出された。この案の発表後の全体討論では、「生得的な男女の力の差なのか」「男女差ではなく練習量や努力の差なのか」「男女差ではなく個人差なのか」「男女差であれ個人差であれ区別することがそもそも差別なのか」という意見が出され、子ども同士でそれぞれの意見について交流がなされた。実践記録では、子ども達の感想文が紹介され、スポーツの競争過程にある男女差と個人差を考える視点が増えたことが授業の成果とされている。

2-2-3 学習活動の組織

「正解を自分で見つける授業」の「授業スタイル一覧表」（図 1-2）にある「4）学習活動の組織」の表題は、「①運動技能差のある小集団内で教え合う学習集団 ②教師の観察視点を限定しない発問と子どもの応答による『集団思考場面』の計画と指導」である。この「①運動技能差のある小集団内で教え合う学習集団」は一貫して変容していない。ここでは、授業スタイルの変容で大きく変わった「②教師の観察視点を限定しない発問と子どもの応答による『集団思考場面』の計画と指導」について説明する。

林は、1998 年 2 月の公開研究会で授業公開した実践記録を「『わかる・できる』指導内容と指導過程の追求―1 年生「ボールけり」―」として、『学校教育』に掲載した（林，1998）。

この授業は、「正解を自分で見つける授業」の「1）生徒の理解」で既に概要を紹介した。この単元の目標と計画は右の図 1-17 のようである。目標の第 1 はボール操作の個人技能、第 2 はボールを蹴る個人技能、第 3 は運動を観察しポイントを発

2 指導目標

○ボールステップ、ボールストップ、ドリブル、キックなどを行うことによって、足裏や甲や爪先などを使った足でのボール操作に慣れ親しむとともに、ボディーバランスを高めることができる。

○勢いよくボールを蹴ったり、ねらった方向に正確にボールを蹴ったりする技能を高めることができる。

○互いの運動を観察し合って、足でうまくボールを操作するための技術的なポイントを発見したり、そのポイントを確認し合いながら練習したりする協同的な学習ができる。

○ルールを守ったり、役割を分担したりしながら、公正な態度で楽しくゲームを進めることができる。

3 指導計画

○第一次：やさしく、すばやく、ボールタッチ……3

○第二次：それ、シュートだ！……2（本時1／2）

○第三次：チーム対抗ボールけりゲーム……3

（「ポケモンゲットだぜ！」ゲーム）

図 1-17　1 年生「ボールけり」の単元計画

見し教え合う「教科独自の学習法」、第4はルールを守り役割を分担するという練習や試合の学び方である。単元計画は、第1次にボール操作を練習し、第2次に勢いよく蹴るための個人技能のポイントを発見し、第3次に的に勢いよくボールを蹴って当てるゲームの対抗戦をするというものであった。

第1次では、第1の目標のボール操作感覚の養成をねらい、次のボール操作を行わせた。①投げ上げたボール（2号球大のスポンジボール）のバウンドが小さくなるころを見計らい、タイミングよく足裏で押さえて止める。真上だけでなく前後左右に投げ上げ、追いかけながらボールを抑える。②片足づつ交互に、足裏でボールタッチを繰り返す。③ドリブルしながら、合図を聞いたら素早く足裏でボールをストップする。④上記の運動を組み合わせて図1-18のような場を設定し、チームごとでリレーをする。このボール操作の練習は、2時間目から単元最後まで、毎時の準備運動として継続して行わせた。

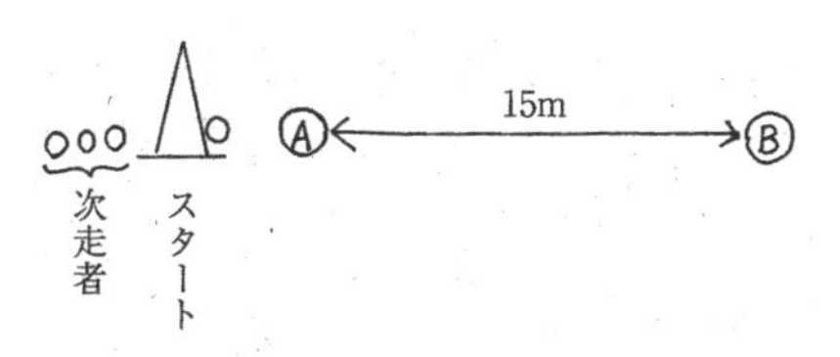

・コーン：第一走者スタート
・Ⓐ～Ⓑ：ドリブルで進む
・Ⓑ　　：足裏でボールをストップし、すぐに左右交互でボールタッチを10回する。

・Ⓑ～Ⓐボールを持って走る。
・コーン：次走者とタッチ。

図1-18　ボールけりの場づくり

編者は第2次のこの授業を観察していたが、準備運動のボール操作で①の課題を実施した子どもたちは、投げ上げたボールを追いかけながら運動場全体に広がってボールを四苦八苦して足裏で止めていた。小学校1年生の子どもたちが足でボールを操作することの難しさをひしひしと感じたことを記憶している。

第2次は、ハードルに図1-19のようなポケモンキャラクターを貼り付けた1m四方のベニヤ板の的を固定し、それをねらって3m離れた地点から勢いよくボールを蹴り、的に当ててそれを倒すという課題を2時間練習した。

第3次は、図1-20のような場で、的に勢いよくボールを蹴って当てるゲームの対抗戦を3時間行った。

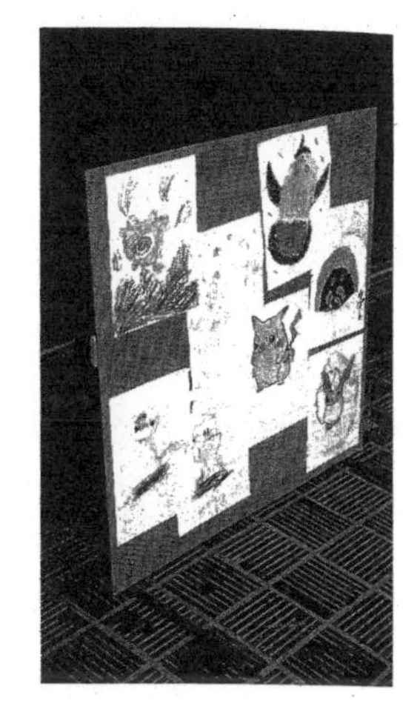

図1-19　ボールけりの的

この第2次の1時間目に行った勢いよくボールを蹴るための技術的なポイントの発見の場面は、「正解に持っていく授業」の「授業スタイル一覧表」「4）学習活動の組織」でとりあげた小学校1年生に指導した「ボールけり運動」と同様の勢いよくボールを蹴るという課題を指導した場面であった。この授業では3m先に置かれた1m四方のベニヤ板に書かれたポケモンキャラクターに向かって勢いよく2号球のスポンジボールを蹴るという課題であった。1984年の授業では「集団思考場面」で教師からの「観察観点の限定」と教師の発問があった。この授業と異なり、1998年の授業では、「観察観点の限定」の前に、子どもたちに自由に技能ポイントを予想させるという場面が設定され、次のように展開した。

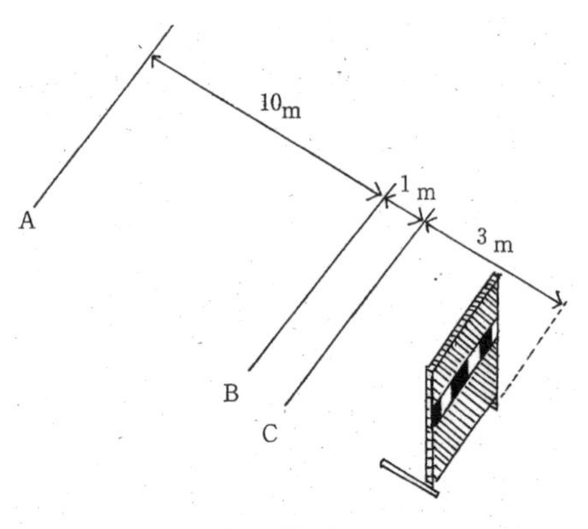

図1-20　対抗戦のゲーム

まず授業の最初に教師が勢いよく蹴ったボールでないと的が倒れないことを示範した。その後、「勢いの強いボールを蹴るためには、どんな蹴り方をすればいいかと思うか、予想してごらん。」と発問し、子どもから次の4つの予想が出された。

「①爪先で強く蹴る。②蹴る足を『ザッ』とすばやく動かす。③足の外側で蹴る。（アウトサイドで蹴る。）④走ってきて、勢いをつけて蹴る。」（林，1998，p.36）

林は、子どもたちの練習の後の一斉指導の場面で、この予想を発表した子ども1人ひとりに予想を練習した結果を尋ねた。①の予想について「すごくとんだ、よかった」と回答があり、他の子どもたちにも賛同者が多かった。まったく林が予想もしていなかった③を予想したK子は、「うまく蹴れない。よそのグループの方へ行ってしまった。」と回答し、林はそうかダメだったかと応答した。④については「あんまり遠くから走ってくると、ボールに（足を）当てるのがむずかしい。」という回答が出された。

その後、林は、とても上手にできているM男の示範をみんなで観察する場面を設けた。この観察場面では、「M男のける方の足を見とくんだよ。蹴る足がどのくらい動くかをよく見とってね。」という「観察視点の限定」をして観察した後、「前の足はどのくらい上がっているかな。」と発問した。そして、2回目の観察を行わせた。そうすると、子どもたちから「(すぐ前で座っていた) Y君の顔ぐらいまで上がっていた。」と回答があり、かなり大きなフォロースルーをとっていたことを子どもたちと確認し合った。その後、「蹴る足を前に大きく振り上げるようにして蹴ってみよう。」と課題を提示して練習を行わせた。

第2次の2時間目になる次の授業でも「勢いの強いボールを蹴るためには」という課題を設定した。そこでは、腰のひねりを使ったキックのできる得意な子どもから「真後ろよりも、ななめ(後ろ)から走ってきて蹴るといい。」という意見が出された。しかし、この意見に関しては林は「まだ立ち足の踏み込みがしっかりできていない子どもが多い段階ではわかりにくかったようである。」とまとめている。

この授業の展開で、最も「②教師の観察視点を限定しない発問と子どもの応答による『集団思考場面』の計画と指導」の特徴が表れている箇所は、「勢いの強いボールを蹴るためには、どんな蹴り方をすればいいかと思うか、予想してごらん。」と発問し、子どもから予想を自由に発言させた場面である。特に、「①爪先で強く蹴る。」と回答した子どもの意見を、林は「この段階の子どもたちには、インステップキックよりもこの方が自然で蹴りやすいのではないかと思われる。」と解釈している。運動の感じ方の回答には共通の正解はなく、子どもたちの回答には子どもの側からした何らかの意味での正解が含まれているという「生徒の理解」がここに示されている。ただし、「③足の外側で蹴る。(アウトサイドで蹴る。)」という予想は受け止めるものの、子どもの試行を踏まえて誤答であるという共通理解を導き出している。

他方、予想を子どもの試行で検証した後のとても上手にできているM男の示範をみんなで観察する場面は、教師の指導性が発揮され、「観察視点の限定」も行われている。そして、かなり大きなフォロースルーをとっていたことを子どもたちと確認し練習課題として指導している。この課題設定の判断は実践記録に以下のように記されている。

「実は、教師が一番注目してほしかったのは、②の蹴り足の振り込み方であった。蹴り足を素早く振って蹴る、特にフォロースルーを大きくすることは、観察しやすく、自分で蹴る場合も意識しやすいのではないかと予想していたので、とても上手にできているM男の示範をみんなで観察する場面を設けた。」（林，1998，pp.36-37）

この「4. 学習課題の組織」は、「正解に持っていく授業」の時と同一と考えられる。以前の授業スタイルの要素を残しながら新しい授業スタイルの要素を加えて授業を計画し指導している実際が読み取れる。

そもそも以下に実践記録に記されているように、この授業は、1984年4月に報告された小学校1年生に指導した「ボールけり指導」の授業の内容について、子どもの技能習熟での困り感のなさという問題を踏まえて修正した授業である。「4. 学習活動の組織」では、子どもの技能習熟レベルと意識を踏まえて「その子にとって意味のある授業」になるように丁寧に課題が選択され並べられていることが読み取れる。

「以前、蹴り足よりも先に立ち足の踏み込み（位置）の指導を行ったことがあったが、けり足がしっかり触れていない段階では、子どもにとってもあまり必要を感じない課題になってしまったという反省を元に、今回は蹴り足への注目から始めた。」（林，1998，p.37）

林は、第6次インタビューでこの授業映像を見た後、次のように述べた。

「で、まあその、もう少し集約してやれよ、と思う人もいるかもしれないけど。なんかその、正解がばっと出てこないし、いっぺんに上手にはならんかもしれんけど、ああやって、みんなでああでもない、こうでもないって言いながら試したりとか。コミュニケーションはおそらく断然多いと思います。」（2021/2/15 第6次インタビュー）

「そうそうそう。で、なんかそんなに焦らなくていい、みたいな想いも。そこは大分変わった感じはありましたね。」（2021/2/15 第6次インタビュー）

このインタビュー発話から、共通の正解を教師が意図した方向にもっていく授業ではなく、子ども自身の感覚から紡ぎだされた回答を子ども同士が交流し学び合う学習を、「その子にとって意味のある授業」と考えていたことがわかる。

もちろん、林は実践記録の中で、その後の「技能的内容」の系統的な指導について以下のように述べている。「正解を自分で見つける授業」になっても、「系統性のある「技術的内容」を計画して指導」という「教材の準備や提示」の要素は変化していないことが分かる。

「VTR で子どもたちの蹴り動作を注意深く分析してみると、やはり、うまく蹴れている子どもたちの立ち足の踏み込み位置は、ボールに近いところにあるのが分かる。次の段階の重要な指導ポイントではないかと感じている。〈中略〉さらに、その後で、腰の捻りを使ったキックへと子どもたちの課題意識を発展的に高めていく指導を考えてみたい。」（林，1998，p.37）

第 3 節　林俊雄の授業力量形成のまとめ

本事例の林は、小学校体育専科の広島大学附属小に初任教師として赴任し、その段階で確固とした「教師としての信念」を保持していた。その後「附属小の校風と教師としての成長の契機」を背景に、「授業スタイル」を形成していった。林の「授業スタイル」は、広島大学附属小に赴任した 1982 年度から 1990 年度までの 9 年間に「正解に持っていく授業」として形成され、1991 年度から 1992 年度の大学院研修を経て、1993 年度から 2002 年度の 10 年間に「正解を自分で見つける授業」に変容した。

この林の「授業スタイル」の変容を生み出した契機は、器械運動において苦手な子どもの技能指導に行き詰まるという困難の経験であった。林は、大学院の研修の機会を得て運動の苦手な子どもの器械運動における技能習得の行き詰まりという過去の授業実践を振り返った。この授業実践の「省察」を通して、「共生（学校観）」という林の「教師としての信念」の中核的な内容が強くなり、他の 2 つの「教師としての信念」の意味内容の変容をもたらしたのである。つまり、この経験の「省察」（佐藤，1997，p.65.）を通して、林は自己の「教師としての信念」を組み替えたのである。その結果、林の授業は、全員を同じ技能に達成させようとする授業ではなく、個々の子どもで異なる「意識焦点」や「自己観察」という運動の感じ方を交流する「授業スタイル」に変容した。

また、この林の「授業スタイル」の変容を生み出した要因は、「教師としての信念」の意味することについて林の理解が変わったことである。「正解に持っていく授業」では、「子どもにとって意味のある授業（教師観）」の「意味」とは、うまくなりたいという子どもの願いにこたえること、つまり運動ができるようになることと考えていた。その結果、全ての子どもを対象に、うまくなりたいという子どもの願いにこたえる教師の指導性が、その子どもにとって意味のある授業を生み出すために前面に出てくる。そして、この時期の教師の指導性が、「授業スタイル」の要素である「授業の目的や教育内容の想定」「教材の準備や提示」「学習活動の組織」に具体的に示された。特徴として以下の 3 点が示された。第 1 に、「教育内容の想定」として「系統性のある『技術的内容』、『教科独自の学習法』」が提案され、「教材の準備や提示」として、「系統性のある『技術的内容』を計画して指導」するために、学校体育研究同志会（1979）の「技術指導の系統性」の概念と中村（1991）の「学習活動の対象化」という概念が「熟考」（佐藤，1997，p.65）して翻案され、器械運動や水泳、ボール運動、陸上運動などで各学年にわたり単元計画が提案され実践で検証されていった。第 2 に、「学習活動の組織」として、「運動技能差のある小集団内で教え合う学習集団」を生み出すために、器械運動や水泳、ボール運動、陸上運動などの各種の運動教材で、「技術的内容」を相互に教え合うことを通して、かけがえのない学び合う仲間としての意識を子どもたちに形成する授業研究が積み重ねられた。第 3 に、「学習活動の組織」として、「教師の観察視点を限定した発問と子どもの応答による『集団思考場面』の計画と指導」を小林（1985）の「集団思考場面」の概念を「熟考」（佐藤，1997，p.65）して翻案し、器械運動や水泳、ボール運動、陸上運動などの各種の運動教材で実践し、教師の設定した目標が子どもたちの学習課題として理解され自ら学ぶ主体として学習者を育てる実践を積み重ねていった。

しかし、大学院での研修の後に、「正解は自分で見つける」授業へと林の「授業スタイル」は変容する。「正解は自分で見つける」授業の時期には、林において 1 人ひとりの多様性を受け入れる「共生（学校観）」の信念が強くなった。その結果、林は、1 人ひとりの子どもが運動ができることのみならず、運動のでき具合について自分自身の感じ方で自分の正解を見つけることが、その子どもにとって意味のある授業になると考えた。そのため、教師の指導性は間接的になり、授業は次のように変容した。つまり 1 人ひとりの運動のでき具合や感じ方が異なることを肯定し、自分自身の運動経過のイメージを安心して発言することに加え、子どもがそのイメージを相互に交流する学習を実現しようとしたのである。この変容は、「授業スタイル」の要素である「授業の目的や教育内容の想定」「教材の準備や提示」「学習活動の組織」に具体的に示された。特徴として以下の 2 点が示された。第 1 に、「教育内容の想定」として「運動経過のイメージ」と「スポーツの文化的内容」が加わった。林は、マイネル（1981）の「運動経過のイメージ」、「運動経過の『他者観察』と『自己観察』」という運動学の概念を「熟考」（佐藤，1997，p.65）して翻案し、陸上運動や器械運動というクローズドスキルの運動教材を中心に、各学年で授業研究を行った。また林は、出原（1993，p.19.）の「①『スポーツ文化の発展』論」「②競争・勝敗（コンペティション）」「③技能、技術、戦略、戦術」という「体育の教科内容」の概念を「熟考」（佐藤，1997，p.65）して翻案し、「スポーツの中の男と女」という体育理論の授業、ソフトボールの「男女別ホームランライン」に関する討論の授業に具体化した。第 2 に、「学習活動の組織」として、「教師の観察視点を限定しない発問と子どもの応答による『集団思考場面』の計画と指導」が加わり実践された。

これらのことから、林は「授業スタイル」の形成と変容において「省察」と「熟考」という「実践的見識」をもつ「反省的実践家」（佐藤，1997，p.65）をめざしていた教師といえる。

第 4 節　自己のライフヒストリー研究を振り返って：影響を受けた人々との出会い

1　はじめに

ここに、こうして体育授業実践を中心として 24 年間の私の小学校教員としての歩みを総括して提示されたライフヒストリー研究を前にすると、正直なんとも面映い気持ちである。同時に、このような形で自分自身の実践史を振り返る機会を与えてもらうことで、体育教師としての自分の生き方を自身で振り返るという貴重な経験をさせてもらったことに感謝している。

今振り返ってみてもいつも試行錯誤の連続であったような気がするし、こうしたいという気持ちは確かにあったが、それが確信と呼べるようなものに支えられていたわけでは決してない。それでも、本研究にまとめられたような体育の授業づくりにおける「信念」や「授業スタイル」と呼べるものが自身のなかでいつしか形作られていったとしたならば、それをもたらしたものが何なのか、体育教師としての自分の生き方に影響を与えてくれたものをこの機会にもう一度しっかりと見つめておきたいと思いながら、本稿をまとめてみたい。

2　恵まれた出会い

私の小学校体育教師としての24年間の実践史は、唯一の勤務校であった広島大学附属小学校におけるものが全てであり、そこに至るまでの過程やまさにその職場関連で出会った人々との関わりと、その出会いによって受けた影響の大きさに今更ながら感謝するばかりである。

広島大学附属小学校への就職を繋げてくださったのは、広島大学学校教育学部時代の恩師、故小林氏である。その小林氏との出会いは、小学校教師への進路変更を最初に相談した高校教員養成課程（社会科）に在籍していた当時の恩師のおかげである。両氏は広島大学大学院時代の同期生であり、学校教育学部体育研究室に編入学するのならば、ぜひ小林氏のものとで学ぶように強く勧めてくださった。体育科教育学という学問も小林氏の業績もまったく何一つ知らなかったが、進路変更をしてまで小学校教師を目指すのなら真剣に教育学を学んで来いと送りだしてくださった。子どもたちと多くの時間で生活を共にする小学校教師を目指すという道を選んだ私は、小林氏のもとで初めて授業づくりのなかに集団作りや生活を背景にした教育課題・発達という視点を含んだ教科教育学のあり方に触れることができた。

私は学生時代にも小林氏に同行して、何度か広島大学附属小の体育科の授業を見学させてもらっていた。当時の体育科教員は山本貞美氏と徳永氏のお二人であり、小林氏の理論的な指導助言を受けた授業実践を行っておられた。実際の授業見学だけではなく、山本、徳永両氏の論稿も拝読して、体育の教材づくりや発問研究などについて聞きかじり程度ではあるが学ぶこともできた。

山本氏の転出に伴う補充枠に入る形で、卒業と同時に広島大学附属小に就職することになった。まったくの新米であり伝統ある広島大学附属小の教師が本当に務まるのか不安で仕方なかったが、学生の頃から授業を見せて頂いたり論稿を読ませていただいたりしていた徳永氏とご一緒できること、そして引き続いて小林氏の指導を受けながら授業づくりに取り組めることが救いであった。

赴任後は徳永氏から、教科担任制を採る小学校での学級担任としての子どもや保護者との接し方について、傍らにいてつぶさに見たり聞いたりしながら学ばせていただけたことは本当に大きな糧となった。こうした環境に身を置けたことは、何よりの幸せだったと感謝するばかりである。同時に、若手教師の時代にメンタ一的な存在の先輩教師が常に近いところにいるという職場環境の大切さを強調しておきたい。

また、長い歴史の中で積み上げられ継承されてきた広島大学附属小の体育的行事との出会いも大きな影響を与えてくれたものの 1 つである。当時の総合学習の学習形態（上学年集団、下学年集団）を活かした運動会における総合演技（組体操やマスゲーム）の発表や 5 年生から 6 年生にかけて 2 年連続して体験する臨海学校などが代表的なものである。

中でもとりわけ私の教師人生に強烈なインパクトを与えてくれたのが、5 泊 6 日の臨海学校であった。参加児童は 5 年生と 6 年生の計約 80 名であるが、教職員は管理職を含めて全員参加である。能美島にあった附属小学校の臨海教育場施設での宿泊を伴う完全合宿行事である。児童と教職員が 6 日間にわたって生活を共にしながら、6 年間の水泳学習の到達目標として 1km または 2km の遠泳に挑戦するものであった。日中のメインは水泳学習であるが、夜は肝試しやレクリエーション大会、そして花火大会に盆踊りと合宿ならではの行事も組み込まれていた。中でも水泳は命に関わる危険性と隣り合わせであり、体育科教員を中心に時間をかけて綿密な指導計画と練習環境計画を立て、全教員によるミーティングによって共通理解するようにしていた。子どものために、その学校の全教職員が一体となったあのような経験を私は他に知らない。1 人ひとりの子どものこれまでの水泳学習歴、家庭環境、体調や心理的不安など考慮すべき全てのことについて、体育科教員・学級担任・養護教諭・給食室職員をはじめ全教員がそれぞれの専門性を活かしながら、1 つの行事にその力を集約していくという過程をつぶさに経験できたことによって、教育は組織力で成り立つということを教えられた。

学級担任として受け持つ機会を得た子どもたちやその保護者との出会いからも、大きな影響を与えてもらった。教科担任制なので、自分のクラスの子どもたちと触れ合い、話をする機会がどうしても限られてしまう、それを補うために徳永氏から教えてもらった方法の 1 つが、毎日学級通信を発行することであった。そしてその学級通信に載せ、教師の考えや思いを発信する題材として、私は子どもたちの書く日記を多用した。1 年生に入学して間もない頃から「あのね日記」をできるだけ毎日書いてもらうようにした。拙く不十分な文章の中から、その子が何を伝えようとしているのかを推測し考えながら、短い返事を書くことはなかなか大変なことではあったが、コミュニケーションが取れることがわかると次第に返事を書くという作業が面白くなってきた。学級通信には、日替わりで子どもたちの日記を載せ、そこには私が書き添えた返事も掲載するようにした。クラスのみんなが日記を書いた子どもの気持ちを共有してほしいという気持ちと同時に、それに対する私の気持ちや考えを返事から間接的に読み取ってほしいという思いからであった。体育の時間のことを日記に書いてくる子どもがいれば、それをできるだけ学級通信に紹介するようにしたものである。また、個々の保護者とのコミュニケーションにも子どもの日記が媒介してくれることが次第に分かってきた。低学年のうちは子どもの日記を読みたいと思う保護者が多いし、子どもも保護者が日記を読むことをさして嫌がりはしない。それを考慮して、低学年のうちは子どもへの返事を書きながら実はその裏に私の返事を読むであろう保護者も意識するようになった。保護者にも届く返事、という意識である。小学生の場合には、子どもたちに教師を理解してもらうためにはその保護者にも同じように理解してもらうことは大変重要であると思っている。毎日の日記のやり取りを続けてくれた子どもたちや、拙い学級通信や子どもの日記への短い返事にも温かい理解を示していただけた保護者の方々との出会いに今でも感謝している。

私の信念や授業スタイルの形成に影響を与えてくれた恵まれた出会いの最後に、長年にわたって関わってくれた研究仲間を挙げておきたい。私の体育授業づくりに多大な影響を与えてもらったのは学校体育研究同志会との出会いであった。「技術認識で結び合う学習集団」という出原氏の言葉は、学習集団作りを意識した体育の授業をめざしていた私にとって、その具体的方法を示唆してくれるものであった。1987 年に入会以来、身近な広島の研究仲間との月 1 回の例会での学習会や年 2 回の全国研究大会へできるだけ参加し、たくさんの刺激を受けつつ自分の新しい課題を見出してきたように思う。

3　本書で紹介されている授業実践に関する周辺のあれこれ

①小 1「ならびっこゲーム」の実践（pp.73-75，pp.82-83）

広大附属小学校に赴任して 1 年目の 5 月から 6 月にかけての実践である。研究校という使命を持つ附属小学校は、公開の授業研究会が位置づけられていた。1982 年当時は 6 月に全教科の公開研究会が開かれており、新任者も授業公開の任を免れることはなかった。学習指導案の書き方すらおぼつかないような状態の中、学級担任ではなかったが学年担任として体育の授業を受け持っていた入学間もない 1 年生の体育授業の公開の任を受け持つことになった。

広島カープファンの男子が多いということもわかっていたので、教材は子どもたちが興味を持ちやすいベースボール型のゲームを山本氏の実践論考を参考にして行うことにまず決めた。技能的にはボールの投・捕能力を高めることを目指す、そのうえで攻撃の時の作戦（どこを狙って投げるとよいか）、守りの時の作戦（コートに散らばって守る）に集団思考場面を通して気づくという学習を組み入れることにした。

みんなが基本的なルールを理解できるようにゲームを体験する。その際に、交代で審判専門チームを設定して、できるだけ自分たちでアウト、セーフの判定もできるようにする。ベースボール型ルールに不慣れな子も、ボールの投・捕が苦手な子も含めて、クラスのみんなで一緒に行う初めてのボールゲームを勝ち負けだけにこだわることのないように、楽しい雰囲気の中で満喫してほしいと願っていた。授業公開の山場は、この攻めと守りの作戦に気づくことに設定して p.83 の図 1-10 ～図 1-13 のような板書を使って子どもたちに考えさせていった。

精一杯大きな声で「セーフ、アウト」の判定をすることがこのゲームの醍醐味を増すことがわかり、審判チーム全員でゼスチャーを交えてアウトまたはセーフの判定をする子どもたちの声がグラウンドいっぱいに響き渡っていたのが今でも思い出される。また、1 年生の認識発達の段階がよくわからず、算数科の先生に作戦を考えるときにコート上の人間を色付きマグネットで表しても 1 年生に理解できるでしょうかと事前に尋ねて、「算数でも今ちょうど蓮の葉の上のカエルさんを表すのに具体的な絵から半具体物のおはじきに置き換えて考える学習に入ったところだ」とお墨付きをもらった記憶も明確に残っている。私にとっても子どもにとっても初めての公開授業であり、びっくりするほど多くの参観者に囲まれて行った授業だったため、緊張の度合いも並ではなかったはずなのだが、アウトになっても楽しそうにホームベースに帰ってくるある女子児童の笑顔の写真が象徴するように、40 年前の授業風景が良い思い出としていまだに心に刻まれている。

②小 5「サッカー」の実践（pp.76-80）

学校体育研究同志会広島支部の仲間たちと月例会に集まりながら、ボールゲームの特質を「コンビネーションプレーを含むシュート」、また基礎技術を「2 人のコンビネーションプレーによるパス－シュート」と規定しながら、シュートに結び付けられるコンビネーションプレーが成立するための条件について子どもたちが明確につかめるような指導ができていないのではないかという問題意識を深めていった。「いつ、どこで、どんな質」のパスを通せばシュートチャンスにつながりやすいのかを実験的に確かめながら客観的に明らかにしていくような筋道を探る過程そのものを授業化できないかということを何度も話し合った。そこには小学校、中学校、高校の教員が集まっていたので、それぞれの発達段階も考慮しながら指導方法を具体化しようと試みていた。まず手始めに小学校での実践からやってみようということで始めたのがこの授業である。

ゴール前局面に限定する、攻め2人対守り2人（1人はゴールキーパー）で、始めのボール位置及び攻めチーム2人のポジショニング、守りチーム1人のポジショニングは全て固定する、開始後7秒以内にシュートを決めるなどの条件下で、どのような作戦が有効かを何度も試行錯誤していく中で、シュートが成功するための条件が絞り切れるのではないかという仮説の下での実践であった。その意味では授業スタイルとしてはまさに「正解に持っていく授業」の典型かもしれない。

グラウンドに石灰ラインでグリッドを書いたり、そのグリッドをプリント化した作戦図・実行図を何枚も書き込んだりしながらの検証作業は、手間暇のかかる大変なものであった。しかしこうした具体的に共有しやすい思考用具があれば、子どもたちは相互に試行錯誤的にでもそれを積極的に試してみようという学習へと進んでいけることもわかったのである。それを生かして、その2年後に3年生でのサッカーの授業を構想し実践することにつながった。

③小3「サッカー」の実践（p.81-82）

「できない子を大切にする、絶対ほっておかない」をモットーにしてできない子でも活躍しやすいルールを採り入れて、何とか全員シュートを達成しようとしたのが、前年2年生のサッカーの授業であったが、教師のそんな思いだけでは技能差は克服されなかった。

3年生の担任となり持ち上がりで体育の授業もすることになったので、「小5サッカー」の実践で試みたような技術認識で結び合う集団作りに挑むことで、全員シュートに再挑戦しようとした実践であった。グリッドサッカーから一定明らかとなったことを次の2点に集約して生かすことを想定した。パサーとシューターの2人の固定した関係づくりを徹底的に深めてみること、グリッドに相当するような2人が理解し合い共有できる空間的指標を設定すること。

子どもたちは学習を積み重ねるごとに、前の時間よりもうまくできるようになったこと、そのためにわかった大切なことについて実感できていったように思う。

できることに向けての見通しが少しでも立てば、やる気をもって前向きになれるということを示してくれたし、それは決して 1 人の力でできることではないことにもお互いに気づいていったように思われる。

④小 6「ハードル走」の実践（pp.86-87）

教職 10 年目と 11 年目に得られた 2 年間の現職のまま大学院で研修できる機会は、今振り返ってみても私にとって何より大きな収穫と転換の契機であった。

教職に就いて以来一貫して「できる・わかる」体育の授業づくりをめざしてきたが、でき方やわかり方には人それぞれに違いがあるように感じ始めた頃に大学院研修の機会を得た。とりわけわかり方には、その子なりの感じ方に裏打ちされたものがあるのではないか、そのようなわかり方でないとできるにつながっていかないような気がし始めていた。マット運動の授業の時に特にその感が強くなっていた時期である。そんな問題意識をもって長い間書棚に並べたままにしてあった『マイネルスポーツ運動学』を初めて熟読することができたのも、大学院研修のお陰である。その本から得た「運動経過のイメージづくり」そのための「運動経過の『他者観察』と『自己観察』」という方法を実験的に授業に取り入れて見ようと考えたのがこの実践であった。技能が大きく伸びた時間のある児童の運動経過のイメージ言葉に注目し、それを集団的な交流の材料として提供し、その感覚・イメージを追体験してみることも試みた。

直接多くの子どもたちの技能向上に結び付くような結果は得られなかったが、感じ方や受け取り方やわかり方は決して一通りではなく、むしろ多様であるのが当然であり、その多様性を認め合いながら交流を深めていく過程にこそ授業の意味があるのではないかと考えるようになっていったのは事実である。

大学院での研修を終えて再度小学校現場に戻り、多様性を大切にしながら共有できることを求めていくというスタイルへと自然に変わっていったのかもしれない。この授業スタイルの転換がもたらしたものなのかもしれないが、子どもたちの表情も明るさを増したようにも感じるようになったし、そんな子どもたちと一緒に授業をしていて自分自身も授業を楽しむことができるようになった気がした。

⑤小 1「ボールけり」の実践（pp.90-95）

大学院での研修を終え再び現場に戻って、多様性を認め合いながら「正解を自分で見つける授業」というスタイルが最も典型的に表れたのがこの実践であろうと自分では思っている。教師になって 2 年目にほぼ同じ内容を追求させようとして行った「ボールけり」の授業のやり直しのつもりで行ったものでもある。子どもの発達段階という実態を軽視した教材解釈で不十分な実践で終わってしまった前回を反省して、実態が分からなければ子どもに聞くのが一番いいのではないかという考えのもとに、強いボールをけるためのこつや意識ポイントを子どもの発想を出発点として交流し合ったり試行錯誤し合ったりしながら探求していこうとして構想した授業である。

1 年生らしいユニークな発想も含めてみんなで確かめ合い、観察し合いながら互いにワイワイ言いながら一生懸命ボールけりに励む姿が印象的であった。私にとっても今でも忘れられない授業であり続けている。

⑤小 6「スポーツの中の男と女」、小 5「スポーツと『男らしさ』『女らしさ』」の実践（pp.87-90）

1990 年代、私が所属していた民間教育研究サークルの学校体育研究同志会では、スポーツ文化研究に基づくスポーツの文化的内容を体育授業の教科内容として積極的に位置付けていこうという提案がなされ、教室でする体育＝体育理論の授業の試みが出原氏を中心にして進められていた。スポーツ文化の普遍性と多様性の関係には個人的に興味や関心があり、学習指導要領にない領域も積極的にそして研究的にやってみるべきという広大附属小学校の伝統を引き継ぐという伝統にも鑑みて、手探り状態ながらこの 2 つの実践に挑んだ。

前者は 2 時間単元で構成し、これまでの女子スポーツの発展の歴史を概観した後、今後のスポーツのあり方を男らしさや女らしさという今までの主要な観点からのみではなく、多様な観点から再度考え直してみようという提案をした。

多様な見方•考え方を尊重できるようになってほしいという願いを含めつつも、決して押し付けにならないように、子どもたちが意見交流をしながら、あくまでも自分流の見方・考え方を持ってほしいと願った実践である。

後者はその 4 年後に再び高学年の体育授業を担当することになり、ジェンダーの視点からスポーツを考えてみる実践を再度試みたものである。前回は教室での完全な理論学習だったが、小学生が自分のこととして捉え考えられるようになるには、実体験を伴う状況や場面に立つことがやはり不可欠だろうと考えて単元構成を行った。3 時間かけて男らしい、女らしいという既成概念に気づかせるような資料を提示したりそれを基にした感想を交流し合った。そして4時間目には、この単元前に行っていた「ハンドベースボール」で子どもたちが話し合って決定した「男女別のホームランライン」について本当にこれでいいのか、もっと他にいい案はないのかについて再考し意見交流を行った。ここでも考え方は1つではないこと、古くからある「男は女より体力がある」という強い偏見の存在にも気づくことの重要性を理解してほしかった。

4　授業スタイルの変遷期に影響したこと

自分の体育授業実践史を振り返ってみるとき、実践の最中に大変ありがたかった、いい機会を与えてもらったと感謝していることがいくつかある。

すでに前述したことではあるが、その1つが多くの恵まれた出会いがあったことである。中には自ら求めた出会いもあったが、その多くは偶然な出会いであった。若手教師の時代に広大附属小学校という職場に赴任できたこと、全国的にも名の通った方も含めて、力量のあるすぐれた先輩教師たちと間近で接することができたこと、体育の授業はもちろん、その他の教科の公開授業を見学できる機会も多く、そのいずれもがおそらくかなりレベルの高い授業であったと思う。そうした他教科独自の特性や教科の枠を超えて普遍し得ることもたくさん学ぶことができたように思う。

そしてもう1つが、9年間の教員経験の後に2年間の大学院研修という機会を得られたことである。ちょうどそれまでの授業づくりの考え方に課題を感じ始めていた頃でもあり、体育科教育に関連する専門書をじっくり読み込む時間を持てたのはこの大学院研修のおかげであるのは間違いない。研修後の私が教師としてどの程度成長したのか、それは自分ではよくわからないが、授業づくりや授業実践がより楽しく感じられるようになったのは確かである。

体育科教育に関する専門の勉強が、そうした変化をもたらした1つのきっかけになったのであろう。しかし、それ以上にこの2年間という貴重な時間的余裕がもたらしてくれたもう1つの効果も無視できないものがあると実感している。

何かに急き立てられながら仕事をしなければならないという心理的な圧迫から解放されて、余裕をもってやりたいことをやり読みたい本を読むという経験が初めてできたのはこの時期である。何かのために読む本ではなく、読みたいから読む本に浸れるのは至福の時そのものであった。体育科教育や教育に関連するものももちろん含まれてはいたが、圧倒的多数は一般書であり、哲学書であり、社会科学関係、自然科学関係、小説、随筆など読みたいと思ったものを乱読的に読むことができた。その1つ1つを思い返すことはできないし、その中の何がその後の私の糧になったのかを明確に示すことなどできないが、今思うと、人間としてこのように生きていきたいとか生きていっていいのではないかという漠然とした自信のようなものにつながっていったような気がしている。

そんな漠然とした自信が、再度職場に戻った時に「何も焦る必要はない、子どや親との信頼関係の構築も、職場での人間関係の構築も時間をかければ必ず何とかなるはず」などという、根拠のない余裕につながっていたことは確かである。

私はこうした自分の経験から、教師はやはり時間的・心理的余裕のある中で、じっくりと自分を見つめ直すことが不可欠だし、それが間違いなく教師の力量を高めていく糧になるものであると確信している。できれば、完全に教師という仕事から離れて、いったん遠くからその在り方を見つめ直してみるような機会が保証されればと願っているのだが。

5　まとめに代えて　恩師：故小林一久氏の言葉より

24年間の小学校教員生活の後に大学で教員や保育士の養成に携わるようになって16年が経過した。将来の教師や保育士を目指す学生たちに接しながら、そしてまたそこで教えている彼らや彼女らの姿を想像しながら、齢を重ねるにつれて響いてくるようになった恩師：故小林氏の言葉をここで紹介してみたい。自分が若い頃は、その言わんとしていた本当の意味がよくわからなかったが、今では子どもの教育に関する仕事に携わる者は、全てこの言葉の意味するところをしっかりと考えてみる必要があるのではないかと思うようになってきている。

> 「授業の中で学ぶ主体はあくまでも子どもである。子どもが、よりよく学ぶ主体に育つであろう条件を教師はつくってやることしかできない。そして、学ぶ主体に育つ過程を励ましつづけるほかない。それを、間接的(あるいは媒介的)指導と呼んでよかろう。人間には、本当のところは、そういう指導しかできないのではないか。子どもをあやつり、『指導した』とおもうところには、教師の自己満足的な錯誤がありはしないか。それを反省してみるところから、教師が教師になっていく出発点がうまれるであろう。」(小林他，1985)

【文献】

学校体育研究同志会編（1979）『体育の技術指導入門』ベースボール・マガジン社.

林俊雄（1982）「一年生のボール遊び―『ならびっこゲーム』における課題提示場面より―」『学校教育』782 号，pp.71-73.

林俊雄（1984a）「子どもの心をゆさぶる体育の授業」『学校教育』807 号，pp.24-29.

林俊雄（1984b）「体育の授業における評価活動とその組織化」『学校教育』809 号，pp.58-61.

林俊雄（1985）「子どもの主体性を伸ばす体育の授業」『学校教育』819 号，pp.70-71.

林俊雄（1988）「主体的な体育学習を引き出す授業の構成―「サッカー」5 年―」『学校教育』852 号，pp.30-37.

林俊雄（1989a）「基礎研究とその指導について：小 5・サッカーの実践より」『たのしい体育・スポーツ』29 号，pp.60-65.

林俊雄（1989b）「小学校（3 年生）サッカーの実践記録」『体育科教育』37 巻 10 号，pp.60-65.

林俊雄（1994）「運動技術の習得をめざした『わかる・できる』授業構成のあり方：『ハードル走』の実践（6 年）における言語活動に着目して」『学校教育』919 号，pp.24-29.

林俊雄（1997a）「教室でやる体育（体育理論）の試み―6 年『スポーツの中の男と女（1）』」『学校教育』956 号，pp.46-49.

林俊雄（1997b）「教室でやる体育（体育理論）の試み―6 年『スポーツの中の男と女（2）』」『学校教育』960 号，pp.46-49.

林俊雄（1998）「『わかる・できる』指導内容と指導過程の追求―1 年生『ボールけり』」『学校教育』972 号，pp.30-37.

林俊雄（2001）「スポーツと「男らしさ」「女らしさ」『たのしい体育・スポーツ』137 号，pp.16-21.

藤原顕・遠藤瑛子・松崎正治（2006）『国語科教師の実践的知識へのライフヒストリー・アプローチ』渓水社.

出原泰明（1993）「『教科内容研究』と授業改革」学校体育研究同志会編著『体育実践に新しい風を』大修館書店，pp.1-27.

出原泰明編（2000）『教室でする体育　「体育理論」の授業づくり　小学校編』創文企画.

川喜田二郎（1967）『発想法』中央公論社.

小林一久（1985）『体育の授業づくり論』明治図書.

小林一久・林俊雄（1985）「授業の組織化と評価活動（その 2）」『体育科教育』第 33 巻 2 号，pp.64-67.

マイネル，K（金子明友訳）（1981）『マイネル スポーツ運動学』大修館書店.

メリアム（2004）『質的調査法入門』ミネルヴァ書房.

中村敏雄編（1991）『続　体育の実験的実践』創文企画.

佐藤学（1997）「教師の省察と見識〈教職専門性の基礎〉」『教師というアポリア―反省的実践へ』世織書房，pp.57-77.

鈴木淳子（2002）『調査的面接の技法』ナカニシヤ出版.

第2章

大後戸一樹の授業力量形成に関するライフヒストリー研究

第 1 節　教師の信念の形成と変容

1　研究の対象と方法

1-1 研究の対象

対象とする大後戸は、表 2-1 に示すように、1968 年に生まれ 1991 年 3 月に広島大学学校教育学部を卒業後、同年 4 月に広島大学大学院学校教育研究科に入学した。その後 1993 年 4 月に能美町立の高田小学校教諭として 24 歳で採用された。4 年後の 1997 年 4 月に湯来町立湯来東小学校に転勤し、その 1 年後の 1998 年 4 月に 29 歳で広島大学附属小に体育専科教員として採用された。大後戸は、2012 年 4 月に 43 歳で広島大学教育学部准教授として転出するまでの 14 年間、学級担任を務めるとともに、体育専科教員としてほぼ毎年低・中・高の体育授業を担当した。

表 2-1　大後戸の学歴及び経歴

年月	学歴及び職歴
1968 年 6 月	出生
1984 年 3 月	市立 D 中学校卒業
1987 年 3 月	県立 E 高等学校卒業
1991 年 3 月	広島大学学校教育学部卒業
1993 年 3 月	広島大学大学院学校教育研究科修了
1993 年 4 月	能美町立（現江田島市立）高田小学校教諭として採用
1997 年 4 月	湯来町立（現広島市立）湯来東小学校教諭に転勤
1998 年 4 月	広島大学附属小体育専科教員として採用（1998/4 から 2012/3 まで 14 年間学級担任，体育専科教師として勤務）
2012 年 3 月	広島大学教育学部准教授に転出
2012 年 4 月	広島大学教育学部准教授に赴任（現在に至る）

また、大後戸は広島大学教育学部初等教育教員養成コースの 3 年生を対象に、5 週間の小学校教育実習の体育科指導教員として、2002 年度から 2011 年度まで 10 年間、低・中・高の体育授業の教育実習生の指導を担当した。さらに、学校体育研究同志会という体育サークルに 1997 年 29 歳で入会し、林とともに広島支部の毎月の例会、全国のメンバーとの毎年 2 回の研究大会を通して、体育の授業研究を継続的に集団的に行ってきた。

1-2 資料の収集

第1に、大後戸がこれまでに書いた体育授業に関する授業研究の主な文献96編を収集した。さらに、大後戸のライフヒストリーの年表を作成し以下の項目について記述した。それは以下の4項目であった。1）小中高等学校及び大学学部・大学院時代の体育学習とスポーツ活動の概要、2）体育授業研究の文献名と概要、3）公立小学校及び広島大学附属小時代の同僚関係、校務分掌、公開研究会の発表等の勤務状況、4）民間教育研究団体及び大学教員や学生との共同研究の状況。そして、この年表の概要を第2節に、表2-3「授業スタイル」の形成と変容を代表する主な実践記録、として掲載した。

表2-2　インタビューの概要

	期日	参加者	内容
第1次インタビュー	2019/8/27　3時間20分	大後戸，調査者	教職への志向性，教師としての信念
第2次インタビュー	2020/1/8　2時間	大後戸，調査者，中西氏	第1次インタビューの解釈についての意見交換と修正
第3次インタビュー	2020/3/27　2時間30分	大後戸，調査者，中西氏	授業スタイルの形成と変容について

第2に、その年表をもとに、大後戸へのインタビューを実施した。インタビューは、表2-2のように、第1次、2次、3次と3回実施した。インタビュアーは必要に応じて大後戸に質問するとともに、大後戸の意見を引き出すために必要な解釈や意見を述べることに留意した。つまり、主な話の順序であるシナリオは決めるが面接者が必要だと判断すれば質問をしたり、インタビュアーの応えの意味を確認しながらすすめる「半構造化面接法」（鈴木，2002，pp.24-25）の形式で行った。そしてインタビューを文字にしたトランスクリプトを作成した。

第1次インタビューは、2019年8月26日に大後戸と編者と2名で行った。第1次インタビューは、以下の2つの項目の順に大後戸が語った。

1）教師になる前の教職をめざした契機やエピソード等について、①大学入学以前の時代、②広島大学教育学部及び大学院時代、についてお話しください。

2）教職参入後、教師としての信念（教師観、体育観、授業観、子ども観）の内容とその信念を持つにいたった契機（影響を与えた児童・生徒、人物や理論）についてお話しください。

第2次インタビューは、大後戸と編者及び共同研究者の中西氏の3名で、編者が作成した第1次インタビューから生成した概念の解釈について意見を交換し、修正が必要な個所を確認した。

第3次インタビューは、大後戸と編者及び共同研究者の中西氏の3名で、2つの授業ビデオと授業研究の文献を資料として、大後戸が授業スタイルの形成と変容について語った。視聴した授業ビデオと参照した実践記録は以下の2つである。

1. 2002年2月の広島大学附属小授業研究会で公開した4年生のフラッグフットボール（以下、FFと略）の授業であり、「作戦を組み立てながらゲームをするおもしろさを：第4年フラッグフットボールの実践から」として報告された（大後戸，2002a）。

2. 2006年6月の広島大学附属小校内研修で研究授業として公開した1年生の「ねこちゃん体操」の授業であり、「小学校6年間で育む運動感覚づくりに向けて：第1学年『ねこちゃん体操をしよう』の実践より」として報告された（大後戸，2006）。

この授業ビデオと実践記録を選択した理由を1と2の順で以下に述べる。まず1の授業と実践記録について述べる。大後戸は広島大学附属小赴任後1、2年生を持ちあがりで担任し、3年目に再度1年生を担任し、8年目までその学年の担任を6年間持ちあがった。そして、9年目から再度1年生を担任し6年生まで担任を持ちあがって14年目に広島大学に転出した。この赴任後4年目のFFの授業は、広島大学附属小に赴任後1、2年と持ち上がって担任した学年を対象としている。大後戸は、この学年を、3年から6年までは学級担任ではなく専科教員として体育授業を担当した。そこで、広島大学附属小に赴任してから最初に6年間継続して体育授業を担当した学年であり、授業スタイルの形成の時期の特徴を説明する対象としてこの学年の授業研究と実践記録を取り上げた。FFは、その6年間のカリキュラム構想が2004年4月発行の体育科教育関連雑誌で50周年記念懸賞論文第1席を受賞したことにみられるように、この時期の大後戸の授業研究の中心であったことからとりあげた。

次に2の授業と実践記録について述べる。大後戸は9年目に1年生の学級担任となった。この段階で、大後戸は前年の6年生との苦しい経験を1つの契機として教師の信念を転換させていた。その転換が授業スタイルを変容させた可能性があるので、この1年生の校内研修の研究授業とその実践記録を取り上げた。また、その教師の信念の転換のもう1つの契機となった、山内基広氏の開発した「ねこちゃん体操」を扱っているという点もこの授業と実践記録を取り上げた理由である。

1-3 分析の方法

第1に、第1次インタビューの分析の方法として、木下（2003）の修正版グラウンデッド・セオリー・アプローチ（Modified Grounded Theory approach，以下M-GTAと略）を採用した。インタビューの発話を切片化すると発話の文脈を読みとることが難しい場合があるので、発話を切片化することなく帰納的に解釈できるM-GTAを採用した。具体的には、木下（2003）に依拠し、第1次インタビューのトランスクリプトを読み、「分析テーマ」を「教師の信念」に設定した。そして、「分析シート」を33枚作成し、33個の「概念」を生成した。そしてそれらの「概念」の「定義」と「概念名」を記述し、概念間の関係図を作成した。

第2に、第2次インタビューは、第1次インタビューの調査者による解釈について、メリアム（2004，p.298）のいう「内的妥当性」を高めるために、大後戸による「メンバー・チェック」及び中西氏による「仲間同士での検証」を行った。具体的には、これらの「分析シート」に記述された「概念」の「定義」と「概念名」及び概念間の関係図について、大後戸と中西氏の感想と意見を求め、解釈の異なった点について、合意の上修正した。

2　大後戸のライフヒストリーによる時期区分

2-1 修学時代（1981-1992年度）

1981年、中学1年生の時に指導を受けた陸上部の顧問の保健体育教師の影響で、その保健体育教師の母校の県立E高等学校に1984年に進学し、全国大会常連の陸上部に所属したが十分な成績は残せなかった。中高時代は、実技力のある生徒が活躍する体育授業に疑問を抱かず、運動部活動をすることが使命であるという保健体育教師にあこがれ、保健体育教師になることを志望し、1987年広島大学学校教育学部の中学校教員養成課程に進学した。広島大学の3回生の時に中村氏が教授に赴任され、著書の『体育実践の見かた考えかた』をテキストに用いた保健体育科教育法を受講し、中学2、3年生の時の保健体育教師が実技能力の差なく全員が認められる体育授業を実践していたことを思い出した。学部4年生で小学校教育実習を体験し小学校教員になることに進路を変え、1991年広島大学大学院学校教育研究科保健体育専攻修士課程に進学した。大学院の同期生として、広島大学附属小から現職研修で修士課程に派遣されていた小学校体育専科教師の林と親交を深めた。

2-2 公立小学校時代（1993-1998 年度：教職 1-5 年）

1993 年 4 月に能美町立（現江田島市立）高田小学校の教諭に採用され、4 年間能美島の教員宿舎で過ごし、結婚した。そして、1997 年 4 月に湯来町立（現広島市立）湯来東小学校に転任した。能美島にいた 4 年間、能美島の臨海宿泊所で遠泳指導に来る林と毎年会って交流が続いていた。高田小 4 年目に 4 年生の学級を担任し、国語、算数の授業が落ち着き、学級経営も慣れてきたため能美町の小学校体育研究会体育部会に所属し、体育の授業研究を開始した。4 年生の学級担任として、全員が跳び越えられる高さのリズム走を体育授業で指導したところ、走るのが苦手な脳性麻痺の子どもが低いままの姿勢でリズムよく走り、友達に褒められる経験をしてとても喜んだ。大後戸は、喜ぶ我が子を見て感動した保護者とその時初めて心が通じ合った体験をし、体育授業の教育的可能性を実感した。そして、転任した湯来東小学校 5 年生にバスケットボールで 3 人対 2 人の試合を指導した体育授業を学校体育研究同志会の中国ブロックで実践報告した。この実践報告の準備過程で、林に勧められて学校体育研究同志会に入会した。授業スタイルとしては、すでに開発されたいい教材を体育授業で実際に指導し、より多くの子どもたちの運動技能の達成を求めていた時期である。

2-3 広島大学附属小時代前期（ここまで引っ張り上げる授業）：1998-2005 年度（教職 6-13 年）

1998 年 4 月広島大学附属小に体育専科教師として採用され、その後の 8 年間である。大後戸は、最初に 1 年生を学級担任し 2 年生に持ち上がった後、再度 1 年生の学級担任に移りその学級を 6 年生の卒業まで学級担任した。赴任後、2012 年 4 月に広島大学に転任するまで、毎年度 2 月に開催される公開研究会で授業を公開し研究発表を継続して行った。そして、1998 年 8 月の学校体育研究同志会全国大会から同会のフラッグフットボール分科会に所属し、FF の教材や授業研究を継続的に発表した。この時期の FF 教材の研究成果は、「小学校 6 年間を見通した攻防入り乱れ系ボール運動のカリキュラム開発」として 2004 年 4 月の『体育科教育』誌に掲載され、50 周年記念懸賞論文の第 1 席となり表彰された。また、器械運動と水泳、陸上運動、ボール運動の実践記録を収録したこの時期の授業研究の成果が、単著『「わかる」・「できる」力をつける体育科授業の創造』として明治図書から 2005 年に出版された。この時期は、いい教材と系統的なカリキュラムを開発して多くの子どもの運動技能の達成を求める「ここまで引っ張り上げる授業」（大後戸の第1次インタビュー発話）の授業スタイルの時期であった。

2-4 広島大学附属小時代後期（場を設定して押し上げる授業）：2006-2011年度（教職13-19年）

大後戸は、2006年度から再び1年生を学級担任し6年間学級を持ち上がった後、2012年度に広島大学教育学部に転出した。2000年度から6年間担任した6年生が、受験を前にして担任の声が届かない学級になってしまい、大後戸は、学級担任として悩み落ち込んだ。この体験は、体育専科教師としての学級担任が受験指導で限界を持つことを自覚し、再度体育専科教師の学級担任として子どもたちの進路にどのような未来を描くための能力を育成できるのかを真剣に考える契機をもたらした。そして、自分の子育ての体験から親の願いと子どもの思いが異なることのつらさを体験し、保護者が抱く悩みを教師として共有して寄り添う態度や発言をするようになった。また、我が子を通して子どもの運動の理解の仕方に注目した結果、体育授業で子どもがどのように運動を理解するかを視点にして教師の指導を考えていくことになった。さらに、学校体育研究同志会の活動を通して山内氏の開発したねこちゃん体操の教材の背後にある開発者の運動指導と子どもの運動学習の考え方から影響を受け、大後戸の授業スタイルは、子どもを教えたいところまで引っ張り上げる授業から、準備運動で感覚づくり的な時間をたっぷり保証しながら、「場を提供して押し上げる授業」（大後戸の第1次インタビュー発話）へと変容した。

3　大後戸一樹の教師の信念の形成と変容

図2-1は、大後戸の第1次インタビューから生成した教師の信念に関する概念間の関係を示したものである。各概念の冒頭にある数字は「分析シート」番号を示している。以下の図2-1の概念の説明をする際に、引用した教師の発話の最初に記した番号は、インタビューの発話番号を示す。

3-1 中学生時代の保健体育教師との出会い

大後戸は、市立D中学校1年生で陸上部に入部した。陸上部のA監督は、全国高校駅伝大会や大学箱根駅伝大会で活躍し、大学卒業後中学校に保健体育教師として赴任し2年目を迎えていた。その後、A教師は1年後に他の中学校へ転勤したが、大後戸はA教師の影響を受け、図2-1に示された「1：実技力のある運

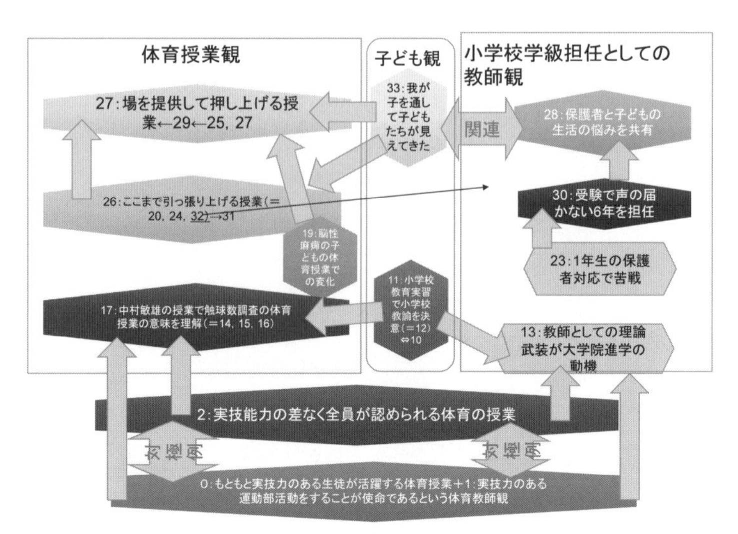

図 2-1　大後戸の教師の信念（各概念の冒頭の数字は「分析シート」番号を示す。）

動部活動をすることが使命であるという体育教師観」を持つことになる。大後戸は次のように言った。

「O7：よくあるパターンで。で、別に長距離がしたいとか短距離がしたいとかじゃなくて。ま、普通にかけっこは普通ぐらいに速いな、っていうぐらいで特別速いわけではないですけど。入ったら、ちょうどその監督だった顧問の先生が、D 中学校っていう市立 D 中学校なんですけど、そこに来て、大卒で 2 年目の先生で。ま、たまたまその先生に憧れて入ったわけじゃなくて、入ったらたまたまその人だったという。その人が一人暮らしで、ちょうど自分の自宅の近くに住んでたのもあるんですけど、まあ、怖いけどお兄ちゃん的な感じのどういうんですか、そういう先生で。だから顧問でもあるからっていうのもあるんですけど。日曜日はその先生ち（自宅のこと：引用者注）に行ったりですね。」

「O86：（前略）そうなんですよ。中学校の体育の先生になりたい、それは A 先生への憧れなんですけど、E 高校（A 教師の母校）へ行きたい、その延長線上には中学校の体育の先生になって、陸上部をもって、A 先生の学校をやっつけてやる、ぐらいの、張り合ってる、っていうようなのがあったので、大学には行きたかったです。体育の先生になるためには、大学に行かなきゃいけない、っていう情報は分かってたので。だから（高校）1年の時から、夜中泣きながら勉強してました。」

その A 教師の体育授業は、実技能力の高い生徒が一斉指導の場面で、全員の前で高いレベルの実技の示範をして褒められる授業であり、実技能力の高い生徒が活躍する授業であった。大後戸は A 教師の影響を受け、図 2-1 に示された「0：もともと実技力のある生徒が活躍する体育授業」という授業観を持つことになる。他方、大後戸が中学校 2 年生になり、保健体育教師は B 教師が担当することになった。その B 教師の保健体育授業は A 教師とは全く異なるものであった。その A 教師と B 教師の保健体育授業について大後戸は以下のように述べた。

「O15：B 先生、でしたかね。下の名前ちょっとよく覚えてないですね。B 先生。で、授業スタイルが全く違うタイプをされてたんで。だから、1 年の時はそれこそ○○大のイケイケの A 先生で、僕なんかはかわいがられてた方だから。『ちょっとやってみ。』とか、こう見本やれとか。出来ようが出来まいが、なんか前に出さされたりして。体育の授業の時にはやらされてたりしたんですけど。で、B 先生は、それも後から思うと、ですけど、そこ書いてますか？バレーボールの触球数調査をしたり、タッチフットボールをしたり。覚えてるのはその 2 つくらいですかね。強烈だったです。多分それが。その上手い子、まあ、中 1 の頃、上手い子が前出て見本するとか何かするっていう感じで僕なんか出されてたんですけど、そういう授業じゃなくなったんですね。だからある意味、活躍で、自分が今までのように目立った体育じゃなくなってはいたんで、不平不満までは思わなかったですけど、何か違うなー、っていう。〈後略〉」

A 教師の体育実技授業は、実技能力の高い生徒が活躍する授業であった。他方、B 教師の体育実技授業は、対照的な授業だったという。「2：実技能力の差なく全員が認められる体育の授業」との出会いで大後戸は B 教師のバレーボールの授業について次のように言った。

「O16：その、自分からみると、そう上手いチームじゃない相手の人と相手のチームが、セッターが上手いから上手になるんですね。ゲームが成り立つ。で、こっちはまあ、友達とかも色々身体能力は高いのがいるんだけど、セッター次第で上手くいかないから、すごくなんか『上手くいかないなー』っていうのを思ったのが、触球数調査でした。…」

B 先生のバレーボールの実技授業では、大後戸たちの身体能力の高い生徒が親しい仲間同士で作った班が、バレーボール競技のセッター経験者を中心とした身体能力のそれほど高くない仲間が集まっている班に試合で勝てない状況があったというのである。B 先生は、民間教育研究団体の学校体育研究同志会で開発された教材や指導法を用いて、身体能力の高くない生徒が集まる班に練習方法を指導し、味方の班内でボールをセッターにパスし、ネットを隔てた敵のコート内の空いているスペースにボールを落とす攻撃ができるように攻撃の仕方を教えたと予想される。B 教師は、もともと身体能力の高い生徒の集団が試合で活躍する授業ではなく、全ての生徒がバレーボールの攻め方の知識と基礎的運動技能を身に付ける体育実技授業をめざしていたと推測される。

さらに、「2：実技能力の差なく全員が認められる体育の授業」との出会いで大後戸はタッチフットボールの授業について次のように言った。

「O16：…タッチフットボールはそれもよくフォーメーションとかを教わった覚えもないんですけど。一番強烈に覚えてるのは、その 1 人 1 枚作戦カード、こんな画用紙切ったようなメモ書きに、作戦考えてきて、それ 1 人 1 枚作戦考えてこようっていうので、きて、何人かのチームが言ったんだと思うんですけど、みんなのカードをこう集めて、シャッフルして、で、こう当てずっぽで引いて。それをとにかく出たのをやろう、っていうのをやったんですね。やってたんです僕ら。で、それを何となく僕の頭の中では、なんか『あ、民主主義だな』と思った瞬間はありました。要するに上手い下手で、上手いやつが、『ああするで』『こうするで』って言って進んできた体育の授業が、なんか皆、公平に平等にカードを引くっていう行為で、作戦が平等に認められる可能性がある、みたいなのを勝手に民主主義だなーって思ったのが、記憶はあります。で、どんなプレーをしたかとかっていうのは、一切無いですけど、そのシーンだけは何となく覚えていて、ただまあそうは言っても、部活三昧です。部活のためだけに、中学校は学校に行ってました。」

B 先生は、タッチフットボールの実技授業では、1 回 1 回の試合の攻撃の動き方の知識と動き方をパターンに分けて一斉指導で全員に指導し、各班で生徒自身がその攻撃の仕方のパターンを応用して自分たちの班の作戦を練習で作り、生徒たちに班内でどの作戦を用いて試合を行うかを決めさせる指導を行っていたと推測する。タッチフットボールは、攻め方が複雑な攻防混合型のボール運動の中でも、試合での攻撃権が連続して同じチームに与えられ、その攻撃が 1 回 1 回区切られていて、1 回の攻撃の前後にハドルという作戦会議を持つルールである。そのため、作戦を班内で合意してその通りに動くという学習課題が明確であり、自分たちの作戦が成功したかどうかが判定しやすい教材である。B 教師は、実技能力の有無にかかわらず、授業で生徒の共通の学習課題を設定し、全ての生徒が作戦の成功不成功を考えて練習する授業を指導していたと推測される。

また、B 教師は、校務分掌上の生徒指導担当教師として、校内暴力で荒れていた D 中学校の生徒の行動を、管理主義的な方法ではなく、生徒会を母体にした生徒集団を統率する方法で校内暴力を鎮静化する指導を行っていた。具体的に言えば、生徒会の中核的な小集団を彼らの要求を基礎にして教師が組織し、生徒会で生徒自身で学校生活の規律や行動について討議し各学級に発信するという方法であった。大後戸は、そのような B 教師の姿について次のように述べた。

「O25：〈前略〉まあ 3 年は荒れてましたね。2 年も荒れてて、1 年もそれなりに荒れていくという。ただ、それこそ 2 年生の時にいた体育の B 先生は○○中学っていう、市内でも相当悪い、当時も悪かったんで、そこの生徒指導とかもしてたのもあって、その人が来たときに、D 中を変えよう、みたいな雰囲気は、その人中心にはあったようです。だから良い意味でも悪い意味でも目をつけられていた、僕らの集団はですね。まあ、悪かったですね。でも僕らが 3 年になった時には要するに、僕らと周りにいた連中は、その B 先生がある程度の信頼をするようになって、大荒れしなかった年なんです。」

大後戸は B 教師との学校外での活動について次のように言った。

「O31：はい。だから僕らが 2 年の時、ま、3 年に手をやきよっちゃったですけど、3 年になる時の春休みに、なんか『キャンプいくぞー。』とか言って、僕ら 15 人ぐらい賑やかな方の男の子を全員一緒に B 教師とキャンプに行きました。」

大後戸は、中学校時代に対照的な体育授業を経験していた。結局大後戸は、A 教師にあこがれて、将来は保健体育教師になり、実技能力の高い陸上部の顧問として A 教師と張り合いたいと考えた。その後 1981 年 4 月、A 教師の母校である県立 E 高等学校の普通科に進学し、全国駅伝大会常連校の陸上部で長距離選手として 3 年間活動する。しかしながら、大後戸は全国レベルの競技大会で活躍することはできなかった。ただし、大後戸は憧れの保健体育教師になるために大学に進学する夢を捨てず、陸上部の寮で受験勉強を続け、1984 年 4 月広島大学学校教育学部中学校保健体育教員養成課程に進学する。

3-2 広島大学学校教育学部から広島大学大学院学校教育研究科への進学

大後戸は、大学の学部 3 年生の時に転任してきた中村氏の保健体育科教育法の授業のエピソードを次のように述べた。

「O198：そういうのを話をしたな、って。後から、穴があったら入りたいと思いますけど。中村敏雄先生の授業で最初に発言したのはそういうことだったんで…で、まあ、一番やっぱり、あの、数値を見せられて、後ろで、さわってない子が学んだことは何かとか、喜んでも良いのか、とか喜べるのか、とかっていうのを言われた時に、僕はそういう中学校 1 年生を過ごしたんですね。中学校 2、3 年生は違ったのかな、っていう。だから僕両方学んどるっていうか、両方経験があるって思って。」

大後戸は中村氏の講義で触球数調査の体育授業に触れ中学時代の体育授業を思い出した。学校体育研究同志会の創立メンバーのひとりである中村氏は、保健体育科教育法の授業で、中村氏が高等学校教諭時代のバレーボール実技授業で指導した触球数調査を教材に、ボール運動の試合で生徒が何を学んでいるのかという教育内容や教育目標を問うたのである。その際に大後戸は、中学校 1 年生の時に経験した「概念名 0：もともと実技力のある生徒が活躍する体育授業」と中学 2、3 年生の時に経験した「概念名 2：実技能力の差なく全員が認められる体育の授業」との出会いの双方を自分自身が実際に経験していることを自覚したという。

大後戸は、大学卒業時に広島大学大学院学校教育研究科への進学を選択する。その進学の動機について以下のように述べた。

「O209：こんなに疎外感…で、ですから、なぜか、って言われたら、その、まずはこのまま、3 年の中頃ですかね、後半なってからか、このままあと 1 年で社会に出ることは嫌だな、っていうのは思いました。で、それと、その武器をちゃんと持ってないとまずいな、って。で、僕は陸上の武器はもう無かったので。で、その、E 高校を振りかざして生きようとも思ってなかった。生きれるとは思ってなかったので、ですから何か武器を持たなきゃいけないよな、っていうのは一方で思いました。だから、理論武装する、っていうか、それで負けんぞ！みたいなのは、何か持って出ないと不安だな、っていう。」

大後戸は、知識を獲得することで実技力の高さ以外に教師としての武器を持ちたいという気持ちが大学院進学の動機であると述べた。これが、概念「13：教師としての理論武装が大学院進学の動機」の発話である。

大後戸の学部時代は、主免許の保健体育教諭 1 種免許と副免許の小学校教諭 1 種免許の双方について、それぞれ教育実習が 4 年次に開講されていた。すでに大学院進学を決めて教員採用試験は受験していない大後戸は後期にまず中学校で 4 週間の教育実習を履修し、その後小学校で 2 週間の教育実習を履修した。そこで、それまで中学校保健体育教師を志望していた気持ちが小学校教師の志望に変わったと次のように述べた。

「O251：『せんせー』って来てくれる感じが、子どもの頃に、従兄弟と一緒にいたような。こういうの好きだったな、っていう。手を引っ張ってグルグル回してあげたり、っていうのが、5 年生でしたけど。そういうのが楽しくて。そこで、一発で決めました。その 2 週間含め実習で。あ、これは小学校だ。」

もともと子どもが好きだったにもかかわらず、大学進学時に小学校教師を志望しなかった理由について大後戸は次のように述べた。

「O133：むしろ、僕なんかは親族多かったので、年下の従兄弟とかがいっぱいいたんですよ。あの、だからお正月じゃ、お盆じゃ、そういう時に子どもの相手をするのは大好きだったので、だから、そういう意味じゃ、子どもは好きだったんですよ。子どもの頃から。でそうやって『お兄ちゃん、お兄ちゃん』

って一緒に遊んで、っていうことは大好きだったので、子どもは好きなんだけど、小学校の先生は、僕が先生嫌いだったので、子どもから嫌われる先生なんてなりたいとは思わない、って小学校の時は思ってました。」

3-3 教師の信念の形成

1993年4月に、大後戸は能美町立（現江田島市立）高田小学校教諭として採用され4年間在籍し、1997年4月に湯来町立（現広島市立）湯来東小学校教諭に転勤する。その1年後、1998年4月に広島大学附属小体育専科教員として採用され、2012年3月まで14年間学級担任、体育専科教師として勤務した。

大後戸は、前述のように公立小学校の4年目の1年は学区の小学校体育研究会体育部会に所属し、公立小学校勤務最後の1997年8月に学校体育研究同志会の中国ブロック大会でバスケットボールの授業実践の報告をして入会した。そのころの気持ちを大後戸は以下のように述べた。

「O306：全くないです。あと、頭のどっかで、中村先生が『現場に出て3年、実践記録を書かないやつは、一生書かないんだよ。』って言われたので。言われたのがどっか頭にあって、『あー、3年過ぎちゃったなー』っていうのを思ったのは確かです。」

大後戸は、1998年4月に広島大学附属小体育専科教員として赴任後、毎年度2月に開催される公開研究会で授業を公開し研究発表を継続して行った。同時に大後戸は、1998年8月の学校体育研究同志会全国大会から同会のフラッグフットボール分科会に所属し、FFの教材や授業研究を継続的に行った。そして、このフラッグフットボール分科会で行った教材研究の成果を広島大学附属小の体育授業研究で実験的に実践することになる。同時に広島大学附属小の授業研究では様々な教材を扱うことが専門性の幅を広げることを大学院時代の同期生であり、先輩の同僚でもある10歳年上の林から薫陶を受け、様々な教材を校内研や公開研の授業研究で実践することになる。

大後戸は、「概念名24：附属小の体育授業研究で様々な教材を扱う意味」に含まれる発話で、学校体育研究同志会での活動と広島大学附属小での授業研究の関係を次のように述べた。

「O347：そうですね。あの、1年目の時に初めて同志会の夏大会に行ったんですよ。そん時に何でフラッグを選んだのかは分かんないですけど。ま、自分がフラッグフットボール、中学校の時にそれこそさっきのタッチフットボールやってた、とかっていうのも、大学に来て、また中村敏雄先生のフラッグフットボールの話が出てきた時に、僕、これやったことあるぞ、みたいなのがあって。で、現場に出てからも、能美町とかでもやってたんですよ。タッチフットを。で、そんなのもあって、フラッグに出たんですね。そこがまあきっかけで、フラッグの分科会に関わるんですけど、そこで、あ、研究会って何か分かんないですけど、やらなきゃいけないのが1月2月に来るから、今日ここで仕入れた情報で何かしたいな、ってまず思ったのは確かです。」

同時に大後戸は、広島大学附属小で毎年2月に行われる公開研究会では、様々な教材を扱って体育授業研究の力量を全体として高めることを自覚していたと次のように述べた。

「で、この2年目に言われたか3年目に言われたか分からないですけど、林俊雄先生に、とにかく、どういう言い方だったかな。専門、っていうか、同じ種目だけやるようにはするなよ、って言われたんですよ。だから、研究会とかが、そこで勉強するきっかけになるから、何をしようか、っていう時に色々なことを選択肢として考えて欲しい。その方が、こう、指導の幅が広がるというか。っていうふうに言われたので、言われたこともあって、確かにそうだな、って思ったから、1年目陣取りゲームした時に、2年、えっとこの当時同志会は、つながりを考えてたんですね。6年までどうやっていこうとか。だけど、2年目でそれしたかったけどやめて、違う系統のドーナツボールをやって。で、その年は全然得意でも何でも無いんだけど、鉄棒って。」

広島大学附属小に赴任し小学校体育専科教師として体育授業研究を進める過程で、大後戸は、「概念名32：体育の目標は運動技能の習得であり結果による競争ではない」という体育授業についての考え方を持つにいたる。大後戸は次のように述べた。

「O425：まあ、どうですかね。僕はだから今でも一方で思うんですけど、点とかつけないんです。授業で、あんまり。記録して、どっちが勝った、とかあんまり言わないんです。どうせ言うから、子どもが。勝手に。それは僕が言うことではない。昔は思ってたんですよ。勝つか負けるかとか。フラッグフットやってた時なんかは最初、そうですけど。勝つか負けるかのところで何をするか、っていうのは、すごくリアルな選択になって、エゴも出るし、っていうふうに、そういう追い込み方をしたこともあるんですけど、あんまりそういうのは、後半思わなくなったんです。それは勝手に言うから。特に低学年なんて、得点なんてつける必要、全くないって。むしろ、上手くやりたいこととか、これが上手くいったかどうか、っていうのをよく聞いてたんですね。シュートを決めよう、っていう時間だったら、『今日はシュート決まった？』って聞けば良いし。パス、シュートってなったかっていったら、そういう聞き方をすればいいんですけど。でも世の中、点をつけてしまって、点を記録するんですけど、そこに、誰々がシュートしたっていうのは見えないので。それを聞かなくなったのは後半ですね。」

大後戸は、運動や戦術がわかってできることを目標に考え、運動の結果の採点や得点を授業で子どもに記録させることをやめてしまったという。ここには、競争の結果が他者より優位になることをめざす子どもを育てるのではなく、運動技能を習得すること自体をめざした子どもを育てたいという体育授業の考え方が示されている。

2004 年 4 月、大後戸は著名な体育科教育の民間雑誌の懸賞論文に応募し、FF の授業研究で 1 席となり表彰された。この掲載論文は、赴任後 5 年間の FF の授業研究の集大成であった。

また、2005 年 10 月、大後戸は単著の実践記録を出版する。出版された単著の実践記録に掲載された教材は、低学年では水遊び「呼吸と浮きの感覚づくり」、ボール遊び「スペースの発見と活用」が掲載されている。中学年では、マット運動「側転を入れた歌声マット」、水泳「ドル平泳法」、陸上運動「タイヤ投げ」、FF「スペースの創出と活用」、高学年のマット運動「ネックスプリング」、水泳「ドル平泳法から近代 4 泳法へ」、FF「作戦の組み立て」、と様々な運動領域の教材を用いた授業研究が掲載されている。本書は広島大学附属小赴任後の 7 年間の体育授業研究のまとめの意味を持っていた。

単著の実践記録に掲載されている2002年度に担任した学級の3年生、マット運動「側転を入れた歌声マット」の実践記録を見せたところ、大後戸は「概念名26：ここまで引っ張り上げる授業」に分類された発話の中で次のように言った。

「O377：あの、うーん、まだ教えようとしてますね。こう教えれば、ここまで引っ張り上げる、っていう発想でしかないです。フラッグフットを考えてる時もそうです。ここまで引っ張り上げる。ねこちゃん体操にしても、マットにしても、ここまで引っ張り上げる、っていう。そういう教師の関わり、でしかないですね。（後略）」

この授業研究は、学校体育研究同志会で開発された歌声マットを1単元20時間かけて教えた実践記録であった。大後戸は、この段階では「ねこちゃん体操にしても、マットにしても、ここまで引っ張り上げる、っていう。そういう教師の関わり、でしかないですね。」という。

ねこちゃん体操や歌声マットは学校体育研究同志会で開発された教材である。この段階で大後戸は、これらの教材を用いて教師のねらいのここまで子ども全員を引っ張り上げるという授業スタイルを形成していた。この授業スタイルを形成した要因は、体育の目標は運動技能の習得であり、教師が様々な教材を開発して指導性を発揮し、運動技能を習得すること自体をめざす学習が子どもにとって意味のあることだという「体育授業観」であった。

そうした授業スタイルは、次の2つの契機で変容することになる。第1の契機は、広島大学附属小赴任8年目の2005年度に6年間持ち上がった学級の子どもたちとの担任としての苦しい体験にあった。第2の契機は、広島大学附属小赴任8年目に小学校2年生になる長男の親としての子育ての体験にあった。

3-4 教師の信念の変容

第1の契機である学級の子どもたちとの担任としての苦しい体験を、「概念名30：受験で声の届かない6年を担任」に分類された発話で大後戸は次のように述べた。

「O390：まあ、最終的に崩れた、って感じですかね。受験の頃に。こんだけ言葉が通じなくなるのか、って。諦めた、って感じですね。あんだけ言葉が通じて、あんだけ分かると思ってたのに、何で受験ごときでここまで人間は崩されるんだ、って思いましたね。だから次の年はもう絶対そんなんで崩れない子に育てようって思って。崩れないクラスに育てよう、って思いましたね。」

大後戸は、1 年生から 6 年生まで 2 回のクラス替えを経て学級担任を持ち上がった 6 年生が、受験を前にして担任の声が届かない学級になってしまい、学級担任として悩み落ち込んだ。この体験は、体育専科教師としての学級担任が受験指導で限界を持つことを自覚し、再度体育専科教師の学級担任として子どもたちの進路にどのような未来を描くための能力を育成できるのかを真剣に考える契機となった。この後大後戸は、子ども自身が授業での運動体験を経て自分で動きを獲得していくことをめざす「体育授業観」へ考え方を転換していった。同時に大後戸は、学級担任としてどのような教師であるべきかという教師観が転換したと、「概念名 28：保護者と子どもの生活の悩みを共有」に分類された発話で次のように述べた。

「O432：僕が明らかに変わりました。親に強くなった、っていう。だから、1、2 年は 3 回担任してるんですけど。最初の 1、2 年。次の 3、4 年。で、9、10 年もってるんですけど。」

「O434：〈前略〉一番には、親の気持ちが分かってない、っていう。教師として、親の気持ちを理解できないのは大ですね。だから教師としての伝えるべきこと、っていうのはなんか、きつくでも伝えてたと思うんですけど、3 回目の時は、『そうですよね、うちもそうなんですよ』、っていう言葉がついて伝えられるかもしれない。そこの違いはすごくあったと思います。だから親からは、もしかしたら僕が言うことは反発でしかない。きつい指示でしかなかったかもしれないですけど、3 回目の時はちょっと共感的に受け入れてくれながら、でも、アドバイスしてくれる、くらいのことだったかもしれません。だから、宿題をしましょう、とか、忘れ物をしないようにしましょう、とか、そういったことを保護者に伝える必要があった時に、『お母さんちゃんと伝えてください、やってくださいよ』っていうような言い方だったかもしれないです。だけど、3 回目になったら、『まあ、そうですよね。なかなか大変ですよね。朝。でもね、お母さんやっぱりうちだったら、前の日ね、こう、やっとこう、とかってやってるんですよ』、って感じで言ってると思います。」

「O437：（同僚の先生を例に出したあとで：引用者注）僕は人間性だと思い込んでるんですけど。この人すごいな、って後から思いました。僕もこういうふうに、やっと言えるようになった。それと、やっぱり、どういうんですかね。受験が成功することが、この子の幸せとは限らない、っていう事例をいっぱい見てきた、っていう。だから、親と、最終的には喧嘩ができる。いっぱい変な例も見たので。お母さんがそこまでなっちゃうと、子どもがしんどいだけだ、とか、子どもにも、そんなにしんどいんだったら、先生がお母さんに言ってあげる、とか。っていうようなことが、最後の時には言えたんですよ。それまでは、頑張れよとかしか言えなかったんだと思います。それが、親にも言えるようになった。」

大後戸は、自分の子育ての体験から親の願いと子どもの思いが異なることのしんどさを体験し、保護者が抱く悩みを教師として共有して寄り添う態度や発言をするようになった。その結果、本当に子どもにとって意味のある進路を保護者と一緒に考えることができるようになったのである。学級担任として子どもにとって意味のあることは何かを考える姿勢は、次の第２の契機と共通していた。

「概念名 33：我が子を通して子どもたちが見えてきた」に分類された発話で大後戸は次のように述べた。

「O410：あると思います。それは、ちょっとまた違う軸なんですけど、我が子がいた、っていうのはあります。ちょうど、この学年とぴったりなのがうちの娘なんですけど。長男はこれの２個上なんですよ。で、長男の方はそんなに運動上手な方ではなかったので、何でだろう？みたいなのを本当に、それこそ学校に連れてって、娘と息子が１年と幼稚園の時に、夏休みとか行って、○○しようじゃ、ボール投げしようじゃ、って色々跳び箱とかやったりしてて、それこそ息子はなかなか苦手なんだけど、娘が縄跳びとか跳び箱とか、パンッてやったりしてて、これ、何が違うんだろう？とか、そんなのを思ってましたね。だからうちの息子に、こういう子にどういう働きかけができるのかな、っていうふうなのはすごく。そういう意味で、言葉はあれですけど、実験台みたいなのが目の前にいて、どうしたら良いんだろ？どういうふうに言えるんだろ？とかっていうのがあって、授業ではそういうふうなのが子どもたちは見えてきてて、だから、やっと我が子を通して、その子たちが見えてきた、っていう感じはしますね。だから、それ自体が授業になってる、というか。」

「O411：はい。だから、そういうタイミングだったんだと思います。色んな。で、うちの娘なんかが、まあ、でもあれ大分後ですけど、水泳とか苦手で、学校の授業のこととかを、『全然意味が分からん』って言ってたんですけど、水の中で泳いでるのを見て、『ああいう風にやるんだよ。じゃあ、みんなやってごらん』って言われて、『水の中なんか見えんし』とかって言いながら、帰ってきてたんですね。それで、ああ、そうだなっていう、聞きながら思ったり。だからじゃあ、水の中でどうやってやるんか、っていうのを子どもたちにどう見合いっこさせよう、とか、そんなのはすごくヒントにしてましたね。ヒントにって言うか、我が子を通してそういうふうに見だした。今までは教え込んでたな、引っ張り上げてたな、っと思います。二回り目、くらいですか。最後の 6 年生の子たちが 1 年生になる頃にはそういうことを 1 年生の頃から、考えて授業してたなって思います。」

大後戸は、運動が苦手な長男に運動の過程をどう説明するかという体験を経て、苦手な子どもと目標とする運動の実技レベルをどう合意し指導すればいいのかを自覚的に考えるようになった。また、大後戸は、水の中の運動を子どもたちがどのように見えているのだろうかと考え、プールの中に防水ビデオを持ち込み、水中の子どもたちの動作を記録し子どもたちに自分自身の水中の動作の動画を見せるビデオ教材と授業を開発していた。のちに、娘が水の中の運動なんか水の上から何も見えないと発言したことから、水の中の運動を子どもたちに見合いっこさせる方法がとても意味があると確信するに至った。

こうして学級担任として子どもにとって意味のある進路を考えるとともに、我が子を通して子どもの運動の理解の仕方に注目した結果、体育授業で子どもが自分で運動を理解することが、子どもにとって意味のあることであるという「体育授業観」に変容したのである。この「体育授業観」の変容が、「授業スタイル」の変容を生み出すことになる。

「概念名 27：場を提供して押し上げる授業」に分類された発話で、2006 年春の校内研修で公開し、『学校教育』誌の 2007 年 1 月号に掲載された「第 1 学年『ねこちゃん体操をしよう』の実践より」の実践記録を前に、大後戸は次のように述べた。

「O395：この頃ですね。要するに、感覚的に育てるところを、たっぷり時間を取るよ、っていう、その、なんか技の習得とか、っていう、技術ポイントあげて、これをっていうようなことにいっぱい時間を取る低学年の授業じゃなくて、低学年はもっと活動しながら、やってて良いんじゃない、って思えるようになった。」

大後戸は、2002年度に学校体育研究同志会の山内氏が開発されたねこちゃん体操という教材を実技研修を通して初めて学び、すぐに器械運動の教材として取り入れた。ただし、当初は「概念名26：ここまで引っ張り上げる授業」の考え方で、授業の目標達成に効果的な教材として指導していた。ところが大後戸は、2006年になり、体育授業自体が「概念名27：場を提供して押し上げる授業」に変容したという。

「O396：この時3年生担任ですよね。だから、初めて、山内先生の実技を受けて、『よし、来週すぐやろう』って思ってやったのが、1年生と3年生やった時に、自分がもってたのは3年生だったんですよ。1年生にもやって、この子たちの上手になり具合と、自分が担任してるクラスの3年生の上手になり具合が、全然違うんですよ。やっぱ1年生が早い。っていうのがあって、今度1年もったら、本当に伸び伸びと、良く出来るんじゃないか、上手くいくんじゃないか、っていう。こう、引っ張り上げるっていうよりも、支える。場を提供して押し上げてあげるっていう感じで、支えていけば、っていうのが、さっきの写真なんかもそうなんですけど、要するに自分がもってる、担当してる子たちですよね。だから（ドル平とねこちゃん体操の動作の共通性を書いていることを指摘されて：引用者注）この段階で書くのも、ちょうどこの1年生の前期ぐらいからちょっとやってるようなことが、上手くいってるっていうのを思ってるから、書いてるんでしょうね。」

山内氏の開発したねこちゃん体操の教材の背後にある開発者の運動指導と子どもの内面の考え方から影響を受け、子どもを教えたいところまで引っ張り上げる授業ではなく、準備運動で感覚づくり的な時間をたっぷり保証しながら、場を提供して押し上げる授業へと大後戸の授業スタイルは変容した。この大後戸の授業スタイルの変容は、第1に山内氏との授業研究を通した交流、第2に学級担任として子どもの想いを受け止める教師の役割を自覚したこと、第3に我が子の運動の理解の仕方から子どもの運動の観察や理解の仕方を考える必要を自覚したこと、これら3つを契機として生まれたのである。

序章で述べたように朝倉（2016）の「信念体系モデル」の指摘に学び、教師の信念について信念の強さを観点として、具体的な信念間の関係を整理し、より中核に位置する信念がどれであるかを推察し、教師の信念の構造的な把握に努め、このより中核的に位置する信念を明らかにすれば、これらの信念が「授業スタイル」の形成と変容を規定している事実を把握できると考えた。大後戸の事例では、「教師の信念」として「体育授業観」が中核にあり、それに「子ども観」と「小学校学級担任としての教師観」が影響を与えたと考えられる。このように考えると、「体育授業観」の中でも、運動技能を習得することが子どもにとって意味のあることだと考える「体育授業観」を要因として「ここまで引っ張り上げる授業」という「授業スタイル」が形成された。そして、「体育授業観」の中でも、子どもが自分で運動を理解することが子どもにとって意味のあることだという「体育授業観」を要因として「場を提供して押し上げる授業」という「授業スタイル」の変容が生み出されたと考えられる。そこで、1998年4月の広島大学附属小赴任から2006年3月に初めての6年生担任の子どもたちを卒業させた時期を「授業スタイル」の形成の時期と考えた。そして、2006年の小学校1年生の3回目の担任から2011年3月に広島大学附属小から広島大学に転勤するまでを「授業スタイル」の変容の時期と考えた。

第2節　授業スタイルの形成と変容

1　研究の対象と方法

1-1 研究の対象と資料の収集

第2節では、「体育授業観」の形成と変容に規定されて生み出された「授業スタイル」の形成と変容を明らかにする。編者は大後戸が1998年4月に広島大学附属小へ赴任してから2012年3月に広島大学に転任するまで、毎年2月に公開する研究授業をはじめ多くの授業を視聴し批評してきた。そこで、表2-3に示す

表 2-3 「授業スタイル」の形成と変容を代表する主な実践記録

公立小時代（1993-1998 年：教職 1-5 年）				
月日、年度	所属、勤務状況	実践記録等の名称〈ここまで引っ張り上げる授業〉と〈場を設定して押し上げる授業〉は本文の「授業スタイル」の説明で用いた実践報告	発行所，発表雑誌等，発行又は発表の年月	エピソード・同志会・大学と教育行政・社会の動向等
1993（平成 5）年 4 月（25 歳）〜 1997（平成 9 年）3 月	・能美町立（現江田島市立）高田小学校教諭（平成 9 年 3 月まで） ・3・5・6・4 年担任、教科研：算数部会所属（3 年間）→体育部会（1 年間）4 年リズム走授業公開。教科外：集団づくり部会、3・4 年集団マット授業公開	・「体操遊戯取調委員会」に関する一考察：明治 30 年代の遊戯研究との関連を中心に（修士論文をもとに投稿）	・広島体育学研究，第 20 号，pp.73-78，平成 6 年 3 月	・毎年，広大付属小の能美町での臨海学校の度に、林俊雄氏から連絡 ・結婚
1997（平成 9）年 4 月〜 1998（平成 10）年 3 月	・湯来町立（現広島市立）湯来東小学校教諭（平成 10 年 3 月まで） ・5 年担任、視聴覚部会			・学校体育研究同志会入会 中国ブロック大会参加，実践報告 3：2 のバスケットボール ・長男誕生 ・1997.10-1998.8 木原イギリス留学し TGFU を学んで帰国
広大付属小時代（ここまで引っ張り上げる授業）：1998-2005 年度（教職 6 - 13 年）				
1998（平成 10）年度、30 歳	・広島大学附属小学校教諭（平成 24 年 3 月まで） ・1 年担任・国語 ・公開授業研究会：1 年陣取りゲーム	・第 2 章　新しい学びの形成をめざす「教科の学習」体育科	・広島大学附属小学校編（1999）『21 世紀に生きる教育課程』広島大学附属小学校，pp.128-131	・同志会夏大会（滋賀大会）初参加フラッグフットボール分科会 ・1998（平成 10）年 小学校学習指導要領（告示）:「生きる力」「ゆとり教育」「総合的な学習の時間」新設、体育科では「心と体を一体として」とらえ、「体操」が「体つくり運動」と変更され「体ほぐし」が登場した。
1999（平成 11）年度、31 歳	・2 年担任、2・6 年体育 ・公開授業研究会：2 年ドーナツボール	・子どもが突きつけてきた大きな課題 ・子どもがつまづくゆとりがある体育の授業〈ここまで引っ張り上げる授業〉	・楽しい体育・スポーツ，第 18 巻 10 号，pp.42-43 ・学校教育，第 988 号，pp.24-29	・長女誕生 ・1999（平成 11）年 小学校学習指導要領解説　体育編に「技能の内容」「態度の内容」に加えて「学び方の内容」が新設。
2000（平成 12）年度、32 歳	・1 年担任、1・3 年体育・生活 公開授業研究会:1 年鉄棒（地球周り）、山本貞美先生よりコメント	・ボールを持っていないときの動きに注目させて：陣取りゲームからドーナツボールへ	・学校教育，第 997 号，pp.30-37，平成 12 年 8 月	
2001（平成 13）年度、33 歳	・2 年担任、2・4 年体育、生活 ・公開授業研究会：2 年ボールゲーム（サッカーとハンドボール）、お話しマット	・みんながうまくなれるという能力観を育むために：第 1 学年「てつぼう名人になろう」の実践から〈ここまで引っ張り上げる授業〉	・学校教育，第 1011 号，pp.30-37，平成 13 年 10 月	・2001（平成 13）年児童指導要録改訂。「評定」欄も「目標に準拠した評価」を導入し相対評価を廃止。「個人内評価」も重視。体育科の観点は「運動や健康・安全への関心・意欲・態度」「運動や健康・安全についての思考・判断」「運動の技能」「健康・安全についての知識」

2002（平成14）年度、34歳	・3年担任、1・3・5年体育 ・公開授業研究会：3年ハードル走	・作戦を組み立てながらゲームをするおもしろさを：第4学年フラッグフットボールの実践から〈ここまで引っ張り上げる授業〉 ・戦術学習小学校6年間の見通し：フラッグフットボールを教材として〈ここまで引っ張り上げる授業〉	・学校教育，第1018号，pp.24-31，平成14年5月 ・学校教育，第1027号，pp.24-29，平成15年2月	・学校体育研究同志会全国大会で山内基広氏の器械運動実技講座に参加 ・体育同志会広島支部実技研修会に山内基広氏を講師として招聘 ・小学校教育実習の指導開始 ・川端宜彦氏（修士課程1年）が授業研究で観察に参加
2003（平成15）年度、35歳	・4年担任、2・4・6年体育 ・林俊雄副校長 ・公開授業研究会：4年タイヤ投げ、総合	・共に学び合う場としての体育の授業：3年生「歌声マット」の実践から ・フラッグフットボールの系統性と授業実践〈ここまで引っ張り上げる授業〉 ・ポートフォリオ評価法を取り入れた体育の授業：教えたいものと学びたいものをすりあわせるための評価活動〈ここまで引っ張り上げる授業〉	・学校教育，第1029号，pp.54-59，平成15年4月 ・体育科教育，第51巻5号，pp.46-49. 平成15年5月 ・学校教育，第1032号，pp.54-59，平成15年7月	・学校体育研究同志会全国大会で山内基広氏の器械運動実技講座に参加 ・体育同志会広島支部実技研修会に山内基広氏を講師として招聘
2004（平成16）年度、36歳	・5年担任，1・3・5年体育 ・林俊雄副校長 ・公開授業研究会：5年ネックスプリング ・山内基広氏研究発表「器械運動の基礎感覚づくりとその発展」	・小学校6年間を見通した攻防入り乱れ系ボール運動のカリキュラム開発〈ここまで引っ張り上げる授業〉 ・評価規準づくりから体育科の学力をとらえ直す：水泳と器械運動を例に	・体育科教育，第52巻4号，pp.58-62，平成16年4月 ・学校教育，第1051号，pp.18-23，平成17年2月	・『体育科教育』50周年記念懸賞論文第1席。
2005（平成17）年度、37歳	・6年担任、2・4・6年体育 ・林俊雄副校長 ・公開授業研究会：6年ハンドボール（防御戦術）・英語	・運動技術で結び合う体育科授業づくりをめざして：感覚的なわかり方を、みんなで共有することをねらった器械運動の実践から	・広島大学附属小学校研究紀要，第33号，pp.175-180　平成17年9月	・久保研二氏（修士課程1年）大学院高度化プログラムで附属小で授業の研修実習
広大付属小時代（場を設定して押し上げる授業）：2006-2010年度（教職13-19年）				
2006（平成18）年度、38歳	・1年担任、1・5年体育 ・林俊雄氏大学へ転勤 ・公開授業研究会：1年お話マット ・校内研修授業研究会：ネコちゃん体操	・21世紀型学力を保障する体育科カリキュラムの創造 ・小学校6年間で育む運動感覚づくりに向けて：第1学年「ねこちゃん体操をしよう」の実践より〈場を設定して押し上げる授業〉 ・進化する「ねこちゃん体操」に学びながら：今、1年生の体育がおもしろくてたまらない〈場を設定して押し上げる授業〉	・広島大学附属小研究紀要，第34号，pp.222-237，平成19年1月 ・学校教育，第1074号，pp.24-31，平成19年1月 ・楽しい体育・スポーツ，第26巻2号，pp.24-27，平成19年2月	・教育基本法改正：第16条教育行政は「諸条件の整備確立を目標として行われなければならない。」が削除され、大幅変更。
2007（平成19）年度、39歳	・博士課程1年目 ・2年担任、2・6年体育、図工 公開授業研究会：2年ボールゲーム(サッカー、ハンドボール)、お話マット	・体育科授業における「わかる」とは（2） ・21世紀型学力を保障する体育科カリキュラムの創造	・学校教育，第1087号，pp.24-29，平成20年2月 ・広島大学附属小学校編（2007）『21世紀型学力を保障する教育課程の創造―教科カリキュラムの構想―』広島大学附属小学校，pp.222-231	・加登本仁氏（修士課程1年）が授業研究で観察に参加 ・学校教育法改正：義務教育の目標が新設明記。 ・教育職員免許法改正：教員免許更新制度発足

2008（平成20）年度、40歳	・博士課程2年目 ・3年担任、1・3・5年体育 ・公開授業研究会：3年マット運動（側転）	・子どもたちが教え合う体育科授業をめざして：自らの動きを内観し、言葉で伝え合うために ・子どもたちが教えあう体育科授業をめざして：第3学年水泳（ドル平泳法）の実践から	・学校教育，第1098号，pp.18-23，平成21年1月 ・学校教育，第1100号，pp.24-31，平成21年3月	・村井潤氏（博士課程1年）が小学校教育実習の5週間を非参与観察 ・2008（平成20）年 小学校学習指導要領（告示）、基礎基本の重視、「ゆとり路線」の見直し。体育科で1977年の要領以降30年続いた「基本の運動」が廃止。基礎となる運動の技能や知識の改善。「自己の能力に適した」が「運動技能」の目標から削除。「体つくり運動」が小1から高3まで設定。
2009（平成21）年度、41歳	・博士課程3年目（大学院休学） ・4年担任2.4.6年体育、算数、 ・公開授業研究会：4年フラッグフットボール（2:2→3:3）	・児童間で評価しながら進める体育科授業：小3、マット運動の実践から	・学校教育，第1105号，pp.60-65，平成21年8月	・加登本仁氏（博士課程1年）が授業研究で観察に参加。
2010（平成22）年度、42歳	・博士課程4年目 ・5年担任、1・3・5年体育 ・公開授業研究会：5年タイヤ投げ	・みんなが戦術を駆使して挑むボール運動をめざして:2対2から3対3のゲームの移行に焦点を当てて〈場を設定して押し上げる授業〉	・学校教育，第1116号，pp.24-31，平成22年7月	・藤本翔子氏（修士課程1年）が授業研究で観察に参加 ・2010年の指導要録改訂 従来の「思考・判断」の観点が「思考・判断・表現」に変更された。また、「技能・表現」が「技能」に変更された。「関心・意欲・態度」と「知識・理解」は従来どおりで変更なしであった。そして、「技能」と「知識・理解」の観点で「基礎的・基本的な知識・技能の習得」を評価し、「思考・判断・表現」の観点で「教科の知識・技能を活用して課題を解決する」能力を評価するとされた。
2011（平成23）年度、43歳	・6年担任、2.4.6年体育、大後戸・三藤・森下 ・公開授業研究会：6年デカスロン、フラッグフットボール（4対4）	・精一杯の力を出し切る陸上運動の授業②：小学5年タイヤ投げの実践 ・教師が教え、子どもたちが学んだことから考える	・学校教育，第1126号，pp.62-67，平成23年5月 ・学校教育，第1134号，pp.22-29，平成24年1月	
広島大学時代				
2012（平成24)年4月、44歳	・大学1年目 ・広島大学大学院教育学研究科准教授（現在に至る）	・デカスロン（十種競技）にチャレンジしよう！	・学校教育，第1143号，pp.62-67，平成24年10月	
		・ねこちゃん体操を通して学んだ授業づくり	・たのしい体育・スポーツ，第31巻9号，pp.12-15，平成24年11月	
		・混成競技で競争を考える:デスカロン（十種競技）にチャレンジしよう！	・学校教育，第1147号，pp.24-31，平成25年2月	
		・混成競技で競争を考える—デカスロンにチャレンジしよう！—	・広島大学附属小学校研究紀要，第40号，pp.222-237，平成25年2月	

ように、編者が収集した96編の大後戸の実践記録の中から各年度の主要な実践記録を抽出した。「授業スタイル」は実践記録で示されることから、これらの実践記録の解釈から、「授業スタイル」の形成と変容を明らかにすることを試みた。

1-2 分析の方法

藤原他（2006，pp.15-16）は「授業スタイル」という概念に含まれる要素を以下のように説明している。

> 「授業スタイルという概念は、生徒の理解、授業の目的や教育内容の想定、教材の準備や提示、学習活動の組織をめぐる選択性や複合性という観点から、さらにはそうした選択や複合の基盤をなす歴史性という観点から想定できるわけである。」（藤原他，2006，pp.15-16）

この説明によれば、大後戸の「授業スタイル」を記述するためには、「生徒の理解、授業の目的や教育内容の想定、教材の準備や提示、学習活動の組織」という各要素にあたる内容を大後戸がどう選択したのか、そして選択されたこれらの要素がどのように相互に関連していたのか、さらに、時間とともにそれらがどのように変容したりしなかったりしたのかを記述することが求められる。編者は、この「授業スタイル」の各要素について、第1次インタビューから帰納的に作成した概念と第3次インタビューの発話、授業研究の文献から記述を抽出した。そして、それらの記述を代表する表題を付けた「授業スタイル一覧表」（図2-2）を作成した。以下大後戸への第1次インタビューから帰納的に作成した概念と第3次インタビューの発話、授業研究の文献を資料として各要素の内容とそれらの相互関係、それらの変容を記述する。

2 「授業スタイル」の形成と変容

2-1「ここまで引っ張り上げる授業」：1998-2005年度（教職6-13年）

2-1-1 生徒の理解

「ここまで引っ張り上げる授業」の「授業スタイル一覧表」（図2-2）にある「1）生徒の理解」の表題は、「①教師が設定した目標を、子どもがつまずき乗りこえる過程で子どもの学習が成立する。」である。大後戸は広島大学附属小赴任2年目の1999年に以下のように書いた。

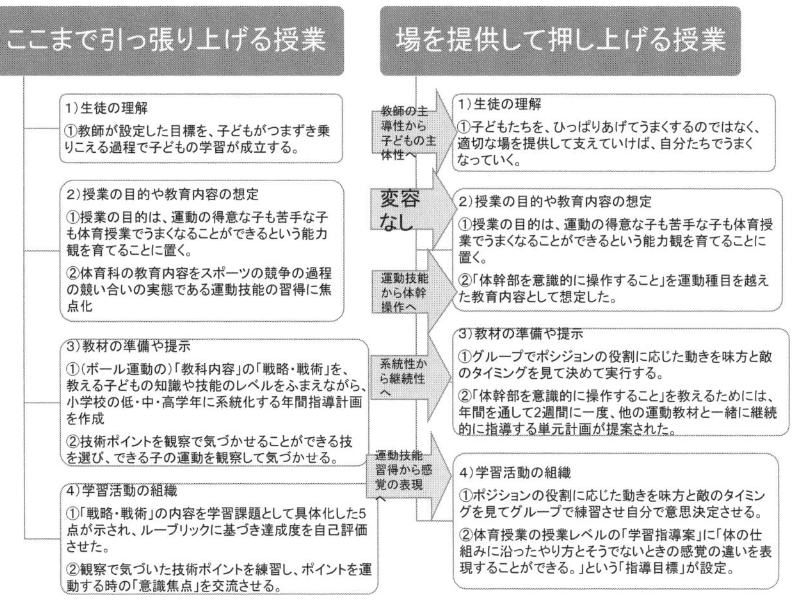

図 2-2 「授業スタイル一覧表」

「教師には教えたいことが存在しているはずである。これが目標である。それがあるからこそ、授業が始まる。しかし、それはイコール子どもが学びたいものではないことがある。現実にはその方が多い。その際、教師の教えたいものが、子どもにとって学びたいものとして意識されるような意図的な働きかけを仕組まなければならないということである。…」（大後戸，1999，pp.25-26.）

この文章では、子どもの学習における主体的な能動性の必要が主張されている。しかしながら同時に、その子どもの学習は教師が提示した目標や内容に導かれて生まれてくるという考え方も読み取れる。この時期の大後戸の「生徒の理解」においては、教師が設定する目標や内容が子どもの学習の主体的な能動性を生み出すと考えられていたと思われる。

2-1-2 授業の目的や教育内容の想定

図 2-2 によれば、「ここまで引っ張り上げる授業」の「2）授業の目的や教育内

容の想定」の表題は「①授業の目的は、運動の得意な子も苦手な子も体育授業でうまくなることができるという能力観を育てることに置く。」と「②体育科の教育内容をスポーツの競争の過程の競い合いの実態である運動技能の習得に焦点化」である。

大後戸（2001）は、広島大学附属小赴任4年目に「みんながうまくなれるという能力観を育むために：小学一年『鉄棒名人になろう』の実践から」という実践記録の中で、以下のように述べた。

「低学年ではよくあることであるが、何かができない子どもに対して、『バカ』と平然と言ってのけたり、『お前のせいで負けた。』と叩いたりする場面に出くわすことがある。教師をしていれば、このような光景を目にすることが1度ならずあるだろう。年を追うごとに露骨に他人を蔑むことは少なくなるが、それは教師の前だけのことであって、実のところは心の中で『バカ』と声にならない声を発しているのかもしれない。このような光景に出くわした場合、教師であるなら、それをよくないこととして、道徳的教条をもって説くことは、大切な役割であろう。だが、長期的な視点をもって子どもたちの能力観に迫ることも必要であろう。できないことは、一過程を示していることであって、うまくなるための道筋を示す価値ある状態であることを授業で扱えないだろうか。私は常日頃から後者の立場を意識しながら授業をしていきたいと思っている。前者に比べ、厳しく、また即効性を期待できない作業であるのだが。…」

この引用から、大後戸が授業の目的を、運動の得意な子も苦手な子も体育授業でうまくなることができるという能力観を育てることに置いていると解釈できる。この目的の考え方は大学の学部時代に中村氏、小林氏と出原氏の薫陶を受けて育成されその後も一貫して変容していない。大後戸は、5年後の2005年発行の単著のあとがきで「子どもたちみんなに『わかる』『できる』力を保障する体育授業を創造する」（大後戸，2005，p.140）ことをめざしていると述べた。大後戸は「運動の得意な子も苦手な子も体育授業でうまくなることができるという能力観を育てる」目的を達成するために、運動が得意な子どもはもちろん、苦手な子どもにも運動が「わかる」「できる」能力を育成することが必要と考えていた。

「体育は本当に残酷な教科である。なにせ、みんなの前で跳び箱を跳ばされれば、跳べるか跳べないかは一目瞭然。テストの点数を背中に貼って授業をしているようなものである。しかも、その点数を上げるためになされることと言えば、『勇気を出して』だとか『毎日100回練習しろ』だとか、本人の努力を促すことだけ。最終的に記録をとって、その結果がそのまま成績に数字として示される。先生に言われなくても、跳べないことは本人が一番よくわかっている。まともな指導がないとすれば、学習前と比べ学習後の自分がどれだけの成長をしたのか見出せないまま、次の時間には違う運動が、その子を待っている。こんな体育でよいのであろうか。」（大後戸，2005，p.4.）

大後戸は2005年発行の単著のまえがきでこのように述べ、全ての子どもたちが運動をわかってできるようになる授業を求めて、小学校低、中、高学年を毎年担当する体育専科教師として、体育の効果的な教材と系統的なカリキュラムの開発を8年間にわたって積み重ねていった。大後戸が広島大学附属小赴任後数年間はFFの授業研究に没頭していたことはすでに述べた。大後戸は、第1次インタビューで2002年2月に収録された小4のFFの授業ビデオを視聴し、教える内容について以下のように述べた。

「O8：だからこの頃は、インタビューで言ってることと内容が全然違う所があって、点をむっちゃカウントしてたんです。」

「O10：勝ち点までつけて、サッカーのJリーガーみたいに順位を決めて追い込んで、あと1点で勝つとか負けるとかっていうところをフラッグで、作戦の組み立てっていうのを言ってたんで、すごい点で追い込んでた頃ですね。それ以降点で追い込まないけど、この頃、この子らが6年間卒業するまではそれで通してましたね。」

FFはアメリカンフットボールのタックルを禁止し安全化、簡易化したスポーツである。アメリカンフットボールの試合は、各ポジションのエキスパートがメンバーチェンジで登場し活躍するルールで争われる。また、試合を外から観戦したコーチが無線でプレーヤーに作戦会議で攻め方や守り方の戦術を指示することがルールで許されている。アメリカンフットボールは、試合で効率的に得点を取るために徹底した分業制を取り入れ、プレーヤー以外のコーチの判断を即時にプレーヤーに伝えて効率的な得点の奪取を競い合う。アメリカンフットボールは、同じルールの下で能力の優劣のみで平等に得点を競争する平等性、能力発揮の結果の高低で序列をつける競争性を試合のルールに徹底して反映した競技スポーツである。大後戸は、その競技スポーツの競争の過程の競い合いの実態である運動技能を教える内容とし、子どもたちに意識させ、勝つための攻め方や守り方の戦術を小学生にも理解できるような教材や指導法を開発し習得させようと考えていた。

もちろん、大後戸は第1次インタビューで以下のように述べて、競技スポーツの内包する参加の平等性を教え、競争性が持つ弱者排除の非人間性を子どもたちに気づかせようと考えていた。

「O61：えっと、ま、1つは、フラッグフットの良さみたいのは思ってました。それこそインタビューで答えたみたいに、何となく作戦の上での平等、みたいな。どう言ったらいいんかな…（笑）なんか、良い作戦をたてた子は、『お前なんか足遅いけんダメじゃん』っていわれなくて、『お、よい作戦じゃん』って単純に認められるとか、ガードとか、その、『ちゃんとせーや』、っていうのがよく分からんけど、『ちゃんとガードしてくれー』って言った次のプレーでちゃんとガードしてくれたら、『ありがとね』とか『お前良かったね』とかって言われるっていうのは、フラッグフットだと実現できそうだな、と思ったので、その役割をきちんと決めてやる、とかっていう良さがこれには十分ある。でも一方で、極端な役割分業って僕の中ではやっぱりそこまでしちゃあいけんのんじゃないかな、って。だから」

2-1-3 教材の準備や提示

この時期に大後戸は体育科の教育内容をスポーツの競争の過程の競い合いの実態である運動技能の習得に焦点化し、その教育内容の習得のために、効果的な教材と系統的なカリキュラムを開発していった。「ここまで引っ張り上げる授業」の「授業スタイル一覧表」（図2-2）の「3）教材の準備や提示」の表題は、「①（ボール運動の）『教科内容』の『戦略・戦術』を、教える子どもの知識や技能のレベルをふまえながら、小学校の低・中・高学年に系統化する年間指導計画を作成②技術ポイントを観察で気づかせることができる技を選び、できる子の運動を観察して気づかせる。」である。この時期の「3）教材の準備や提示」と「4）学習活動の組織」の表題を理解するために、この時期を通して行われたFFの実践報告と、広島大学附属小赴任 3 年目の公開研究会で指導され 2001 年 10 月に『学校教育』誌に発表された 1 年生の鉄棒の実践報告を取り上げる。

ボール運動で教える内容は、すでに 1970 年代に「技術特質」を「コンビネーションによるシュート」（学校体育研究同志会編，1979，p.73.）と捉えた学校体育研究同志会によって、パスやシュートなどの個人技能に加えて、戦術や戦略と考えることが提案されていた。その後、1990 年代になると、ドイツ語圏のスポーツ科学研究に基づいた包括的なボール運動の研究書である『ボールゲーム指導事典』が翻訳され（唐木監訳，1993）、イギリスの「理解のためのボール運動指導アプローチ」（TGFU, Teaching Games for Understanding approach）や TGFU に影響を受けたアメリカの「戦術アプローチ」が我が国に紹介された（木原，1999，グリフィン他著，高橋・岡出監訳，1999）。

大後戸は、これらの国内外の成果の「コンビネーションによるシュート」「理解のためのボール運動指導アプローチ」「戦術アプローチ」の概念を「熟考」（佐藤，1997，p.65）し翻案して、ボール運動の運動技能として戦術を教えるための教材と系統的カリキュラムの開発のための授業研究を蓄積していった。この図 2-3 は、FF の系統的なカリキュラムである。執筆段階では 5 年生までの授業実践での検

戦術学習　６年間の足跡　—教材：フラッグフットボール—

学年	ねらい、教えたい内容	身につけさせたい認識・技能	児童の生み出した戦術 主な発言と予想される反応	コート（単位：m）	ゲーム人数（チーム人数）	得点形式	基本的なルール	ゲーム観察者の役割	時間数
1	・味方の動きに応じて、相手の動きも変化することに気づく。 ・自分が走り抜けるための間合いを見つけ、走り込むことができる。	・相手を引きつける動きに気づく ・チャンスに気づく ・走る方向とスピードのコントロール	・一カ所に集中して近づき、分散。 ・僕が引きつけているうちにつっこめ。 ・時間差攻撃 ・すき間	・幅１２～１５ ・ディフェンスゾーン１０m	５vs５ （５）	相手陣地に入ったら、１人１点	・一人１個のボールを持つ。 ・アウトになるのは、フラッグをとられる、ボールを落とす、コートからでる。 ・コート半面のディフェンスゾーンでのみ守れる。	・すき間を見つけたら叫ぶ「○○ちゃん、行けー」 ・得点を数える	１０
2	・得点形式の変化によって、ボールを持っていない人の役割の重要性に気づく。 ・相手をだましたり、ボールの通り道を確保したりするための動き（おとり、隠す、ガード）ができる。 ・作戦成功のために、プレーヤーの合意形成が大切であることがわかる。	・ディフェンスライン（線）を切るための動き ・おとり、ガードのタイミング ・あとは、１年と同様	・ボールを隠す ・固まって分散 ・後ろ手にパス ・ディフェンスをガード ・だまし、おとり	・幅１２～１５ ・ディフェンスゾーン３m	３vs３ （４）	相手陣地に入ったら、10点	・チームで１つのボールを持つ。 ・３mのディフェンスゾーンでのみ守れる。 ・しっぽをとられてもボールを持つことはできるが、ゲットにはならない。 ・ディフェンスゾーンを越えるパス（前パス）はできない。	・作戦通りに相手がだまされたか ・自分たちが動けたか。	１５
3	・ルールの変化 ・作戦を成功させるためには、各ポジションの役割を果たすことが大切であるということに気づく。 ・自分がＱＢをするときの作戦を作ることができる ・その作戦を実行することができる。 ・パスとランの特徴を見つける。	・１～４の空間を使った基本的なラン作戦を作戦図に書ける。 ・ラン作戦の基本的なガード（場所、向き、タイミング）ができる。 ・ディフェンスラインにたて幅ができる。前パスへの対応が必要になる ・３m程度のパスとパスキャッチ	・１～４の空間 ・ポジションごとのガードの向き ・ランかパスか	・センターラインから2.5m先にゲットゾーン ・ゲットゾーンの奥行き１０m	４vs４ （５）	2.5m進んだら得点	・４つのポジション。ただしエンドの幅は自由。 ・１ゲーム５回の攻撃のうち、必ず１回のＱＢと、１回の監督をする。 ・前パスOK。 ・アウトは１年と同様 ・攻守交代は１回ずつ	・作戦通りにいったか。 ・ゲットできたか。 ・その理由	２０
4	・ルールの変化 ・有効空間を作り出すための、つぶすための動きがわかる。 ・パスとランの特徴がわかり、それを生かして作戦を組み立てることができる。 ・ゲームの状況判断のもと、自分がＱＢをするときの作戦を選び、実行することができる。	・ディフェンスラインが面になる（奥行きが長くなる）ことによるディフェンスの仕方の変化。特にディフェンスのＱＢポジションの動き方 ・状況に応じた作戦の選択が可能なだけの作戦づくり ・５m程度のパスとパスキャッチ、キャッチ後のラン	・ここで○点までにおさめれば勝てる（先攻） ・勝つためには○点必要、最終回では○点とれば勝てる。 ・確実なラン作戦とイチかバチかのパス作戦	・15×(15+2) ・約３mごとにラインを引き、得点に段階を付ける。	４vs４ （５）	進んだ距離に応じて得点が段階的に変化 ～2m　1点 ～5m　2点 ～10m　3点 ～13m　5点	・得点形式は、変更 ・攻守交代は５回連続攻撃の後	・作戦通りに動けたか。 ・相手はどんな動きをしたか。 ・次は何点をねらうか	２０
5	・ルールの変化によって、戦術が変わることがわかる。 ・得点を得るために作戦を組み立てることができる。 ・ゲームの状況判断のもと、チームに要求される作戦を選び、実行することができる。 ・作戦図から作戦の意図を読み取り、各ポジションの役割がわかる。	・１０m程度のパスとパスキャッチ ・作戦の精度を上げるために、各ポジションに要求される役割 ・あとは、４年と同様	・これまでの作戦を合体させ、より複雑な作戦へ。 ・１m進むための作戦や１０m以上進むための作戦。 ・作戦に合ったポジショニング	・15×(10+2) ・タッチダウンゾーン５m	４vs４ （４）	４回の攻撃で10m進んだら得点	・４回攻撃で10m進んだら得点 ・パスインターセプトによる攻撃権の交代 ・時間制の導入 ・左右エンドのポジションは自由。	・ポイントとなるガードやパスのタイミング、場所 ・プレイヤーの動きを記録に残す。	１５
6	・アメリカンフットボールのルールと比較し、自分たちのルールを創る。 ・作戦図から作戦の意図を読み取り、各ポジションの役割を実行することができる。 ・勝つために、残り時間を考えながら作戦を組み立てることができる。	・レシーバーが動きながら、１０m程度のパスとパスキャッチ ・あとは、５年と同様	・残り時間とのかね合いで、ファーストダウンをねらうか、タッチダウンをねらうか。	・15×(10+4) ・タッチダウンゾーン５m	４vs４ （４）	20m(30m)進んだら得点	・ファーストダウンによる攻撃の継続	・５年と同様	１５

※　６年については、まだ実践をしておらず、構想段階での内容を挙げている。

図 2-3　フラッグフットボールの系統的なカリキュラム（出典：大後戸一樹, 2002b, pp.28-29.）

証であったが、2003年度に6年生の実践でも検証された。大後戸（2004）は、「戦術の内容の系統」として、低学年に「『スペースの発見と活用』による得点」、中学年に「『スペースの創出と活用』による得点」、高学年で「スペースの創出と活用のために編み出した『作戦の組み立て』による得点」を設定した。図2-3の「ねらい、教えたい内容」「身に付けさせたい認識・技能」の欄には、この「戦術の内容の系統」が具体化され、実際の試合で何がわかり何ができるようになることであるかが示されている。また、「コート」「得点形式」「基本的なルール」「ゲーム観察者の役割」の欄には、「ねらい、教えたい内容」「身に付けさせたい認識・技能」を習得するために開発された教材が示されている。

大後戸（2002a）は、広島大学附属小赴任後4年目の2001年度に実践した実践記録「作戦を組み立てながらゲームをするおもしろさを：第4学年フラッグフットボールの実践から」の中で以下のように述べた。

「本稿で取り上げる実践は、戦術学習についてフラッグフットボールを素材とした小学校6年間の構想に基づいて行った第四学年での実践である。この6年間の構想についての詳細は、本誌1002号「ボールゲームにおける戦略・戦術学習の指導（2）」を参照いただきたいのだが、この中で低・中・高学年という3つの段階に分けて、それぞれ戦術的な課題を提案している。今回4年生を対象とした授業を構成するにあたって、実は、高学年での内容としていた「作戦の組み立て」を取り上げている。これは、対象としている学年が、私案を構築・吟味していくための実験的な実践を進めている学年であり、内容的に私案よりも1年分先んじた実践を試みているためである。3年までの継続的な学習を踏まえ、十分学習課題に迫れるとの判断のもと、本実践に踏み切った。この単元での子どもたちの姿は、プレイすることの楽しみだけでなく、1つ1つのゲーム、もしくはリーグ戦全体を見越したゲームプラン作り、さらにそこへ向けてのチーム作りという新たなゲームの楽しみ方を提案してくれるだろう。…」

つまり、大後戸は、ボール運動の「教科内容」の「戦略・戦術」を、教える子どもの知識や技能のレベルをふまえながら、小学校の低・中・高学年に系統化する年間指導計画を作成した。そして、その年間指導計画に従って、系統的に配列された「戦略・戦術」の内容を教えるために教材や学習課題を開発し、単元計画に具体化したという。

この図 2-4 は、2001 年 10 月に『学校教育』誌に発表された 1 年生の鉄棒の実践報告の抜粋である。「授業スタイル一覧表」（図 2-2）によれば「3）教材の準備や提示」の第 2 項目は「②技術ポイントを観察で気づかせることができる技を選び、できる子の運動を観察して気づかせる。」であった。この表題は、技術ポイントが観察でき技の達成が簡単な図 2-4 にある地球まわりを教材として選んだこの実践報告から取り出された。この地球まわりという技は、「頭、お尻、足など、ポイントとなりそうな部位の位置関係」を理解し、図 2-4 に示された名人ポーズのモデルのように両手を交差させて低鉄棒に逆位になってぶら下がれば自然に体が 1 回転してしまう技である。

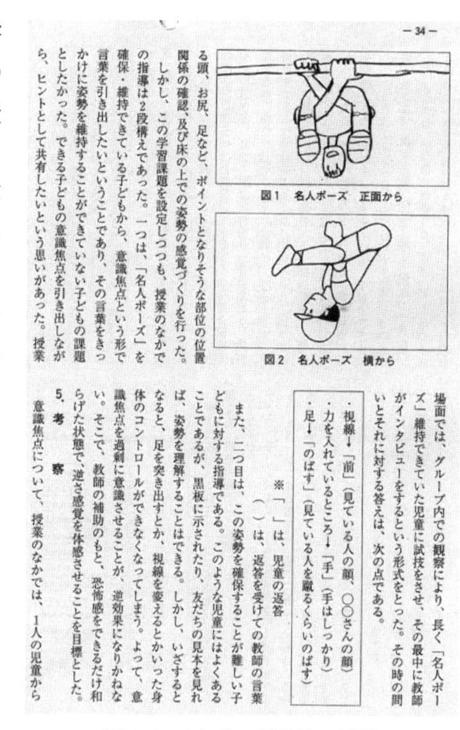
－34－

図1　名人ポーズ　正面から

図2　名人ポーズ　横から

る頭、お尻、足など、ポイントとなりそうな部位の位置関係の確認、及び床の上での姿勢の感覚づくりを行った。

しかし、この学習課題を設定しつつも、授業のなかでの指導は2段構えであった。一つは、「名人ポーズ」を確保・維持できている子どもから、意識焦点という形で言葉を引き出したいということであり、その言葉をきっかけに姿勢を維持することができていない子どもの課題としたかった。できる子どもの意識焦点を引き出しながら、ヒントとして共有したいという思いがあった。授業場面では、グループ内での観察により、長く「名人ポーズ」維持できていた児童に試技をさせ、その最中に教師がインタビューをするという形式をとった。その時の問いとそれに対する答えは、次の点である。

・視線→「前」（見ている人の顔、○○さんの顔）
・力を入れているところ→「手」（手はしっかり）
・足→「のばす」（見ている人を蹴るくらいのばす）

※「　」は、児童の返答
（　）は、返答を受けての教師の言葉

また、二つ目は、この姿勢を確保することが難しい子どもに対する指導である。このような児童にはよくあることであるが、黒板に示されたり、友だちの見本を見れば、姿勢を理解することはできる。しかし、いざするとなると、足を突き出すとか、視線を変えるとかいった身体のコントロールができなくなってしまう。よって、意識焦点を過剰に意識させることが、逆効果になりかねない。そこで、教師の補助のもと、恐怖感をできるだけ和らげた状態で、逆さ感覚を体感させることを目標とした。

5．考　察

意識焦点について、授業のなかでは、1人の児童から

図 2-4　1 年生、低鉄棒の授業

大後戸は、黒板への絵の掲示で、「頭、お尻、足など、ポイントとなりそうな部位の位置関係の確認」を行い、床の上で似た姿勢をとって子どもたちとこれらのポイントを確認した。子どもたちは、逆位で低鉄棒にぶら下がり下半身を頭の方向に持ってくる姿勢をとれば、逆位のまま自然に体を 1 回転できるので不思議な達成感を味わうことができる。教師が教えたい姿勢と動作を子どもが理解し達成するために効果的な教材を選び出し、子どもに提示する授業スタイルと考えられる。

2-1-4　学習活動の組織

「ここまで引っ張り上げる授業」の「授業スタイル一覧表」（図 2-2）にある「4）学習活動の組織」の表題は、「①『戦略・戦術』の内容を学習課題として具体化した 5 点が示され、ルーブリックに基づき達成度を自己評価させた。②観察で気づいた技術ポイントを練習し、ポイントを運動する時の『意識焦点』を交流さ

せる。」である。前者はFFの授業の表題で後者は鉄棒運動の授業の表題である。2002年度の小学5年生FFの授業で大後戸は、田中・西岡（1999）の「ポートフォリオ評価法」の概念を「熟考」（佐藤，1997，p.65）して翻案し、評価基準として「戦術理解のルーブリック」を作成し、ポートフォリオ検討会を実施する単元の評価計画に具体化した。

2002年2月に開催された2001年度の公開研究会で授業公開された小学校4年生にFFを指導した実践記録によれば、「スペースの創出と活用のために編み出した『作戦の組み立て』による得点」という内容を具体化した学習課題として、単元レベルの「学習活動の組織」が次の5点示された。それは、「①得点形式の特徴を踏まえたゲーム状況の把握。②組み立てが可能となるだけの豊富なバリエーションのある作戦の準備。③ゲーム状況の把握に基づいたゲームプランの修正。④作戦図から作戦の意図・自分の役割がわかる。⑤作戦を実行することができる。」（大後戸，2002a，p.27.）の5点であった。大後戸は、これらの学習課題を習得させるために様々な学習活動を組織した。例えば、「②組み立てが可能となるだけの豊富なバリエーションのある作戦の準備」を教えるために、3年生でのパス作戦とラン作戦の成功率を教材として示し、どのような特徴があるだろうかと発問し、「確実なラン作戦」と「一か八かのパス作戦」という作戦の特徴を子どもに発言させた（図2-5）。

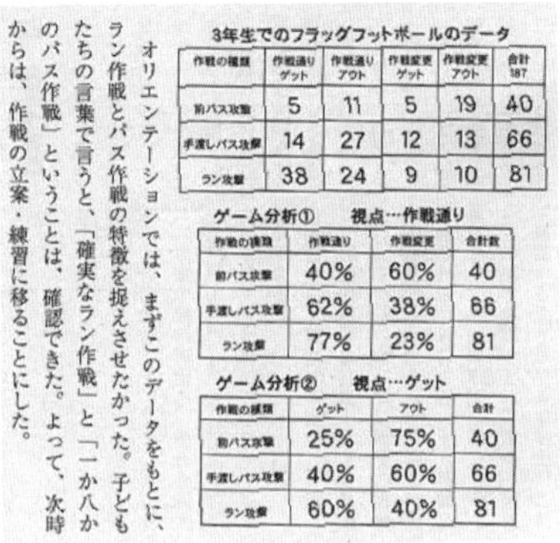

オリエンテーションでは、まずこのデータをもとに、ラン作戦とパス作戦の特徴を捉えさせたかった。子どもたちの言葉で言うと、「確実なラン作戦」と「一か八かのパス作戦」ということは、確認できた。よって、次時からは、作戦の立案・練習に移ることにした。

3年生でのフラッグフットボールのデータ

作戦の種類	作戦通りゲット	作戦通りアウト	作戦変更ゲット	作戦変更アウト	合計187
前パス攻撃	5	11	5	19	40
手渡しパス攻撃	14	27	12	13	66
ラン攻撃	38	24	9	10	81

ゲーム分析①　視点…作戦通り

作戦の種類	作戦通り	作戦変更	合計数
前パス攻撃	40%	60%	40
手渡しパス攻撃	62%	38%	66
ラン攻撃	77%	23%	81

ゲーム分析②　視点…ゲット

作戦の種類	ゲット	アウト	合計
前パス攻撃	25%	75%	40
手渡しパス攻撃	40%	60%	66
ラン攻撃	60%	40%	81

図2-5　3年生FFの授業でのパス作戦とラン作戦の成功率

2002年度の小学5年生の授業では、これらの5つの学習課題をもとにして「表2-4　戦術理解のルーブリック」に示したように、評価基準としてルーブリックが作成された。そして、各グループの作戦図を学習のポートフォリオとして蓄積し、ポートフォリオ検討会を学習活動として実施した。ポートフォリオ検討会では、例えば「作戦を考えて準備できるというのがどれくらい？これくらいなら3に○しようっていうのは？」と発問し「（ショート、ミドル、ロングの作戦が：引用者注）1つずつくらいはある。」という発言を導き出して子どもたちと実際の評価基準をすり合わせた。そして5つの学習課題それぞれについて、以下の

表 2-4　戦術理解のルーブリック

段階	指標
3	豊富なバリエーションのある作戦を考えて準備することができ、ゲーム状況の把握に基づいて自分で的確な作戦を選択し指示することができる。また、味方の考えた作戦図から作戦の意図・自分の役割を理解し実行することができる。さらに、ペアのゲームにおける動きを、作戦の意図に照らし合わせて分析することができ、次のプレイにフィードバックさせることができる。
2	バリエーションのある作戦を考えて準備することができ、試合中作戦を教えてもらうことで、選択し指示することができる。また、味方の考えた作戦図から作戦の意図・自分の役割を自分なりに理解することができる。さらに、ペアのゲームにおける動きを、自分なりに分析することができる。
1	作戦を考えて準備することがなかなかできない。また、味方の考えた作戦図から作戦の意図・自分の役割を理解することが難しい。

	現　在	目　標
様々なパターンの作戦の準備	5 - 4 - 3 - 2 - 1	5 - 4 - 3 - 2 - 1
ゲーム状況の把握と作戦選択	5 - 4 - 3 - 2 - 1	5 - 4 - 3 - 2 - 1
作戦図から意図を読みとる	5 - 4 - 3 - 2 - 1	5 - 4 - 3 - 2 - 1
作戦意図の実行	5 - 4 - 3 - 2 - 1	5 - 4 - 3 - 2 - 1
ゲーム観察による分析	5 - 4 - 3 - 2 - 1	5 - 4 - 3 - 2 - 1
分析による作戦の修正	5 - 4 - 3 - 2 - 1	5 - 4 - 3 - 2 - 1

図 2-6　ゲームに必要な頭脳

図 2-6「ゲームに必要な頭脳」にあるように児童に自己評価させるとともに、教師も児童の達成度を形成的に評価した（川端他，2005，pp.7-8）。つまりこの単元では、これらの学習課題について、ポートフォリオ検討会という学習活動を通して教師と子どもたちの評価基準のすり合わせを行い、子どもたちに自己評価させることで戦術理解の内容習得を効果的にすることが意図されていた。

「ここまで引っ張り上げる授業」の「授業スタイル一覧表」（図 2-2）にある「4）学習活動の組織」の表題の「②観察で気づいた技術ポイントを練習し、ポイントを運動する時の『意識焦点』を交流させる。」を説明するために、2001 年 10 月に『学校教育』誌に発表された 1 年生の鉄棒の実践報告を取り上げる（図 2-4 を参照）。

大後戸（2001）は、実技で「名人ポーズ」を維持できている子どもに対して、実技をしている最中に運動する時の「意識焦点」（視線、力点、足の部位）をインタビューで聞き出した。最初の「どこを見ている」という問いに子どもは「前」と答え、教師が「見ている人の顔、○○さんの顔だね」と確認した。次に、「力を入れているところはどこ」という問いに、子どもは「手」と答え、教師が「手はしっかりだね」と確認した。さらに、「足はどうするの？」という問いに、子どもたちは「のばす」と答え、教師が「見ている人を蹴るぐらいのばす」と確認した。そして、大後戸はこのやり取りを板書し他の子どもたちと一緒に確認した。

また、低鉄棒での逆位の姿勢が維持できない子どもには、恐怖感を持たせないために、逆位の姿勢を教師が補助し、「逆さ感覚」を経験させた。そして、9時間目の発表会では全員「地球まわり」ができたという。

器械運動の技の動きを習得するためには、自分の運動経過のイメージを、身体の部位の位置変化や動きの速さ、動かす強さという観点で自覚できることが手助けとなる。そこで、大後戸は「名人ポーズ」が維持できている子どもから、視線、力点、足の部位という「意識焦点」を引き出し、それを他の子どもたちに理解させ、床の上や教師の補助の下で恐怖感のない条件で体験させる学習活動を組織したのである。

大後戸は、発問、指示や補助という教授技術を駆使して子どもたちに運動する時の「意識焦点」（視線、力点、足の部位）を理解させて体験させている。ここには「意識焦点」を理解させるために教師が主導性を発揮して子どもたちの学習活動を組織し、子どもの学習を導いている授業スタイルの特徴が示されている。

2-2「場を提供して押し上げる授業」：2006-2010 年度（教職 13-19 年）

2-2-1 生徒の理解

「場を提供して押し上げる授業」の「授業スタイル一覧表」（図 2-2）にある「1）生徒の理解」の表題は、「①子どもたちを、ひっぱりあげてうまくするのではなく、適切な場を提供して支えていけば、自分たちでうまくなっていく。」である。「ここまで引っ張り上げる授業」の時期の教師の指導の主導性が、この時期には子どもの学習の主体性に変化したと解釈された。子どもが自分で運動を理解することが子どもにとって意味のあることという「体育授業観」への変容が、「子どもたちを、ひっぱりあげてうまくするのではなく、適切な場を提供して支えていけば、自分たちでうまくなっていく。」という「生徒の理解」の変容を生み出した。この「生徒の理解」の変容が「授業スタイル」の他の要素の変容を生み出していく。赴任 9 年目の学級担任の 1 年生の「ねこちゃん体操」を視聴しながら、大後戸は第 1 次インタビューで次のように述べた。

「O126：信頼って言うか、伸びるだろうていうのはありました。人と比べたらできんことはあるんだけど、これやったらこの子は伸びるよねっていう、そこへの信頼はありました。最初だから全員が一律で、これも何か言ったことありますけど、最初僕はこの前の 3 年生でねこちゃん体操やったときに、僕の頭でうごめいてたのは、山内先生に習って、『よし、やったろう』って思う時には、『足上げブリッジ、全員できるようにさせてやる。そんな写真を撮って、山内先生に見せてやる』って思ってたんですけど、この頃は上がってなくても、『上がらんね』ぐらいで笑えてた。ただこうやったらちょっとやりやすくなるね、とかここをこういうふうにすると、さっきより違うね、とかいう言い方には、見方には変わってたんです。」

「①子どもたちを、ひっぱりあげてうまくするのではなく、適切な場を提供して支えていけば、自分たちでうまくなっていく。」と表題にあるように、大後戸は、できない子が伸びることへの信頼ができるようになったという。続けて「その、伸びるっていうのは何が伸びるの？」というインタビューの問いに以下のように大後戸は答えた。

「O128：技とか動きが変わるということです。昔は足上げブリッジができんやつが何人おるじゃないか、って思ってた。だけど、足上がらんでもこいつここまでできるようになったんだっていう見方になった。」

この発言により、大後戸の「生徒の理解」の変容を促した要因の 1 つに、子どもの動きの変化の見取りや動きの発展の見通しを深く持てる知識や技能を大後戸が身に付けたことがあると解釈できる。

2-2-2　授業の目的や教育内容の想定

「場を提供して押し上げる授業」の「授業スタイル一覧」（図 2-2）にある「2）授業の目的や教育内容の想定」の表題を見ると、授業の目的である①は変容していない。他方、教育内容の想定である②は、「②体育科の教育内容をスポーツの競争の過程の競い合いの実態である運動技能の習得に焦点化」から「②『体幹部を意識的に操作すること』を運動種目を越えた教育内容として想定した。」に変容した。つまり「運動技能から体幹操作へ」変容したと解釈された。

この変容を生んだ要因の 1 つは、器械運動の授業で山内氏から「ねこちゃん体操」という教材を学んだことにあった。「ねこちゃん体操」は、器械運動に共通して必要な「あふり」「はね」「しめ」「ひねり」といった基本の動きを低学年から継続して体験させる教材であった（山内，2007，p.16）。同時に大後戸は、「ねこちゃん体操」が人間の身体の体幹部の操作を中心に構成されている点に注目したと以下のように述べている。

「普段、我々が日常生活を行う際、体幹部を意識的に操作することは少なく、ほとんどが四肢の操作のみで事足りている。非日常であるスポーツの運動場面でも、その指導の中心は四肢の動きに置かれてきたのではないだろうか。四肢の操作は、視覚で捉えやすく、ゆえに意識的な修正が行いやすいからである。しかし、最新の運動理論では、日常では動かすことの少ない、または意識的に操作することの難しい『体幹部』にこそ、パフォーマンス向上の鍵が秘められていると指摘され始めた。この体操は、まさにその体幹部を意識的に操作することを要求する。」（大後戸，2007，p.25）

大後戸は大学に赴任した2012年に体育雑誌に発表した小論において、2005年3月学校体育研究同志会の中国ブロックの研修会で、運動学の研究者である小田伸午氏（当時京都大学）を招き、最新の運動理論では日常で動かすことの少ない、また意識的に操作することの難しい体幹部にこそパフォーマンス向上の鍵が含まれているという趣旨の講演と実技からこのことを学んだと記述している（大後戸，2012）。大後戸は、小田（2005）の「2軸動作」「常歩」という概念を「熟考」（佐藤，1997，p.65）し、その背景にある「体幹部」の動作を翻案して器械運動の指導計画に具体化していく。

この「ねこちゃん体操」や小田氏の研修会から学んだ結果、体育授業で教える内容が変化したことを大後戸は第1次インタビューで以下のように述べた。

「O395：この頃ですね。要するに、感覚的に育てるところを、たっぷり時間を取るよ、っていう、その、なんか技の習得とか、っていう、技術ポイント上げて、これをっていうようなことにいっぱい時間を取る低学年の授業じゃなくて、低学年はもっと活動しながら、やってて良いんじゃない、って思えるようになった。」

続けて、赴任9年目に担任した1年生を対象としたねこちゃん体操の実践報告

「小学校6年間で育む運動感覚づくりに向けて：第1学年『ねこちゃん体操をしよう』の実践より」を見ながら大後戸は、第1次インタビューで次のように述べた。第1節ですでに引用した文章であるが再度提示する。

「O396：この時3年生担任ですよね。だから、初めて、山内先生の実技を受けて、『よし、来週すぐやろう』って思ってやったのが、1年生と3年生やった時に、自分がもってたのは3年生だったんですよ。1年生にもやって、この子たちの上手になり具合と、自分が担任してるクラスの3年生の上手になり具合が、全然違うんですよ。やっぱ1年生が早い。っていうのがあって、今度1年もったら、本当に伸び伸びと、良く出来るんじゃないか、上手くいくんじゃないか、っていう。こう、引っ張り上げるっていうよりも、支える。場を提供して押し上げてあげるっていう感じで、支えていけば、っていうのが、さっきの写真なんかもそうなんですけど、要するに自分がもってる、担当してる子たちですよね。だから（ドル平とねこちゃん体操の動作の共通性を書いていることを指摘されて：引用者注）この段階で書くのも、ちょうどこの1年生の前期ぐらいからちょっとやってるようなことが、上手くいってるっていうのを思ってるから、書いてるんでしょうね。」

この授業実践の4年前に初めてねこちゃん体操を実技研修で学び、その時に学級担任していた3年生に教えていた時の「ここまで引っ張り上げる授業」のねこちゃん体操の授業とは異なり、「場を提供して押し上げてあげるっていう感じで、支えていけば」「本当に伸び伸びと、良くできる」ねこちゃん体操の授業に変容したという。この授業スタイルの変容の結果、「ねこちゃん体操」は、「運動技能」という教育内容の習得に用いる教材ではなく、「体幹部を意識的に操作すること」という教育内容を経験させる教材に変化したのである。

さらに、「場を提供して押し上げる授業」では、大後戸のFFの授業が次のように変化したという。

「O425：まあ、どうですかね。僕はだから今でも一方で思うんですけど、点とかつけないんです。授業で、あんまり。記録して、どっちが勝った、とかあんまり言わないんです。どうせ言うから、子どもが。勝手に。それは僕が言うことではない。〈中略〉そういう追い込み方をしたこともあるんですけど、あんまりそういうのは、後半思わなくなったんです。それは勝手に言うから。特に低学年なんて、得点なんてつける必要、全くないって。むしろ、上手くやりたいこととか、これが上手くいったかどうか、っていうのをよく聞いてたんですね。シュートをきめよう、っていう時間だったら、『今日はシュート決まった？』って聞けば良いし。パス、シュートってなったかっていったら、そういう聞き方をすればいいんですけど。でも世の中、点をつけてしまって、点を記録するんですけど、そこに、誰々がシュートしたっていうのは見えないので。それを聞かなくなったのは後半ですね。」

つまり、試合の勝ち負けというスポーツ教材が内包する競争の結果ではなく、試合の過程のパスやシュートの1つ1つの動きが成功したかどうかを子どもに問う授業になったという。試合で点数を取ることを、子どもの戦術理解の結果として子どもに問うていた「ここまで引っ張り上げる授業」の時期とは異なり、試合中の作戦の動きそのものについて丁寧に指導するFFの授業に変化したのである。

2-2-3 教材の準備や提示

図2-2によれば、「ここまで引っ張り上げる授業」の「3）教材の準備や提示」の表題は「①（ボール運動の）『教科内容』の『戦略・戦術』を、教える子どもの知識や技能のレベルをふまえながら、小学校の低・中・高学年に系統化する年間指導計画を作成②技術ポイントを観察で気づかせることができる技を選び、できる子の運動を観察して気づかせる。」である。他方、「場を提供して押し上げる授業」の表題は、「①グループでポジションの役割に応じた動きを味方と敵のタイミングを見て決めて実行する。②『体幹部を意識的に操作すること』を教えるためには、年間を通して2週間に一度、他の運動教材と一緒に継続的に指導する単元計画が提案された。」に変容した。つまり、「系統性から継続性へ」変容したと解釈された。

第1に、「②『体幹部を意識的に操作すること』を教えるためには、年間を通して2週間に一度、他の運動教材と一緒に継続的に指導する単元計画が提案された。」の表題について検討を加える。「ここまで引っ張り上げる授業」の時期に、大後戸は、ボール運動の「教科内容」の「戦略・戦術」を、教える子どもの知識や技能のレベルをふまえながら、小学校の低・中・高学年に系統化する年間指導計画を作成した。そして、その年間指導計画に従って、系統的に配列された「戦略・戦術」の内容を教えるために教材や学習課題を開発し、単元計画に具体化していた。この系統的な指導計画の作成と教材の配列に対し、「場を提供して押し上げる授業」では、継続性をキーワードに年間の指導計画に教材が配列されていた。

図 2-7 「ねこちゃん体操」

大後戸は、「ねこちゃん体操」（図 2-7，出典：山内，2017，p.10）を主な教材として「体幹部を意識的に操作すること」を教えるためには、授業だけでの運動では不十分で、昼休みに体育館を開放することに見られるように、継続して運動を経験することが重要と考えるようになった。大後戸は、2002 年の 8 月に開催された学校体育研究同志会の全国大会で山内氏の実技講座に出席し、その後数回学校体育研究同志会広島支部の実技研修の講師として山内氏を招聘した。そして、山内氏の影響で、2004 年ごろから広島大学附属小を転出するまで毎日昼休みに体育館を開放して常駐し誰でも器械運動を練習できる時間と環境を提供した。

大後戸（2007）は、広島大学附属小赴任後 10 年目の「小学校 6 年間で育む運動感覚づくりに向けて―第 1 学年『ねこちゃん体操をしよう』の実践より」の中で、年間指導計画の中での継続的な教材配列（表 2-5）について次のように述べた。

「よって、コミュニケーション・ツールとして必要である共通語を増やしていく作業、体育で言うならば基礎的な運動の感覚づくりをベースとして、『基

表 2-5　年間指導計画の中での継続的な教材配列

<table>
<tr><th>指導内容</th><th>指導上の手だて</th><th>評価の観点</th></tr>
<tr><td colspan="3">1「ねこちゃん体操」ってなあに？（1 学期）　5 時間</td></tr>
<tr><td>(1)「ねこちゃん体操」の基本形である 5 つの体操をする。基本形は移動を伴わない体操である。
①ねこちゃんが怒った
②ねこちゃんのあくび
③カメさん
④アンテナさん
⑤ブリッジ→片足上げ

バージョンアップ例
・ねこちゃんが怒った（頭部固定）
・手放しカメさん
・アンテナブリッジ
→片足上げ
・足上げブリッジ
→後方展開</td><td>○ 6 年間を通して行う基本形であるので 1 つ 1 つの技を丁寧に、体の仕組みと体の仕組みの特徴とを絡めながら技術ポイントの有効性に着目させ、技能習熟させたい。
○ 1 年間固定したペアで相互観察させることで、変化に気づきやすくさせたい。
○めざす姿は示すものの、その到達度を測定するわけではない。つまり、できなければならないことではない。今の自分を知り、それに向けて毎日でもやってみたくなるような楽しい雰囲気づくりを大切にするとともに、日々の練習している児童の変化を積極的に取り上げたい。</td><td>・技術ポイントを知り、意図的に体をコントロールしようとしているか。

・技術ポイントについて相互観察をしあいながら運動しているか。
・自分や友だちのパフォーマンスの変化に気づいたか。</td></tr>
<tr><td colspan="3">2　動きながら「ねこちゃん体操」をやってみよう。（2 学期）　5 時間</td></tr>
<tr><td>(1)「お話マット」（移動をともなう連続技）をする。

①クマさん歩き→前転 or 後転（腕支持状態で動きながらの首操作）
②クマさん歩き→山跳び→前転 or 後転（切り返し系と回転系の比較）
③大また歩き前転（上体の急激な下方移動）</td><td>○ 5 つの基本形は準備運動として位置づけ、器具運動のおもしろさである連続技を、発達段階にあわせ、お話にあわせて行う「お話マット」を教材とする。
○お話のリズムに着目した観察ポイントや規模の切り換えの確認などが必要となるため、グループ（4 ～ 8 人）での活動を取り入れる。</td><td>・技術ポイントを知り、意図的に体をコントロールしようとしているか。
・動きながら安全に腕支持や回転、逆さの運動が行えているか。
・グループごとに役割分担をして観察しあいながら、練習できているか。</td></tr>
<tr><td colspan="3">3「ねこちゃん体操」で跳び箱や鉄棒にもチャレンジ！（3 学期）　5 時間</td></tr>
<tr><td>(1) 大きな器械を使った連続技をする。

①鉄棒：コウモリ・地球周り（逆さ感覚・スウィング）
②セーフティマット：前転（踏切操作）
③跳び箱：横飛び越し（切り返し系と回転系の比較）</td><td>○マット運動を中心に感覚づくりを進めながらも、跳び箱や鉄棒などの大きな器械を活用することで、マットではできない大きな空間でのダイナミックな動きの身体操作の感覚づくりにもつなげたい。
○観察しあうためだけでなく、ケガを防止するためにも、補助の仕方を的確に指導しながら、グループでの学習を行う。</td><td>・技術ポイントを知り、意図的に体をコントロールしようとしているか。
・大きな動きの中でも、安全に腕支持や回転、逆さの運動が行えているか。
・補助のしかたや観察のポイントをつかんで、グループで練習を進めているか。</td></tr>
</table>

礎的』で『発展性』のある内容を吟味し、6年間の見通しをもって『計画的』に教材を配列し、『継続的』に行うことが、『より』丁寧にという現代的な大きな課題に応えることになると考えた。中でも本単元でいう『継続的』とは、6年間継続して行うということだけではなく、むしろ感覚づくりという趣旨から考えて、1時期に集中的に教えることで達成することを目的とするのではなく、1年間を通じて行う機会を設けるという意味合いが強い。つまり、器械運動に限定して年間15時間の単元構成をした場合、年間35週であるので、2週間に1回程度の割合で取り上げるということになる。その授業間は、休み時間や家庭での主体的な取り組みに委ねるのである。」

この引用にあるように、②「体幹部を意識的に操作すること」を教えるために、年間を通して2週間に1度、他の運動教材と一緒に継続的に指導する単元計画が提案された。そして、毎日昼休みに希望者は全員体育館で器械運動を練習できる環境と時間が保証されていた。さらに、大後戸は、第1次インタビューで1時間の授業での運動時間の配分を以下のように変更したと述べた。

「O402：だから、そこらが多分、その、感覚的に耕す、というか、長期的な見通しで耕すというか、そういうことを、やっぱりすごく重要なんだよね、っていうのは思っていたことですね。だから、さっきも言いましたけど、（ここまで引っ張り上げる授業では：引用者注）45分の中で準備運動をできるだけ短くして、中にズドンって入ろう、という発想が多分あったんですね。でも、（場を設定して押し上げる授業では：引用者注）思い切って、6年生くらいでも、10分や15分は、いわゆるラジオ体操ではなくて、感覚作り的なことをたっぷり保証しながら、でも直結する、直ぐにつながるようなことも組み込んで、どの子にも習熟するための時間を保証しながら、中核にズドンといくのは、こんだけでも良いじゃん、と。前はこんだけじゃイヤだったからこんだけ欲しかったんですけど。ま、こんだけでいけるように考えれば良いじゃん、というふうに変わったとは思います。」

第2に、「場を提供して押し上げる授業」の「4）学習活動の組織」表題の「①ポシジョンの役割に応じた動きを味方と敵のタイミングを見てグループで練習させ自分で意思決定させる。」を説明するために、広島大学附属小赴任後12年目の

表 2-6　プレーヤーの役割に関する板書（大後戸，2010）

QB　ボールを持った人	C　ボールを持たない人	E　ボールを持たない人
・ボールを持って走る ・ボールをパスする ・相手をだます、フェイント	・QB を守る ・パスを受け取る ・相手をだます、フェイント	・QB を守る ・パスを受け取る ・相手をだます、フェイント

2009 年、4 年生に指導した FF の実践報告を取り上げる。

本単元の第 2 次の 4 時間目では、大後戸は表 2-6 のように板書し、3 年生までに指導した 2：2 のゲームにおける QB（クォーターバック、以下 QB と略）と、C（センター、以下 C と略）のポジションごとの役割を確認した。その上で、4 年生から指導する 3：3 のゲームでは、ボールを持たないプレイヤー E（エンド、以下 E と略）が 1 人増えることから、E の役割を工夫することで作戦のバリエーションが増えることを確認した。その後、3：3 の作戦づくりとチーム練習が行われた。図 2-8 の攻撃の①が C、②が QB、③が E にあたる。

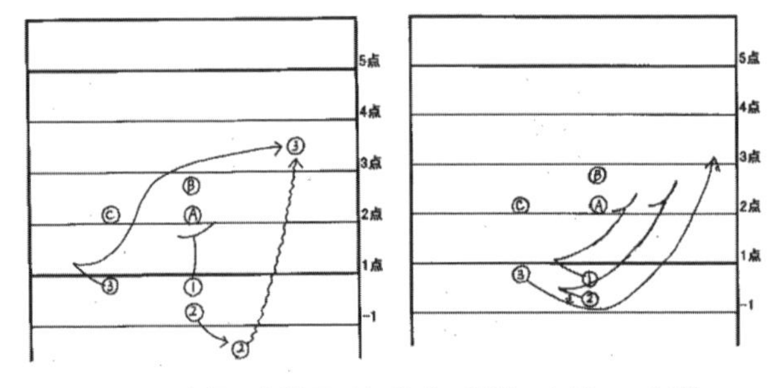

図 2-8　攻撃の作戦図（左がパス作戦で右がラン作戦）
藤本（2012，pp102-103.）

「場を提供して押し上げる授業」になると、それまで戦術理解を内容の中心としていたボール運動の授業でも、チームの仲間と動きのタイミングを合わせるという動きの内容を、子どもたちと一緒に探求する授業に変化した。大後戸はその変化を第 1 次インタビューで次のように述べた。

「O400：それは変わってます。球技とかでも、本当にタイミングの合わせ方っていうのを任せてましたけど、今まで。タイミングが悪い、とかいって。そのタイミングをどう合わせていくか、みたいなのを一緒に考える感じにはなってきたと思いますね。ほったらかしで、タイミングが合うかどうかは君ら次第、っていうのを、タイミングをちゃんと合わせろよ、っていうのと、どうやったら合うんじゃろうね、っていう感じには変わった。」

この4年生の授業は、編者がFFの準備運動が変わったことに気づき、大後戸の授業スタイルが変わったという印象を受けた授業である。子どもたちが同じチーム3人で攻撃する作戦を作り、その作戦のポジションごとの役割を理解できたとしても、実際にその作戦を成功させるためには、3人の動きのタイミングを時間経過とともに一致させなければいけない。そのために、4人対4人の試合では動きが複雑すぎるので、「ここまで引っ張り上げる授業」の指導計画では低学年に教えていた3人対3人で試合を行うというように、大後戸は動きのタイミングを教えるために教材を変更していたのである。

2-2-4 学習活動の組織

図2-2によれば、「場を提供して押し上げる授業」の「4）学習活動の組織」の表題は「①ポジションの役割に応じた動きを味方と敵のタイミングを見て練習させ自分で意思決定させる。②体育授業の授業レベルの『学習指導案』に『体の仕組みに沿ったやり方とそうでないときの感覚の違いを表現することができる。』という『指導目標』が設定。」である。つまり、「運動技能習得から感覚の表現へ」変容したと解釈された。

第1に、「①ポジションの役割に応じた動きを味方と敵のタイミングを見て練習させ自分で意思決定させる。」を説明するために、前項目に続き広島大学附属小赴任後12年目の2009年、4年生に指導したFFの実践報告を取り上げる。

前項目で説明したように、本単元の第2次の4時間目で作戦づくりを指導した後実際に作成した作戦を練習しながら試合で試していくことになる。図2-9に示すyさんの作成した「なんちゃって…パス作戦」は、「目線がE（エンド：引用者注）で、ボールはC（センター：引用者注）というパス作戦です。QB（クォーターバック：引用者注）はもし相手が一人一人についたときじっこうします。目線がEなので相手二人がEにいった

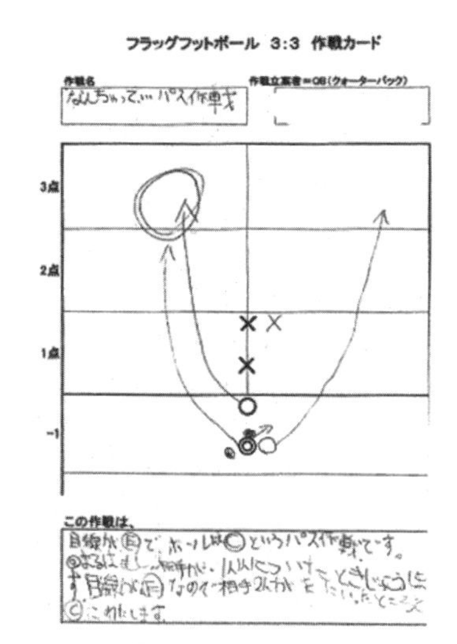

図2-9 「なんちゃって…パス作戦」

ところをCにわたします。」と説明されている。この作戦は、QBがEにパスすると見せかけてCにパスする作戦である。QBの目線がEなので、ディフェンス2人がEの方に行くだろうという相手の動きの予測ができている。

今までパスはQBのyさんがEのhくんにすると決めていたが、EのhくんかCのkくんのどっちかにその場で判断して投げようということになった。この授業では、このように1つの作戦の中に、敵の動きによって2つの味方の動きのパターンを含むように作戦が修正されている。この後実行してみたものの、パスは失敗してしまうのだが、これを見ていた教師は以下のように指導している。

T：yさん、さっきの、kくんが空く可能性があるけえ、hくんに投げようと思っとるんじゃろうけど、hくんだめじゃと思ったらkくんに投げんさい。
y：はい。（藤本，2012，pp.87-88）

このように作戦の練習で子どもたちと実技の結果を交流しながら、大後戸は、誰に、いつパスを投げるとパスが成功するかというパスを投げる人と受ける人とのタイミングを合わせるための知識、つまり、どの味方を敵が守っているかという敵の動きを見てパスを投げる相手を選ぶことが必要であり、そのためにどこを見ればいいのかという状況判断に関する知識を子どもたちに学ばせている。ボール運動では、味方が動き方を合意した作戦を実施しようとしても、敵の守りの動きによって合意した作戦の動きがうまくいかない場合がある。その場合に、合意した作戦の動きの変更を味方全員がその場で判断して実行する学習が組織されているのである。

第2に、「場を提供して押し上げる授業」の「4）学習活動の組織」表題「②体育授業の授業レベルの『学習指導案』に『体の仕組みに沿ったやり方とそうでないときの感覚の違いを表現することができる。』という『指導目標』が設定。」を説明するために、前項目に続き広島大学附属小赴任後10年目の実践報告「小学校6年間で育む運動感覚づくりに向けて―第1学年「ねこちゃん体操をしよう」の実践より―」を取り上げる。

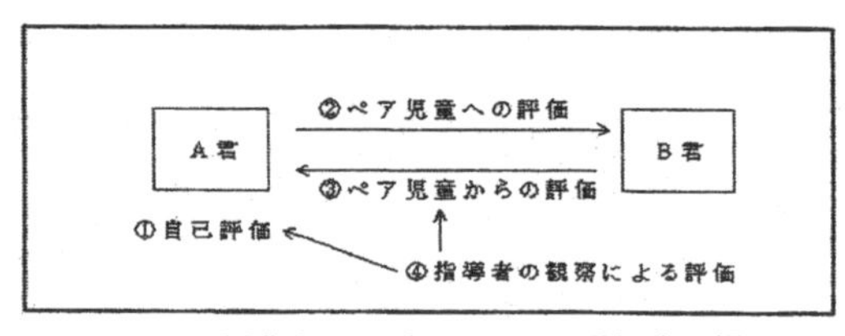

図2-10　授業中の子どもによる運動観察の場面

大後戸は、体育授業で子どもたちが小集団で運動の練習をしている場面をとりあげ、子どもたちは図 2-10 のような運動の観察を行いながら学習を進めていると考えていた（大後戸，2008，p.26）。この図 2-10 は「体育の授業において子どもたちが、何をどのように学び取っているのか、その事実を少しでもつかむために」（大後戸，2008，p.29）考案したという。そして、大後戸は、子どもが自分の運動を自己評価する際は、様々な感覚を用いて内側から運動の自己観察をし、他者の評価をする際には外側から運動を観察すると考えていた。

大後戸の器械運動の授業では、子ども同士が相互に運動を観察し、教師と子どもがすり合わせた技のポイントを基準として、観察していた子どもが運動している子どもに技の出来ばえを説明する学習が組織されている。この授業の教材である「ねこちゃん体操」は体幹部を意識的に操作することが特徴である。そのために、この授業では 1 年生でも観察者と運動している子どもの双方が体幹部の操作の成功が分かるような学習が組織されていた。例えば、図 2-11 にあるように、「フーッ」「ハッ」の動きで背中がどれだけ沈んだかについて、げんこつ何個分沈んだかを観察者に報告させ、運動している子どもと共有させている。

図 2-11 「フーッ」「ハッ」の動き

図 2-12　ブリッジ

また図 2-12 のように、ブリッジでどれだけ高く体が反っているかを、観察者がブリッジの下をくぐれるかどうかを試してみて運動している子どもと共有し確認させている。

このような体幹部を意識的に操作する運動の出来ばえを確認し合う学習では、図にあるように、大後戸は、運動している「A 君」は内側から運動の自己観察をし、「ペア児童への評価」をしている観察者の「B 君」は、外側から運動の出来ばえを観察していると考えていた。「A 君」は「フーッ」「ハッ」の動きで背中が上下する時やブリッジして高く反った時の体幹部の運動の出来ばえを筋内感覚で自己評価しているのである。

運動している子どもが内側から運動の自己観察をする「自己評価」を学習活動として組織する大後戸の意図は、運動が思ったようにできていないことが分かった子どもに対して、まだできない運動を内部の感覚で感じて、それを言葉にするように促す教師の働きかけが重要と考えているからである（大後戸，2009a）。大後戸は「運動の内観」を運動学の著作を引用して「動きの自己観察ともいわれ、自己の動きを運動覚と言語によって把握すること」（三上，1996）と定義し、感覚で把握した「運動の内観」を言語化して交流させて、子どもたちの運動の修正を促そうと考えていた。

また、ビデオや示範を外から観察して入手した動きの情報と「非常に主観的であるが、自らの運動経過において感じたことを言葉にした動きの内観をつき合わせる過程を経る」（大後戸，2009a，p22）ことが、まだできない運動を習得するために効果的であるとも考えていた。そのために、B 君という「ペア児童からの評価」と A 君の「自己評価」が交流される先の図の学習活動が組織されていたのである。

さらに、大後戸は、「ねこちゃん体操」の動きを動きながら唱和する「フーッ」「ハッ」という言葉とその時の感覚を一緒に覚えると、他の運動教材の動きの説明に効果があるという。大後戸は、「フーッ」「ハッ」の動きが水泳の浮きの動きと同じだと子どもたちが気付いたというエピソードから、水泳で浮きの動きのポイントを説明する時に「フーッ」「ハッ」の動きと説明していることを紹介している。そして、ねこちゃん体操は、「感覚の共有化、感覚の『共通語』としての機能」を持っていると以下のように主張するに至る。

> 「ただし、感覚は個人の内に存在し、必ずしも他者と共有できるものではない。例えて言うなら、40 人の子どもが 40 通りの言語で会話を試みているような情景であり、わかったりつかんだりしたことを分かち伝えることができないこともある。…授業では誰もが用いることのできる共通語で会話しなければならない。『ねこちゃん体操』は、その共通語というコミュニケーション・ツールとしての活用の可能性も見いだせるのではないか。」（大後戸，2007，p.27）

大後戸は、授業中に体幹部の運動の仕方や運動をしているときの感覚を子どもたちに説明する時の教師と子どもたちとの共通語、子ども同士が体幹部の運動の仕方をお互いに説明する時の子ども同士の共通語として、「ねこちゃん体操」の動きを動きながら唱和する「フーッ」「ハッ」等の言葉が活用できるというのである。

第3節　大後戸一樹の授業力量形成のまとめ

大後戸の「授業スタイル」は、広島大学附属小赴任直後に、教材研究から系統的に組織された運動技能の目標を教師の形成的評価を活用して習得させる「ここまで引っ張り上げる授業」として形成された。その「授業スタイル」形成の契機は、教員養成の時期から影響を受けていた学校体育研究同志会の教材研究の成果を受容して翻案し、広島大学附属小の毎年2月に実施される公開研究会の授業研究に具体化したことにあった。そして、「授業スタイル」形成の要因は、「体育の目標は運動技能の習得であり結果による競争ではない」という体育授業観としての教師の信念の形成にあった。

そして、広島大学附属小に赴任して9年目ごろに、大後戸の「授業スタイル」は、子どもの運動感覚を継続的に耕しながら、運動技能の目標達成を子どもとともに目指す「場を提供して押し上げる授業」に変容した。この大後戸の授業スタイルの変容は、次の3つを契機として生まれた。第1の契機は、ねこちゃん体操の教材開発の根底に山内氏が子どもにどのように運動を体験させるべきと考えていたのかに大後戸が気づいたことにあった。大後戸は、自分の体育授業を「省察」（佐藤，1997，p.65）し、体育授業観を「ここまで引っ張り上げる授業」から「場を提供して押し上げる授業」に組み替えて、教師の信念を変容させたのである。第2の契機は、受験を前にして担任の言葉が子どもに届かず学級が崩れた危機の経験から保護者とより真剣に向き合うようになったことにあった。大後戸は、この困難な体験を「省察」（佐藤，1997，p.65）することを通して、「小学校学級担任教師としての教師観」を組み替え、学級担任としての小学校体育専科教師の仕事を見直し「保護者と子どもの生活の悩みを共有」する教師観へと教師の信念を変容させていた。第3の契機は、我が子を通して子どもの運動の理解の仕方に注目したことにあった。大後戸は、授業中の子どもの運動学習について「省察」（佐藤，1997，p.65）することを通して、「子ども観」を組み替え、子ども自身の運動の理解の仕方を指導する「子ども観」へ教師の信念を変容させていた。

また、この大後戸の「授業スタイル」の変容を生み出した要因は、どういう学習が子どもにとって意味のあることかを示す大後戸の「体育授業観」が変わったことにある。「ここまで引っ張り上げる授業」では、「教師が設定した目標を、子どもがつまずき乗りこえる過程で子どもの学習が成立する。」のであり、運動技能を習得することが子どもにとって意味のあることだと考える「体育授業観」を要因として「授業スタイル」が形成された。この時期は、教師の指導性が子ども学習の主体性より前面に出て「授業スタイル」の「生徒の理解」「授業の目的や教育内容の想定」「教材の準備や提示」「学習活動の組織」に具体化された。その「授業スタイル」の特徴は、「教材の準備や提示」で、「（ボール運動の）『教科内容』の『戦略・戦術』を、教える子どもの知識や技能のレベルをふまえながら、小学校の低・中・高学年に系統化する年間指導計画を作成」したことにあった。大後戸は、国内外の戦術学習の理論とポートフォリオ評価の理論に示された概念を「熟考」（佐藤，1997，p.65）して翻案し、6 年間の指導計画や単元の評価計画を開発した。

「場を提供して押し上げる授業」では、「子どもたちを、ひっぱりあげてうまくするのではなく、適切な場を提供して支えていけば、自分たちでうまくなっていく。」のであり、子どもが自分で運動を理解することが子どもにとって意味のあることだと「体育授業観」が変容した。この「体育授業観」の変容を要因として、「授業スタイル」の「生徒の理解」は子ども自身が運動の継続的な体験により自分で動きを獲得していくという考え方に変容した。そして、「授業スタイル」の他の要素の「授業の目的や教育内容の想定」「教材の準備や提示」「学習活動の組織」も変容した。その「授業スタイル」の特徴は、「教育内容の想定」に「『体幹部を意識的に操作すること』を運動種目を越えた教育内容として想定」するとともに、「教材の準備や提示」に「年間を通して 2 週間に一度、他の運動教材と一緒に継続的に指導する単元計画」を提案し、「学習活動の組織」に「体の仕組みに沿ったやり方とそうでないときの感覚の違いを表現する」学習を具体化したことにある。大後戸は、最新の運動理論から「体幹部を意識的に操作すること」等の概念を「熟考」（佐藤，1997，p.65）し翻案して、これらの「授業スタイル」の要素に具体化したのである。

これらのことから大後戸は、「授業スタイル」の形成と変容の過程において、「省察」と「熟考」という「実践的見識」を持つ「反省的実践家」（佐藤，1997，p.65）をめざしていた教師といえる。

第４節　自己のライフヒストリー研究を振り返って：教師教育者としての成長

1　学生時代に思い描いていためざす教師像

自分の天命が何かを知るという「知命」を過ぎ、二十歳の頃には想像もできなかった日々を生きていることが、とても痛快である。

中学校・高校と部活動に明け暮れ、大学へ進学した当時の夢は、中学校の保健体育教師になって、陸上部の顧問として毎日生徒と一緒に走り、必ずや全国で活躍する選手を育てる、というものだった。そして、高校での受験のためにしなければならない勉強ではなく、心理学や生理学、運動学などの学びたい学問が学べるようになったことに、大いに期待していた。それなのに大学で待っていたのは、高校時代とそう変わらない単位稼ぎのためだけの教養科目、その波であった。待望の専門科目が押し寄せてくるころには、あの燃え上がるような向学心はどこかに消えていた。だから、主免許の中学校保健体育だけでなく、副免許として小学校教員免許を取ることにしたのも大した意思はなかった。周りのみんなが取ろうとしていたから、ついでに私もそうしただけである。

そうやって惰性で過ごしていた大学3～4年にかけて、1つ目の人生の分岐点が知らぬ間に訪れていた。インタビューでも答えている大学3年での中村先生との出会い、それと大学4年でのたった2週間の小学校実習。この2つが後の人生への大きな布石となって効いていたのに気づいたのは、それから何年も後のことである。中村先生との出会いと小学校実習の経験が、大学院進学と小学校教員という選択につながったのだから。

ただ、大学進学当時に描いていた将来のビジョンもそう大差ない。若さだけを武器に勢いで毎日楽しく過ごせる学級をめざし、放課後や休日にはスポ少の指導も掛け持つ新人小学校教師、といったところ。市大会のベスト8を達成したら、次はベスト4、その次は県大会出場なんて、チームを強くすることに躍起になっているであろう自分の姿を、容易に思い浮かべることができる。きっとそうやって周囲から期待され、一目置かれる存在になりたい、というのは、めざす校種が変わっただけで、その本質というか方向性は全く変わっていなかったのである。パラレルワールドの私は、きっと管理職にでもなってなお、子どもを鍛え上げているに違いない。

2　小学校教師時代　全体図

そのような私が公立小学校で5年間勤めた後、縁あって広島大学附属小に赴任することになった。当時、まだ20代で心の線も細かった私を見て、古参らは「2年持たないだろう」などと揶揄していたらしいが、大方の予想を裏切って14年もの歳月を過ごし、心は少し図太くなった。とはいえ、ちょっとは面白いと思える体育実践ができるようになるまでには、10年近くの熟成期間が必要だった。ちょうどその頃、ストレートマスター時代から継続してお世話になっている恩師、木原成一郎先生の研究室は賑わいを見せていた。多くのマスター・ドクター院生が在籍し、私の授業を対象に授業研究を進めていく環境の中にあって、大きな志を抱くわけでもなく博士課程後期へ進学した。そしてドクターを修了し、小学1年生から6年間担任し続けた学年の子どもたちが卒業するタイミングで、大学の公募がぴったり一致したことも奇跡的であった。可能な限り1年から6年まで持ち上がる広島大学附属小だから、その1年前でも1年後でも、公募への応募を躊躇したに違いないからである。

そうやって大学に籍を変えて、もう10年が過ぎた。依然として、教師教育者と呼ばれることに居心地の悪さを感じつつ、教師教育者としての歩みとその契機を書き留めてみたい。

3　附属学校の特殊性1　教育実習指導が及ぼした影響

厳密にいうと、大学に来てから教師教育者になったというわけではなかった。広島大学附属小時代には、毎年9月から10月にかけて5週間、複数名の教育実習生を指導する機会があった。勤務校が教科担任制であったことから、担任する学級へ配属された5～6名程度の教生への指導に加えて、私が体育科を担当する他の学級（だいたい+5クラスくらい）で体育の実習授業を担当する学生への指導も行う。放課後は、文字通り分刻みのスケジュールで校舎内を駆けずり回る日々が5週間も続く。このシステムが始動した当初は、本当に長くて、ただただ辛いものでしかなかった。附属学校は実験・実習の責務を負っているから指導しないわけにはいかない。でも、避けられるものなら避けたい、というのが教育実習だった。だが、教育実習生を前にそう手を抜けるわけがないので、それなりに熱く指導はするのであるが、その頃の私を教師教育者と呼べるのかどうかはよくわからないし、本人にその自覚は皆無であった。

ただ、そんな心境が大きく変化する契機が訪れた。2009（平成17）年、第3

学年を担任していた時の教育実習である。この教育実習では、木原ゼミのドクター院生であった村井潤（現・武庫川女子大学准教授）がフィールド調査に入った。その時に授業担当していたのは、第1・3・5年各2クラスの全6クラス。その全ての指導過程を調査対象としたかった村井は、出勤から退勤までの、まさに朝から晩まで貼り付きで私の一挙手一投足を記録した。当時、広島大学附属小に来て10年程度が経過していた私は、授業を見られることに対しては免疫が完成していた。頼まれれば、いつでも誰でもどうぞ、という感じではあったのだが、さすがにこれはそれなりにきつかった（私の記憶ではトイレにまで付いてきていたと思うのだが、それは本人に否定された）。この調査に関わっては、村井による研究（村井他，2011；村井，2015）に詳細が述べられているので参照されたいが、ここでの研究結果が、私に心境の変化をもたらす。世の中の教育実習は経験に基づいて指導されているのではないだろうか。広島大学附属小に赴任した者は、最初の教育実習前に実習担当者からのレクチャーを受けるのであるが、その内容は制度としての実習を理解することであって、指導の内容や方法についての具体を教えてくれるわけではない。もし教わったとしても、それはその担当者の経験則の範疇でしかなかっただろう。結局、自ら経験を積み上げていくしかないわけである。広島大学附属小での10年間で、私にはそれなりに積み上げがあった。ただ、それは決してまとまりのあるものではなく、場当たり的に飛び出してくるものであった。まさにコルトハーヘン（2010，pp.216-217）のいう「ゲシュタルト」であって、「そういうものなんです」としか言えないものが山積みになっていた。それを、村井君が少しまとめて「関係性のネットワーク」を整理してくれたのである。

村井による一連の研究の学術的な価値は別として、研究対象者であった私個人にとっての価値は、私の教育観が白日の下にさらされたことにあった。それまでも薄っすらと気配は感じていたことではあったが、授業づくりの過程でのアドバイスや、教壇実習後の授業評価などには、やはり指導教員の教育観が反映される。あの問いかけでよかったのか、あんな行為を許していいのか、あれは必ずフォローしなければならない、私ならこうしただろう、もっとこうしなきゃ、などなど。そして、偉そうに口にしたからには、自分の授業でそれを実現している姿を見せないわけにはいかない。そうやって、何百人もの授業を見てコメントして、自分も見せてを繰り返すなかで、おそらくいろいろな視点から多種多様なコメントができる技量はついてきたように思っていた。だが、積み上がった教育実習指導によって私が得ていたのは、そんな小手先の技量以上に、小学校教師としての譲れない信念のようであった。村井の研究成果を目にしたとき、自身の教師としての核になる部分が浮かび上がっているように思えたのだ。と同時に、それが至ってシンプルな3点に集約されることもわかった。仰々しく表現すると、それまで個々別々に散らばって山積みになっていた小学校教育や体育指導に関する経験と知識が、整理されて関係づけられることで体系化されたとでもいえばよいのであろうか。授業を見るたびに共感したり、違和感を持ったりして意識の俎上に上ったコメントは、自分の指導に跳ね返ってくる。それが5週間も続く教育実習が、必ず年に1度やってきていた。そこでは、日々手塩にかけて育てている子どもたちに対して、将来教職に就こうとする実習生がまともに指導できるように手塩にかけて指導する。私のイメージとしては、教師の卵としての実習生に教えているというよりも、私の子どもたちにちゃんと教えられるようにするために実習生に教えているという関係である。担任教師として実習生を教えるというスタンスは、大学にきてからも大きくは変わらない。学生をちゃんとした先生に育てるというよりも、ちゃんと児童が学べるように授業ができるように学生を育てている、という感じであろうか。このニュアンスの違いを明確に伝えるのは難しい。

4　附属学校の特殊性2　毎年の公開研究会に向けて：研究サークルに纏わる変化

もう1つ、教育実習に加えて成長の契機となりえたのは、毎年訪れる大きな研究会で授業公開をすること、それと広島大学附属小で発行する月刊誌『学校教育』の原稿執筆であった。特に大きかったのは研究会で、このプレッシャーたるや今でも思い出すと吐きそうになる。とはいえ、授業を他者に見られることは最終的にまったく抵抗はなくなったと述べたように、これは早い時期に解消された問題であった。何が大変かというと、公開する授業の学習指導案に示す「提案問題」という一項目。これは参会者に求められての設定というわけでもなく、我々内部の者が勝手に課しているものである。同様に、『学校教育』誌上においても「提言」というコーナーが設けられ、教員は原則年1回、その原稿執筆を担当する。これらは、世に問う主張点を持った提案性のある授業を公開するのだという気概が込められた古き良き伝統なのであろうが、こんなものは学習指導要領の先を行くと自負する先人たちだからこそ述べられるのであって、在野の人間は主張なんて大層なものは持ち合わせていない。ただ、だからといって自分の学習指導案だけ「提案問題」がありません、なんてことはできず、一生懸命取り繕うために勉強したわけである。

そのような追い詰められた日々の中で、光明を見出すことができたのが学校体育研究同志会（以下、同志会）での学びである。大学3年になってからの中村先生の授業で、タッチフットボール（現在はFF）やバレーボールの触球数調査が紹介された。そのどちらも私は中学時代に授業でやっていた。どうやら中学時代の保健体育の先生が、同志会広島支部の立ち上げメンバーの1人だったようなのである。今から40年もの前の話であるが、そういう縁を感じたし、また次に述べる林先生が同志会員だったこともあって、広島大学附属小に赴任して間もなく私も同会に入会した。同志会は、自由で先進的な実践研究を集団的に取り組んでおり、常に新しい知見に触れることができる場であった。

同志会で学び取ることも、先の村井研究あたりを境に全く変わってきた。最初は、広島大学附属小で求められる提案性というものにどのように応えられるか、それを新しい教材や指導プログラムを開発することに求めた。特にボール運動領域において、教材としてのFFの系統性や、「ボールを持たない動き」に着目して教材の指導順序などを検討することは本当に面白かった。山内先生の「ねこちゃん体操」を学び始めたのも、入りは同じような関心事からであったように思う。「ねこちゃん体操」の初発の印象は、「面白いネタを手に入れた」である。しかし、その背景にある子どもの発達へのまなざしに意識が及ぶようになるタイミングで、子どもの世界が気になるようになってきた。

これら様々な関心事に向き合う上で、教科担任制という条件は決定的に大きかった。私の場合は、1・3・5年2クラスずつを担当した次の年は、そのまま持ち上がり2・4・6年の体育を担当した。中・高の先生は当たり前すぎてその恩恵が自覚されにくいのかもしれないが、同じ単元を同時進行で複数クラスで改善しながら日々の授業実践に取り組めること、昨年学んだ内容が共有できて、また翌年のめざすべき姿を目の当たりにしながら目の前の子どもと向き合えること、これらは、教科実践力を高めるためには非常に整った環境なのである。今日の気づきを次の隣のクラスで修正を試みられる。高学年での姿に足りないものを感じたとき、それを中学年や低学年の授業に盛り込める。小学校教師ではこんな条件が整ったなかで授業実践は進められない。小学校は、子どもは毎年クラス替え、担任も持ち上がっても2年、大抵は何年を担任するかもわからないことが多い。今日の気づきを生かせる場がいつ訪れるかはわからないのだ。このあたりは、いろいろ賛否両論あるが教科担任制がもつ可能性の 1 つだとは思う。

そして、有難いことに広島大学附属小が教科担任制をとっていたとはいえ、小学校であるが故に教科の個別性を超えて追究すべき共通の問いの議論が当たり前だという環境にあったことである。中村先生から筑波大学附属高校教諭時代の話として耳にしていた、教科を超えて喧々諤々やりあった、一番批判されたのは漢文の教師だった、などの思い出話は、『体育学研究』（中村，2003）でも目にした、ある意味憧れた教育現場の姿だった。なおかつ、校外には幼稚園・保育園から大学までの会員を抱える同志会での幅広い校種間で実践研究を行える環境が揃っていたことになる。体育教師の成長について研究した朝倉（2016）は、「大学との連携による研修」「教科横断型研修」「異校種縦断型研修」を構築することの必要性を強調しているが、奇しくも私にはその 3 条件が整っていたことがわかる。つくづく有難い。

5　林先生のライフヒストリー研究に関わったことが

このようなことを考えるきっかけになったのは、本書で掲載されている林先生のライフヒストリー研究に負うところが大きい。藤原（2015，p.131）の「テクストから読み取れるほかの教師の経験に触発されて、自分の経験を想起しつつ自他の実践知の比較検討や、自身の実践知のとらえ直しが生じるであろう。」という指摘通りの現象が私にも生じたわけだ。

林先生との出会いは、私の大学院時代にまで遡る。当時、大学院で体育を専攻した同級生は 4 名いたが、そのうち私を含めて 3 人は学部からのストレート院生で、もう 1 人が広島大学附属小に勤める林教諭だった。同窓として多くを学ばせていただき、修了後も何かとお声掛けをいただきながら、後に縁あって広島大学附属小で一緒に働く機会も得た。勤務だけでなく同志会でも一緒に学ぶ機会があった。このように、学生時代の先輩であり同級生であり、広島大学附属小勤務時代の同僚であり上司であり、また同じ研究サークルに所属する同志でもある林先生のライフヒストリーに関わるなかで、自らのライフヒストリーを紐解くようになったのは自然な成り行きであった。だから、木原先生から大後戸のライフヒストリーについてお声掛けがある前から、実は自分自身のなかでいろいろなトピックが渦巻いているような状態だった。しかし、やはりそれは渦巻いているだけで、断片が飛び交っているようなものでしかなかった。林先生と同様に、他者に語るなかでこそ浮かび上がってくる何かが見つかるのかどうかについては、ちょっと疑心暗鬼だった。というのも、林、小田の両氏のライフヒストリーに関わるなかで、村井の貼り付き以降の変化と、山内実践から学んだ変化あたりは、自力で見えるようになっていた。しかし、実際に自分のライフヒストリーが紡がれていくなかでの新発見はあった。思った以上に我が子の存在に纏わるエピソードがかかわっていたことである。もちろん多少の自覚はあったが、インパクトが予想以上であった。山内実践に出会い、幼児から小学校期へと移行する我が子への眼差しを経て、村井研究へとつながるこのあたりは、私の教職 10 ～ 15 年目あたり。世に言う脂の乗った時期であった。

6　自分の立ち位置を見据えて

広島大学附属小での実習指導を通して得たものが本当の意味で生かせるようになったと感じ始めたのは、教職大学院の専任教員になった 5 年ほど前からである。それまでにも大学院生の指導に関わることはあったが、全てストレート院生で、現職教員の院生に関わることはほぼなかった。それが、広島大学では 2016（平成 28）年に教職開発専攻、教職大学院が開設され、毎年数名の現職教員が入学してくるようになった。他県の調査などで見聞きしていたことではあるが、現職教員院生のニーズと学修の実態にずれが生じることが問題になることがあるらしい。つまり、現場経験豊富な現職教員院生が、現場経験の少ないストレート院生のお守りをさせられているような実態への不満の声が上がるといったことである。私からすると、これは絶対に避けたいことであったし、もったいないことであった。持っている者が持っていない者へ分け与えているような場に終わらせたくはない。それでは昔の教育実習指導への私の態度そのものである。他者へ指導したり、話したりするときには、必ず何らかの取捨選択をし、優先順位を考えて、意思決定を行っている。そのこと自体が、自分の教育観・信念を洗練させている行為で、それはかけがえのないチャンスなのである。今ならそれを伝えられるし、折に触れ伝えてきたつもりでもある。

そして、その際強く意識するのは、自分をさらけ出して他者に対して語ることであろうか。どうしても人の前に立つと、少し饒舌に格好よく自分を語り過ぎてしまう点を反省しつつ、自ら背負っている業も添えて伝えねばならないとも思うのである。本文中で語っているが、受験を前に学級が崩れていく感じを目の当たりにし、またどうしても解消できない子どもや保護者を取り巻く人間関係を前に、上辺だけの説教や説得を試みながらも、実際には心の中で逃げていたし、諦めていたことがあるのも事実である。よくあることだが、講義で優れた実践を紹介した時、学生からの「このような授業をしたい」という強く輝いた言葉の陰で、「こんなのできるはずがない」「よけい不安になった」などの声が控えめに発せられている。何事も最初からうまくいっていたわけでなく、試行錯誤の過程を経て生み出されていることを語り尽くせていないせいである。今の私は、消し去りたくても未だ消すことのできない弱さすら語れるようになった。こういう強さも教師の成長を支える側に備えておきたい力だと、今なら自信をもって言える。

7　最後に

誰の人生も、その語り方次第で壮大なドラマとなりうる。ただ、それは見ようとしないと見えてこないことも多い。今回、林先生と小田啓史先生及び自分を含めて 3 人の教師のライフヒストリー研究に関わったことで、今の素直な気持ちは感謝である。自身の教師としての成長は、おそらく教職 10 年目あたりがターニングポイントになっていたと解釈できるだろう。ただ、紙幅の関係で全ては掲載されてはいないのだが、その時期までには、中学・高校での体育・スポーツにまつわる原体験の上に、大学･大学院で蒔かれた種があった。例えば、中村先生に、9 人制バレーボールの触球数調査の表（中村，1983）を見せられたとき、衝撃を受けた。だが、「うまくしてどうする？」との問い（中村，1989，pp.98-109）は全く響かなかった。今ならわかるのだが。それらが初任期の支えや指導によって耕された土壌があったからこそ芽吹いたものでもあった。初任の時、運動会で民俗舞踊をしたいと言ったら、相担の先生も手出しの 5000 円を払って一緒に講習会に来てくれた。そして、その後の分岐において、自らの経験や知識を大いに生かせる世界に居られるからこそ得られている充実感であることもわかっている。ここで感謝せずにいられようはずがない。よくぞこのように育ててくれた。そして、この感謝は学校現場に返すことでのみ示せるのだと思う。

【文献】

朝倉雅史（2016）『体育教師の学びと成長』学文社.
学校体育研究同志会編（1979）『体育の技術指導入門』ベースボール・マガジン社.
グリフィン他著, 高橋健夫･岡出美則監訳（1999）『ボール運動の指導プログラム』大修館書店.
藤本翔子（2012）「小学校体育授業における戦術的知識部関する研究：4 年生のフラッグフットボール単元の事例を通して」（広島大学大学院教育学研究科　2011 年度修士論文）.
藤原顕・遠藤瑛子・松崎正治（2006）『国語科教師の実践的知識へのライフヒストリー・アプローチ』渓水社.

藤原顕（2007）「現代教師論の論点」グループ・ディダクティカ編『学びのための教師論』勁草書房，pp.1-25.
藤原顕（2015）「教師の実践知研究の動向と課題―ナラティブ・アプローチを中心に―」.日本教育方法学会編，『教育方法 44　教育のグローバル化と道徳の「特別の教科」化』.123-133，図書文化社.
唐木國彦監訳（1993）『ボールゲーム指導事典』大修館書店.
川端宜彦・大後戸一樹・木原成一郎（2005）「ボール運動の戦術理解における評価に関する研究」『体育科教育学研究』21（1），pp.1-14.
木原成一郎（1999）「イギリスの 1980 年代における体育カリキュラム開発の研究―『理解のための球技の授業』アプローチの検討を中心に―」『広島大学学校教育学部紀要，第Ⅰ部』21，pp.51-59.
木原成一郎・林俊雄・大後戸一樹（2016）「授業の力量形成に関するライフヒストリー研究―A 氏の体育授業を中心に―」『学校教育実践学研究』第 22 巻，pp.217-227.
木原成一郎・林俊雄・大後戸一樹（2017）「授業の力量形成に関するライフヒストリー研究（その 2）―A 氏の体育の「授業スタイル」を中心に―」『学校教育実践学研究』第 23 巻，pp.81-91.
木原成一郎・小田啓史・大後戸一樹（2018）「授業の力量形成に関するライフヒストリー研究（その 3）― B 氏の体育授業を中心に―」『学校教育実践学研究』第 24 巻，pp.149-156.
木原成一郎・大後戸一樹・中西紘士（2020）「授業の力量形成に関するライフヒストリー研究（その 4）―C 氏の体育授業を中心に―」『広島大学大学院人間社会科学研究科　教育学研究紀要』第 69 号，pp.11-20.
木原成一郎・大後戸一樹・中西紘士（2021）「授業の力量形成に関するライフヒストリー研究（その 5）―C 氏の体育の授業スタイルを中心に―」『学校教育実践学研究』第 27 巻，pp.113-122.
木下康仁（2003）『グラウンデッド・セオリー・アプローチの実践　質的研究への誘い』弘文堂.
コルトハーヘン F.，武田信子訳（2010）『教師教育学―理論と実践をつなぐリアリスティック・アプローチ―』.学文社.
メリアム（2004）『質的調査法入門』ミネルヴァ書房.
三上肇（1996）「子どもの動きの可能性どう引き出すか」吉田他編『教師のための運動学』大修館書店，pp156-162.
森脇健夫（2007）「教師の力量としての授業スタイルとその形成」グループ・ディダクティカ編『学びのための教師論』勁草書房，pp.167-192.
村井潤・木原成一郎・大後戸一樹（2011）「小学校教育実習における指導の特徴に関する研究：実習生の実態を踏まえた反省会での指導に着目して」『体育学研究』56（1），pp.173-192.
村井潤（2015）「小学校教育実習の授業協議会における実習生の発言内容に関する事例研究」『体育学研究』60（1），pp.249-265.
中村敏雄（1983）『体育実践の見かた考えかた』大修館書店.
中村敏雄（1989）『教師のための体育教材論』創文企画.

中村敏雄（2003）「体育は何を教える教科か」『体育学研究』48，pp.655-665.
小田伸午（2005）『スポーツ選手なら知っておきたい「からだ」のこと』大修館書店.
大後戸一樹（1999）「子どもがつまずくゆとりがある体育の授業」『学校教育』第 988 号，pp.24-29.
大後戸一樹（2001）「みんながうまくなれるという能力観を育むために：小学一年『鉄棒名人になろう』の実践から」『学校教育』第 1011 号，pp.30-37.
大後戸一樹（2002a）「作戦を組み立てながらゲームをするおもしろさを：第 4 学年フラッグフットボールの実践から」『学校教育』第 1018 号，pp.24-31.
大後戸一樹（2002b）「戦術学習小学校 6 年間の見通し：フラッグフットボールを教材として」『学校教育』第 1027 号，pp.28-29.
大後戸一樹（2004）「小学校 6 年間を見通した攻防入り乱れ系ボール運動のカリキュラム開発」『体育科教育』第 52 巻 4 号，pp.58-62.
大後戸一樹（2005）『「わかる」・「できる」力をつける体育科授業の創造』明治図書.
大後戸一樹（2007）「小学校 6 年間で育む運動感覚づくりに向けて：第 1 学年「ねこちゃん体操をしよう」の実践より」『学校教育』1074 号，pp.24-31.
大後戸一樹（2008）「体育科授業における『わかる』とは（2）：水泳での自己観察と他者観察の相関分析から」『学校教育』1087 号，pp.24-29.
大後戸一樹（2009a）「子どもたちが教え合う体育科授業をめざして：自らの動きを内観し，言葉で伝え合うために」『学校教育』1098 号，pp.18-23.
大後戸一樹（2009b）「子どもたちが教えあう体育科授業をめざして：第 3 学年水泳（ドル平泳法）の実践か」『学校教育』1100 号，pp.24-31.
大後戸一樹（2010）みんなが戦術を駆使して挑むボール運動をめざして：2 対 2 から 3 対 3 のゲームの移行に焦点を当てて」『学校教育』1116 号，pp.24-31.
大後戸一樹（2012）「ねこちゃん体操を通して学んだ授業づくり」『たのしい体育・スポーツ』第 31 巻 9 号，pp.12-15.
佐藤学（1997）「教師の省察と見識〈教職専門性の基礎〉」『教師というアポリア―反省的実践へ』世織書房，pp.57-77.
ステイク（2006）「事例研究」デンジン・リンカン編（藤原顕他訳）『質的研究ハンドブック 2 巻　質的研究の設計と戦略』北大路書房，pp.101-120.
鈴木淳子（2002）『調査的面接の技法』ナカニシヤ出版.
高井良健一（1994）「教職生活における中年期の危機」『東京大学教育学部紀要』34，pp.323-331.
高井良健一（2015）『教師のライフストーリー』勁草書房.
田中耕司・西岡加名恵（1999）『総合学習とポートフォリオ評価法』日本標準.
山崎準二（2002）『教師のライフコース研究』創風社.
山内基広（2007）『大好きになる体育の授業』日本標準.
山内基広（2017）『ねこちゃん体操の体幹コントロールでみんながうまくなる器械運動』創文企画.

第3章

1982年から2011年までの小学校学習指導要領と児童指導要録の特徴

第１節　林と大後戸の教育制度との葛藤と彼らの自律性

田中（2009，pp.4-5）によれば、学習指導要領は、第２次世界大戦後の当初は「試案」とされ、教師自身が教育課程を考える時の「手引き」として発行されたが、1958年の改訂以後、官報に「告示」される教育課程の国家基準と解釈されるようになった。現在は学習指導要領は「大綱的基準」であり、その基準は各学校や地域、児童生徒の実情に応じて柔軟に適用されるべきという。しかし、中西（2021）は、学校教員は、学習指導要領に基づいて編纂された検定教科書と文部科学省から発行される各教科や道徳等の解説書に意識が向き、それらに定められた内容を伝達するための授業の技術的な次元に関心をむけることになっているという。

林と大後戸が勤務した広島大学附属小は、序章の第５節の「研究開発校としての広島大学附属小」で述べたように、小学校学習指導要領を踏まえながら、ある程度の自由裁量を認められ、授業や教育課程を実験的に開発していく研究開発校としての学校文化を持っていた。こうした学校文化の中での林と大後戸の仕事の実際は序章の第５節にある「広島大学附属小における小学校体育専科教師の仕事」に書かれている。ここでは、先行研究を踏まえて、教育課程という用語をカリキュラムという用語の一部を示す概念と捉え、学習指導要領などの国の教育課程の基準として示される意図レベルのものを「意図したカリキュラム」とし、学校、教室で実際に行われたレベルのカリキュラムを「実施したカリキュラム」、そして子ども達が実際に学んだ学習の履歴を含むレベルを「達成したカリキュラム」として整理した。そして、広島大学附属小の小学校体育専科教師は、学校レベルの体育科における「意図したカリキュラム」である年間指導計画や単元計画を作成し、教室レベルの「実施したカリキュラム」である授業実践を行い、教室レベルの「達成したカリキュラム」である子ども達の学習成果を授業研究で振り返る。そして、この授業研究の成果に基づき学校レベルの体育科における「意図したカリキュラム」を評価して新たに開発するという。小学校体育専科教師は、これらの学校レベルと教室レベルの全てのカリキュラムを含みこんだ「体育科カリキュラム」を計画し実施し評価し開発する主体であるのである。

林と大後戸が広島大学附属小に在籍中に、広島大学附属小から以下の２つの教育課程開発の成果が出版され、広島大学附属小の体育科の学校レベルの「意図したカリキュラム」である年間指導計画が示された。

1. 広島大学附属小学校編（1999）『21 世紀に生きる教育課程』広島大学附属小学校。本書を附属小（1999）と以下記す。
2. 広島大学附属小学校編（2007）『21 世紀型学力を保障する教育課程の創造―教科カリキュラムの構想―』広島大学附属小学校。本書を附属小（2007）と以下記す。

林は、附属小（1999）の体育科の年間指導計画を執筆し、「体育科教育の内容」として「①運動技術、戦略・戦術内容」「②ルール」「③運動や仲間とのかかわり方」「④スポーツ史、現代スポーツの社会的問題（体育理論学習）」の 4 つを示した。また、「体育科教育の方法」として「①異質集団による教え合い、学び合い（グループ学習形態）の組織化」「②集団思考場面の構成」「③形成的な評価活動の組織化」を提示した。さらに、大後戸は、附属小（2007）の体育科の年間指導計画を執筆し、「体育科教育の教科内容」として「①運動技術、戦略・戦術内容」「②ルールと競争・協同」「③運動や仲間とのかかわり方」「④スポーツ史、現代スポーツの社会的諸問題」「心身の健康・安全」の 5 つを示した。また、研究部の提案した「21 世紀型学力」に対応した「21 世紀型体育的学力」として、「技術認識」「技能習熟」「運動・スポーツ文化の獲得・創造」という身に付けるべき「学力」を提案した。

附属小（1999）には 6 年間の「単元一覧表」と大後戸「集団マット、第 4 学年」と大上「フラッグフットボール、第 5 学年」の「実践事例」が掲載されている。また附属小（2007）には、6 年間の「単元一覧表」と水泳と器械運動の「評価基準」、大後戸「ねこちゃん体操でからだの動きづくり、第 1 学年」と大上「基本技術に支えられた作戦を組み立てゲームをしよう、第 5 学年：フラッグフットボール（ボール運動）」の「実践例」が掲載されている。

これらの学校レベルの「意図したカリキュラム」である年間指導計画は、附属小（1999）の「実践事例」や附属小（2007）の「実践例」を含め、本書の第 1 章及び第 2 章で「授業スタイル」を検討する際に用いた授業研究にあるように実践され公開されて批評を受け改善される。つまり、林と大後戸は、これらの学校レベルと教室レベルの全てのカリキュラムを含みこんだ「体育科カリキュラム」を計画し実施し評価し開発する主体であった。

ただし、林や大後戸が運営した「体育科カリキュラム」の提案の特徴を知るためには、林と大後戸が広島大学附属小に勤務した 1982 年から 2011 年までの小学校学習指導要領の特徴と形成的評価や評定の制度である児童指導要録の特徴との対比が必要である。なぜならば、林や大後戸が運営した「体育科カリキュラム」は、国家レベルの小学校学習指導要領を踏まえながら、実験的に開発されたものであり、体育科の目標や内容を小学校学習指導要領と比較することによりその教育制度とどう葛藤し彼らが自律性を発揮したかどうかが明らかになるからである。また、「体育科カリキュラム」は、教室レベルの「達成したカリキュラム」である子ども達の学習成果を授業研究で振り返ることにより評価され改善される。そのためには、子ども達の学習成果を示す学習評価の観点や基準の設定をどう考えるかが問われることになる。学習評価の観点や基準は児童指導要録という国家レベルの教育制度によって示されている。そのため、林や大後戸が運営した「体育科カリキュラム」の学習評価の観点や基準について教育制度とどう葛藤し彼らが自律性を発揮したかどうかを明らかにするためには、この時期の児童指導要録という国レベルの教育制度との比較が必要になる。

ここで、教育課程の全国レベルの大綱的基準とされる学習指導要領と全国レベルで学習評価の基準や観点を示した指導要録の関係を考えてみる。西岡（2003, p.16）によれば、そもそも評価の目的は、①「指導の計画や改善のため」、②「指導方法として」、③「子どもの評定」、④「説明責任のデータ提供のため」と複数あるとされる。指導要録の「評定」欄は、「子どもの評定」という目的のために子どもの成績を対外的に証明する資料として活用される。対して、指導要録の「観点別学習状況」欄は、学習指導要領に示された内容が習得されているかどうかを確かめ、「指導の計画や改善のため」に活用することを期待されている。

1980年代には、評価の目的の第1にあった「指導の計画や改善のため」に注目し、体育科において子どもの学習評価から得られる情報を教師の指導の改善や子どもの学習の援助のために活用する研究成果が提案される。その提案は以下の3つの潮流に区分される。第1は1970年代に京都府下で進められた到達度評価の理論と実践に基づく提案である（京都の体育科到達度評価の実践　小学校編　編集委員会編，1982，内海和雄他編，1984）。内海他編（1984，pp.30-46，pp.86-96）によれば、この潮流は単元及び年間指導計画における「到達目標」の設定と「到達目標」を基準とする「形成的評価」を重視し、授業や単元の過程で「到達目標」に到達していない子どもに「回復指導」を行うことや、単元終了時の「総括的評価」の結果を年間指導計画の修正に活かすことを強調した。第2は、1980年の児童指導要録改訂で新たに導入された「観点別学習状況」欄の体育科での具体化を進めた潮流である（宇土正彦，1981；宇土正彦編，1982）。宇土（1981，pp.8-

14.）によれば、この潮流は、「評価の目的」を「児童生徒の、学習者としての自己理解・自己評価を助けること。」「教師自身の指導の成否を確認し、いっそう合理的にする。」「指導要録の記載その他の必要を満たす上で活用する。」に区分し、「観点別学習状況」の「達成度評価」を「児童生徒の、学習者としての自己理解・自己評価を助ける」ために用いることを重視した。第3は、教員養成学部の体育科教育学の研究者が附属学校での実践的研究に基づいて提案を行った潮流である（小林編，1982）。小林（1982，pp.25-30）によれば、この潮流は、「達成目標」を明確に設定した単元計画の作成を提案すると共に、授業過程に「達成目標」を基準とした子どもの「自己評価」と「相互評価」を組織し、子どもが主体的に運動に出会うことを重視した。

林と大後戸が小学校体育専科教師として勤務した広島大学附属小は、上記の第3の潮流の中核となる学校であった。第1章第2節の林の「正解に持っていく授業」の時期の「授業スタイル」の要素である「生徒の理解」の項目で、林が採用2年目に発表した小学校2年生のドッジボールの実践記録は「体育の評価活動とその組織化」という表題であった。この内容は、小林（1985，p.182.）にある「子どもの自己評価や相互評価の組織化」の提案を授業に具体化したものである。また、大後戸は、第2章第2節の「場を提供して押し上げる授業」の時期の「授業スタイル」の要素である「学習活動の組織」の項目で、大後戸（2008，pp.24-29.）が発表した「水泳での自己観察と他者観察」の図は、子どもの運動の自己評価と子ども同士の運動の相互評価を教師が組織化したものであり、小林（1985，p.182.）にある「子どもの自己評価や相互評価の組織化」の提案を運動経過の感じ方を含む運動の学習に具体化したものであった。

本章の目的は、上記の1980年代の評価に関する提案の後、2010年の児童指導要録改訂までの30年間の体育科の小学校学習指導要領と児童指導要録の特徴を概観するとともに、それらと林と大後戸の「体育科カリキュラム」と学習評価とを比較し、彼らの葛藤と自律性を明らかにすることである。この目的を果たすために本章を以下のように展開する。この30年間を、第1に、1989年の小学校学習指導要領の改訂とそれに伴う1991年の児童指導要録改訂（以下、指導要録と略）の「『運動の楽しさ』を重視する目標と評価の時期」、第2に、1998年の小学校学習指導要領改訂と2001年の指導要録改訂の「『運動の楽しさ』と『運動の学び方』を重視する目標と評価」の時期、第3に2008年の小学校学習指導要領改訂と2010年の指導要録改訂の「『運動の技能』と『運動の楽しさ』と『運動の学び方』

を関係づける目標と評価」の3つに区分して体育科の学習指導要領と指導要録に関する各時期の特徴を明らかにする。検討のために用いる資料は、『体育科教育』誌の学習評価に関して組まれた特集で発表された論文を中心に、必要に応じて『体育科教育学研究』等の学術論文を活用することとする。評価の研究は、学校現場の実践的研究と学術的な理論研究の交錯する地点で進められるため、各時期の実践的課題の解決をめぐって実践家と研究者の提案が見られる『体育科教育』誌の特集を資料の中心にする。なお小学校体育科は、運動領域と保健領域に区分されるが、ここでは紙数の関係から運動領域のみに言及することとする。

第2節 「運動の楽しさ」を重視する時期：小学校学習指導要領の改訂（1989年）と指導要録の改訂（1991年）

1 小学校学習指導要領の改訂（1989年告示）による「運動の楽しさ」重視

1989（平成元）年告示の小学校学習指導要領で小学校体育科は、「(1) 各種の運動の楽しさや喜びを味わうことができるようにするとともに、その特性に応じた技能を身につけ、体力を高める。(2) 協力、公正などの態度を育てるとともに、健康・安全に留意し、自己の最善を尽くして運動する態度を育てる。」（小学校5・6年の学年目標）とあるように、「運動の楽しさや喜び」を重視する路線を引き継いだ。より具体的にみると運動技能の目標が「自己の能力に適した課題をもって次の運動を行い、その技ができるようにする。」（小学校5・6年の学年目標、器械運動）とされた（文部省，1989，p.101）。そのため、「自己の能力に適した」技を学習すればいいと理解され、学級や学年で共通の運動技能の目標と評価基準を設定することが回避される傾向が強くなった。例えば、跳び箱の開脚支持跳び越しであれば、踏切から着手までの体の投げ出しと着手から着地までの体重移動という運動技能（構造的特性）を教えるよりも、自分が跳べる跳び越し方で技を「達成」する「楽しさと喜び」という情意的性向（機能的特性）を体験させることが重視されたのである。

林は、第1章の第2節「授業スタイルの形成と変容」で、「正解に持っていく授業」の「授業の目的や教育内容の想定」で述べたように、学校体育研究同志会編（1979）の「技術指導の系統性」概念を「熟考」（佐藤，1997，p.65）して翻案し、単元構成を行うようになった。それは、運動領域の運動技能の「特質」が高度化するように系統化された「技術的内容」を中心に据え、子どもたちの技能習熟レベルに即して、その下位要素を系統的に並べ、その要素を教えることのできる練習方法を教材として開発し指導する単元構成であった。林は、その運動種目の運動技能の構造的特性から抽出した「技術的内容」から単元計画を作成し、学級の子どもたちの技能習熟レベルに即して、学級や学年で共通の運動技能の目標と評価基準を設定した。そして、赴任 7 年目の 1988 年 7 月の実践記録で、林（1988，pp.30-37）は、この新しい教科内容の選択に基づく授業研究を報告している。林の運動種目の運動技能の構造的特性を中心に作成した単元計画は、1989（平成元）年告示の小学校学習指導要領で目指された、自分ができる技を「達成」する「楽しさと喜び」という運動の帰納的特性を中心に単元計画を作成する考え方とは大きく異なっていた。林は自己の「教師としての信念」に基づき自律的に単元を計画し実践していたといえる。

2　指導要録の改訂（1991 年）

1991 年に改訂された指導要録は、文部省（1991，p.38）によれば、「絶対評価」の「観点別学習状況」欄が基本とされた。体育科の「観点別学習状況」の観点は、表 3-1 のように「運動や健康・安全への関心・意欲・態度」「運動や健康・安全についての思考・判断」「運動の技能」「健康・安全についての知識・理解」の順で「運動や健康・安全についての意欲・関心・態度」が筆頭であり、最も重視する観点とされた。

2-1「児童生徒の、学習者としての自己理解・自己評価を助けること」を重視する潮流

「評価の目的」として「児童生徒の、学習者としての自己理解・自己評価を助けること」を重視する潮流は、図 3-1 に見られるように、「児童の自己評価」を観点別学習状況である「教師の側の評価」に活用し、「児童の学習カードに示さ

表 3-1　体育科の「観点別学習状況」の観点（1991 年改訂指導要録）

体育	運動や健康・安全への関心・意欲・態度	進んで楽しく運動をしようとする。また、健康・安全に関心をもち、進んで健康で安全な生活をしようとする。
	運動や健康・安全についての思考・判断	運動の課題の解決を目指して、活動の仕方を考え、工夫している。また、身近な生活における健康・安全について考え、判断している。
	運動の技能	運動の楽しさや喜びを味わうために必要な技能を身に付けている。
	健康・安全についての知識・理解	身近な生活における健康・安全に関する基礎的な事項を理解している。

れた自己評価結果を中心にしながら、それに教師の観察等から得られた情報を加味して指導要録に活用していく」と主張した（品田，1995，pp.17-21）。

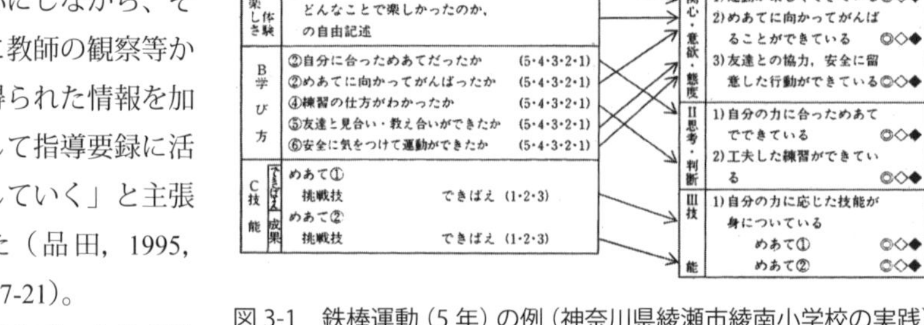

図 3-1　鉄棒運動（5 年）の例（神奈川県綾瀬市綾南小学校の実践）

例えば、自分が跳べる跳び越し方で技を「達成」する場合の「運動の技能」の評価は、表 3-2 のような技のできばえを「評価基準」とする子どもの自己評価に任せるべきであるとした（細江文利，1993，pp.36-39）。

表 3-2 「運動の技能」の「自己評価」の「評価基準」

できばえ①	やっととびこせる
できばえ②	とびこせるが着地がふらつく
できばえ③	とびこしてふわりと着地ができる

また、「関心・意欲・態度」の「観点別学習状況」で最も重視された「運動への関心・意欲・態度」の自己評価の「評価基準」が図 3-2 のように提案された（細江，1993，pp.36-39）。

《受け入れ》運動に対して注意をはらったり、関心を示す段階。
《反応》運動を行なって楽しいとか喜び等の情動を伴う段階。
《価値づけ》自己の能力を高めようと意欲的に練習に取り組んだり、挑戦したりする段階。
跳び箱遊びで考えるとつぎのようになる。
《受け入れ》の状況
A-0 跳び箱は、したくない。
A-1 跳び箱は、してもしなくてもどちらでもよい。
A-2 跳び箱は、おもしろそうだからやってみたい。
A-3 跳び箱には、どんな跳び方があるかしりたい。
《反応》の状況
B-1 跳べるようになると、うれしい。
B-2 めあてにあった場所で練習すると楽しい。
B-3 楽しくて、つぎの時間が待ち遠しい。
《価値づけ》の状況
C-1 うまくなるために、繰り返し練習した。
C-2 うまくなるためや、新しい技について、友達や先生に聞いて練習した。
C-3 うまくなるためや、新しい技について、資料を見て練習した。

図 3-2 「運動への関心・意欲・態度」の「評価基準」

たしかに、授業の過程でこれらの「評価基準」を用いて、子どもに自己評価を行わせることは、子ども自身に運動のできばえや運動への関心・意欲について自らの行動を振り返らせる貴重な学習の機会である。しかしながら、子どもの「自己評価」の結果はその信憑性に問題が残るため、「自己評価結果を中心にしながら、それに教師の観察等から得られた情報を加味して指導要録に活用していく」という提案は無理があるといわざるを得ない。

2-2「観点別学習状況」欄と「評定」欄のすみわけ

「評定」欄に相対評価の方法が残されたため、「観点別学習状況」欄は、目標に準拠した「絶対評価」を行い、指導の改善と学習を励ます評価として活用する。他方、「評定」欄は従来どおり相対評価を行い成績の証明のための評価として活用するというすみわけが生まれた。つまり、「観点別学習状況」欄は、目標に準拠した評価であるから、教師にとっては指導目標の見直しに活用できるし、子どもにとって次の学習目標を明確にすることができる。ただし、対外的に学習の到達度を成績として証明する場合は「評定」に相対評価で序列を記入するのである。

その結果、学校の教員が「現実には学期の終わりになれば、『個が基準だ』と叫びながらも、他教科と同様に評定を出さなければなりません。…いまだ頭を悩める最大の課題です。」（常木，1992，p.27.）と指摘せざるを得ないように、「児童生徒の、学習者としての自己理解・自己評価を助けること」を重視した潮流は「児童の自己評価」を中心に記入した「観点別学習状況」と信頼性を求められる「評定」との関連を説明することができなくなった。

3　「到達目標」と「方向目標」に基づく形成的評価の研究の深化

「到達目標」を基準とする「形成的評価」を駆使し、その結果を指導の改善に活用することを「評価の目的」として重視する潮流は、「観点別学習状況」の評価は、教師が「運動の技能」と「運動に関する知識・理解」という到達目標を基準として達成を判断するものであること、その結果は達成できないでつまずいている子どもたちに必要な指示や発問をしたり、新たな練習の方法を教えたりすることに活用するべきと主張した。そして、「運動の技能」と「運動に関する知識・理解」に関する到達目標と評価基準を提供するために、運動の内容の「構造化」と「系統化」の研究が進められた。同時に、「運動の楽しさや喜び」のような「方向目標」の評価の結果は、成績のための資料として活用するのではなく教材や指導法の改善に活かす情報として活用できること、さらには教師の設定した「到達目標」である「運動の技能」と「運動に関する知識・理解」の是非を問い直す情報としても活用できることが実践を通して提案された（全国到達度評価研究会，1997，内海，1995，pp.121-181）。

また、子どもがいままでできなかった運動ができるようになる過程で、「運動表象」という運動経過のイメージの情報が重要な役割を果たしていることが、運動学の立場から提案された。つまり、我々は「他者の運動を視覚などを用いて外から観察する他者観察と、自分の運動を内からの運動感覚で観察する自己観察」によって、理想とする運動経過のイメージと比較して運動の適否を評価し運動を修正していくとされる（三木，1990）。教師は子どもの運動経過の適否を「他者観察」により評価し、修正すべき運動の情報を子どもに与える。子どもは「自己観察」による自分の運動経過のイメージを教師からもたらされた情報に基づき「自己評価」し、自分の運動を修正してよりよい運動を身につけていくのである。こうした運動学の成果に基づき、木原（1993）は、体育科の「形成的評価」は、子どもが運動しているその場面で教師が評価して即時に指導を行うことが重要であり、教師の指導言に子どもが自己の運動を修正することができるような運動経過のイメージを含んだ言葉が含まれることが必要であることを指摘した。

林は、第1章の第2節「授業スタイルの形成と変容」で、「正解を自分で見つける授業」の「授業の目的や教育内容の想定」で述べたように、修士論文として行った授業研究を「運動技術の習得をめざした『わかる・できる』授業構成のあり方―『ハードル走』の実践（6年）における言語活動に着目して―」と題して実践記録として発表した（林，1994）。そこでは、外から観察した「・視覚情報を中心とした技術ポイントの発見とその言語化」という従来の学習に加えて、「・運動の感覚を表す言葉を重視し、それを集団的な交流によって、より豊かで確かなものにしていく活動」が指導された。この授業では、跳び越し動作について実際に動いて感じた運動経過の感覚を表す言葉を授業中の発言や「体育ノート」等からとりだし、授業で他の子どもたちに紹介し交流する学習が指導された。林が、「a男の体育ノート」の「前方に体重をかけ、足（抜き足）をすばやくくくりだすことを考えるとうまく走れる→滞空時間が短い」いう記述から「足（抜き足）をすばやくくくりだす」という運動中の感覚的なイメージをハードルを跳びこすのが苦手な子どもたちに紹介したところ、子どもたちの運動経過の変容が見られたという。これは、「他者観察」「自己観察」（マイネル，1981，pp.123-130）という運動経過のイメージの情報が運動学習に重要な役割を果たしているという運動学の知見を林が「熟考」（佐藤，1997，p.65）して翻案し、授業でハードルを跳びこすのが苦手な子どもを見取り、運動経過のイメージを含む言葉で指導したことになる。運動学習での形成的評価の対象を運動経過のイメージの情報に拡大した独自の試みといえよう。

第 3 節　「運動の楽しさ」と「運動の学び方」を重視する時期：小学校学習指導要領の改訂（1998 年）と指導要録の改訂（2001 年）

1　1998 年の小学校学習指導要領改訂

1998 年告示の小学校学習指導要領で小学校体育科の学年目標は、「(1) 各種の運動の課題を持ち、活動を工夫して計画的に行うことによって、その運動の楽しさや喜びを味わうことができるようにするとともに、その特性に応じた技能を身に付け、体の調子を整え、体力を高める。(2) 協力、公正などの態度を育てるとともに、健康・安全に留意し、自己の最善を尽くして運動をする態度を育てる。」（小学校 5•6 年の学年目標）とあるように、「運動の楽しさや喜び」を重視する路線を引き継いだ。ただし、学年目標の冒頭に「(1) 各種の運動の課題を持ち、活動を工夫して計画的に行う」が新たに挿入され、それは「運動の学び方を高学年の発達段階に応じて示したもの」と説明された（文部省，1990，p.65）。

1991 年の指導要録改訂で「運動や健康・安全についての思考・判断」が「観点別学習状況」に位置づいた。しかし、1989 年の小学校学習指導要領の小学校体育科の学年目標は「技能」と「態度」から構成されており、「運動や健康・安全についての思考・判断」に対応する目標がおかれていなかった。そこで、1998 年の小学校学習指導要領体育科の学年目標に「技能」と「態度」に加え「各種の運動の課題を持ち、活動を工夫して計画的に行う」という「学び方」が付け加えられた。これは、指導要録の「観点別学習状況」の観点が、小学校学習指導要領の小学校体育科の目標構成を変化させたことを意味する。「目標に準拠した評価」では教科の目標が学習評価に基準を提供する。同時に、評価の観点が目標の項目に影響を与えるのである。

ただし、1998 年の小学校学習指導要領の小学校体育科の具体的な運動技能の目標は「自己の能力に適した課題をもって次の運動を行い、技に取り組んだり、その技ができるようにしたりする。」（5•6 年学年目標、器械運動）とされ、引き続き「自己の能力に適した課題」を学習すればよいとされた（文部省，1998，p.82）。その結果、学級や学年で共通の運動技能の目標と評価基準を設定することは困難であった。

林は、第 1 章の第 2 節「授業スタイルの形成と変容」で、「正解に持っていく授業」の「授業の目的や教育内容の想定」で述べたように、中村編（1991）の「学習活動の対象化」の概念を「熟考」（佐藤，1997，p.65）して翻案し、「技術的内容」を観察して記録する「教科独自の学習法」を教科内容と考え、単元の目標に設定するとともに授業の過程に子どもの学習活動として設定した。つまり、林は、1998 年 2 月の授業研究会で公開したサッカーの授業でゴール前の 2 人の攻めの行動を同じ班の子どもに観察して記録させ、その記録を資料として 2 人の攻めの行動の動き方や動くタイミングを子どもに考えさせ、自分たちでペアの課題を考えて練習できるように指導した。この「教科独自の学習法」は、1998 年の小学校学習指導要領体育科の学年目標に加えられた、「各種の運動の課題を持ち、活動を工夫して計画的に行う」という「学び方」に該当する。林は実践記録等の文献から学んだ概念を翻案して独自の教科内容を設定し、単元計画に具体化して指導していたのである。

2　2001 年の指導要録改訂

2001 年に改訂された指導要録は、「評定」欄も相対評価をやめて「目標に準拠した評価」を行うことになった。そして、教科の評価は「観点別学習状況」欄が基本とされ、「目標に準拠した評価」で ABC の 3 段階に評価するとされた。「評定」欄は、第 3 学年以上は 3 段階の目標に準拠した評価とされた。ただし、分析的な「観点別学習状況」の評価を「評定」の評価にどう総括するのかは各学校において工夫することとされた。

体育科の「観点別学習状況」欄の「観点」は、「運動や健康・安全への関心・意欲・態度」「運動や健康・安全についての思考・判断」「運動の技能」「健康・安全についての知識・理解」の順で 1991 年改訂の指導要録と同一である。ただし、「観点別学習状況」と「評定」がともに、「目標に準拠した評価」を採用したことにより、各学校は両者の関係を問わざるを得なくなった。

「児童生徒の、学習者としての自己理解・自己評価を助けること」を重視する潮流は、次頁の「図 3-3　学習評価の観点・内容」に示した（品田，2003，p.25）。注目されることは以下の 2 点である。第 1 は「技能」の「学習評価の観点」から 1998 年告示の小学校学習指導要領の学年目標に示された「自己の能力に応じて」が削除されている点である。第 2 に、「思考・判断」の「学習評価の観点」が小学校学習指導要領の「学び方」に対応して記されている点である。

「技能」の「学習評価の観点」から「自己の能力に応じて」が削除されている

理由は、「観点別学習状況」の結果を「評定」と関連づける必要が生じたため、どの子どもにも共通な「技能」の「評価基準」を開発することが必要になった。そこで、子どもが「自己の能力に応じて」技能を身につけるという表現が削除されたと推測される。

Ⅰ関心・意欲・態度 ①運動や体力の向上に注意を向け、気づき（関心）、自ら進んで内的な要請によるやる気によって運動に取り組み（意欲）、運動の特性に触れる楽しさや喜びを体得しようとする情意（感情と意志）の深まりや行動傾向の持続（態度） ②協力・責任・公正等の社会的側面（態度） ③健康・安全に留意する態度、についての実現状況
Ⅱ思考・判断 自己の能力に応じて運動を選んだり、課題を見つけたり、解決のための練習の仕方を考え工夫するなど、活動プロセスで自己の学習をコントロールする力についての実現状況
Ⅲ技能 運動の特性に応じた技能を身につけたり、高めたり、体力を高めるための運動の合理的な行い方を身につけること等についての実現状況

図 3-3　学習評価の観点・内容（出典：品田，2003，p.25.）

3　「観点別学習状況」の「評価規準」の開発と教師の指導力量

「観点別学習状況」の結果は「評定」と連動し、通知表として保護者に通知される。その結果、学校では「運動の技能」に関して共通の評価基準を開発することが必要となった。例えば森川（2002）は、到達度評価の成果を継承し、表 3-3 のように、「技のポイントを理解し」という「運動に関する知識・理解」と「教師の支援で課題にあった練習ができる」という「運動の学び方」に加えて、「腰の上がった側方倒立回転や手を正しくついた開脚後転ができる」という「運動の技能」を「評価規準」として提案し、学校全体で合意された事実を報告している（森川，2002，pp.26-29）。

表 3-3　マット運動の学年別評価規準例（出典：森川敦子（2002）p.27）

	評価項目	よくできる	できる	もう少し
第4学年	マットで側方倒立回転や開脚好転などの技ができる	・自ら技のポイントを見つけ、課題にあった練習ができる。 ・足の上がった側方倒立回転やひざを伸ばした開脚後転ができる。	・技のポイントを理解し、教師の支援で課題にあった練習ができる。 ・腰の上がった側方倒立回転や手を正しくついた開脚後転ができる。	・教師が働きかけても、技のポイントや課題にあった練習方法が理解できない。 ・側方倒立回転ができない。開脚後転で正しく手がつけない。

もちろん、「運動の技能」に関して全ての子どもに共通の評価基準を学校で合意することは、そこに記述された「運動の技能」を授業の目標として指導することを学校で合意することになる。ところが、小学校3、4年生で「マットでは側転、鉄棒では足かけ上がりができ、それらを取り入れた簡単な技ができる。」という共通の「運動の技能」を「評価規準」として提案し合意したところ、新年度の2か月で鉄棒授業のけが人が11件も続出したという報告がされた。報告した教師の推測によると、子どもがそれぞれ「自己の能力に適した」自分のできる技を個別に練習する「めあて学習」とよばれる授業がここ10年以上流行したため、「足かけ上がり」という共通の技を教える教師の指導力が不足していた、その結果体育の授業で鉄棒から落ちて怪我をする子どもが続出したというのである（中本, 2003, pp.32-35）。

「目標に準拠した評価」を実施するために「評価規準」を学校全体で合意するということは、その「評価規準」を達成するために必要な授業を計画し指導する力量を教師が持つことが必要である。学校で「運動の技能」の目標について合意するのであれば、その目標を実際に指導するために必要な知識や技能を校内の実技研修や教育委員会等の現職教育で身につけることが求められる。

4　広島大学附属小の「評価規準」の開発と教師の指導力量

大後戸(2005)は、広島大学附属小の通知表の体育科の評価観点を、「1. 学び合う」「2. 知る」「3. わかる」「4. できる」とする。これらの観点は、順に学習指導要領〈ママ。注：本文では学習指導要領と表記されているが指導要録の誤りと思われる。〉の観点の「関心・意欲・態度」「知識・理解」「思考・判断」「技能」のこととされる。2001年と2010年に改訂された指導要録の体育科の観点は、「運動への関心・意欲・態度」「健康・安全についての知識・理解」「運動についての思考・判断」「運動の技能」であり、「知識・理解」は保健領域にのみ設定され、運動領域には設定されていなかった。広島大学附属小では運動領域にも「2. 知る」を設定し評定を行う独自の通知表を開発していた。

また、大後戸（2005, p.20.）は、「1. 学び合う」「2. 知る」「3. わかる」「4. できる」の内容を次のように説明した。

①「学び合う」は、決して情意的な側面のみではなく、学習課題への継続的な取り組みを評価する。これは、日々の学習カードへの記述内容に負うところ

が大きい。②「知る」は、取り上げた教材の技術ポイントや、高学年ではその社会的歴史的な背景を含みこんだ知識と理解を示す。③「わかる」は、先に述べたように、自分の抱いているイメージを、ビデオのスロー再生や相互観察の結果とを比較して、自分の動きを修正したり、友だちの意識焦点や感覚言葉をヒントにすることで、コツやタイミングをつかんだりすることになる。そうして、④「できる」、つまり自分の外側にあった技術を、自分の内側の技能として獲得するにつながると考える。

①「学び合う」は、「決して情意的な側面のみではなく、学習課題への継続的な取り組みを評価する。」という。「日々の学習カードへの記述内容」を評価の対象とするということから何を評価するのかを考えてみよう。例えば、大後戸の「場を提供して押し上げる授業」の「学習活動の組織」に掲載した小学校4年生のFFの作戦カードでは、まず自分たちのチームの作戦図を書かせ、次に「この作戦は○○」という問いへの回答を自由記述で求めている。作戦図には自分たちのチームのメンバーの動きや敵のメンバーの動きが書かれ、「この作戦は○○」にはその動きと意図についての自由記述が書かれている。特に自由記述から、チームのメンバーの登場人物名とその動きの描写からどの程度チーム内で「学び合う」状況か、ゲームのルールや攻撃と防御の動き方をどれだけ「知る」レベルか、自チームで合わせる作戦の動きのタイミングがどれだけ「わかる」レベルなのかが読み取れる。「学び合う」という人間関係の観点は、「日々の学習カードへの記述内容」を主な資料として、「知る」ことや「わかる」ことの理解の達成と関連して、どの程度深まっているのかを評価するようになっていると考えられる。そして、②「知る」とは、取り上げた教材の技術ポイントや、高学年ではその社会的歴史的な背景を含みこんだ知識と理解を示す。2001年と2010年に改訂された指導要録の体育科の観点は、「知識・理解」は保健領域にのみ設定され、運動領域に設定されていなかった。しかし、広島大学附属小では、授業で実際に教えている教材の技術ポイントや、高学年ではその社会的歴史的な背景を含みこんだ知識を評価し、通知表の評定にも活用していた。

また、③「わかる」は、「運動についての思考・判断」が1998年の学習指導要領の目標に加えられた「学び方」つまり、「各種の運動の課題を持ち、活動を工夫して計画的に行う」とは異なっている点に注目が必要である。大後戸の引用にある「わかる」は、自分の運動経過の感覚的イメージに加え、ビデオの自己の動きの映像と友達の観察から得る自己の運動経過の客観的情報をもとに、練習してコツやタイミングという運動経過の感覚をつかむ表象を含む思考を意味している。

さらに、「運動の技能」の観点に対応した④「できる」は、「自分の外側にあった技術を、自分の内側の技能として獲得する」と説明される。つまり、林（1988）が述べたように、運動種目の運動技能の構造的特性を中心に「運動の技能」を指導する単元計画が、学校レベルの体育科カリキュラムとして大後戸にも引き継がれていた。ただし、林や大後戸の授業スタイルの変容の要因として述べたように、彼らは運動の苦手な子どもの運動技能の達成が困難であるという現実にぶつかった。彼らは、その解決のために、「自己の能力に応じた」運動技能の目標の個別化ではなく、コツやタイミングという運動経過の感覚について自己評価や相互評価という学習活動を組織し、教師が形成的に評価して子どもにフィードバックする指導を独自に具体化していたのである。

大後戸（2005, pp.22-23）には、水泳とマット運動、鉄棒運動、跳び箱運動について、この4つの観点ごとに「A規準」として「全員につけたい力」と「B規準」として「発展的につけたい力」が「小学校6年間の評価規準」一覧表として示された。2001年に改訂された指導要録は、「評定」欄も相対評価をやめて「目標に準拠した評価」を行うことになった。そして、教科の評価は「観点別学習状況」欄が基本とされ、「目標に準拠した評価」でABCの3段階に評価するとされ、「評定」欄は、第3学年以上は3段階の目標に準拠した評価とされた。これらの大後戸の提案は、この指導要録の改訂に対する対応と考えられる。もちろん、広島大学附属小では、すでに開発され実践されていた単元計画と対応した学校独自の観点と運動教材ごとの評価基準がこれまでに開発されていたのである。

第4節　「運動の技能」と「運動の楽しさ」と「運動の学び方」を関係づける時期：小学校学習指導要領の改訂（2008年）と指導要録の改訂（2010年）

1　指導要録改訂における「観点別学習状況」欄の「観点」の変更

中央教育審議会教育課程部会（2010, pp.13-18）及び文部科学省初等中等教育局長（2010, p.3.）によれば、従来の「思考・判断」の観点が「思考・判断・表現」に変更された。また、「技能・表現」が「技能」に変更された。「関心・意欲・態度」と「知識・理解」は従来どおりで変更なしであった（図3-4参照）。

そして、「技能」と「知識・理解」の観点で「基礎的・基本的な知識・技能の習得」を評価し、「思考・判断・表現」の観点で「教科の知識・技能を活用して課題を解決する」能力を評価するとされた。この「思考・判断・表現」の評価の方法を各教科で開発し、形成的評価や総括的評価として具体化することが今回の改訂で新たに求められた。

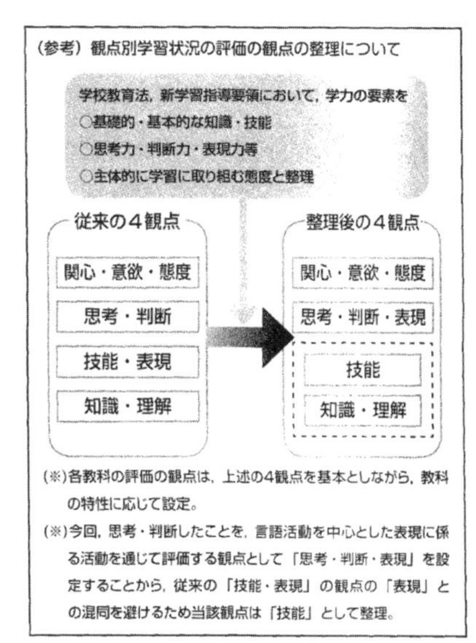

図 3-4　「観点別学習状況」欄の「観点」の変更（出典：『新しい教育』編集部（2010）「児童生徒の学習評価の在り方に関するワーキンググループにおける審議の中間まとめの概要」『新しい教育』日本標準、20 号、p.6.）

2　小学校学習指導要領（2008 年改訂）のめざす「確かな学力」と各教科の「観点別学習状況」評価との関係

文部科学省（2008a，pp.3-4）の「2 改訂の基本方針」は以下のように述べる。

「② 知識・技能の習得と思考力・判断力・表現力等の育成のバランスを重視すること。…確かな学力を育成するためには、基礎的・基本的な知識・技能を確実に習得させること、これらを活用して課題を解決するために必要な思考力、判断力、表現力その他の能力をはぐくむことの双方が重要であり、これらのバランスを重視する必要がある。このため、各教科において基礎的・基本的な知識・技能の習得を重視するとともに、観察・実験やレポートの作成、論述など知識・技能の活用を図る学習活動を充実すること、さらに総合的な学習の時間を中心として行われる、教科等の枠を超えた横断的・総合的な課題について各教科等で習得した知識・技能を相互に関連付けながら解決するといった探究活動の質的な充実を図ることなどにより思考力・判断力・表現力等を育成することとしている。また、これらの学習を通じて、その基盤となるのは言語に関する能力であり、国語科のみならず、各教科等においてその育成を重視している。さらに、学習意欲を向上させ、主体的に学習に取り組む態度を養うとともに、家庭との連携を図りながら、学習習慣を確立することを重視している。」（下線は引用者）

つまり図 3-5 に示すように、各教科で「基礎的・基本的な知識・技能」を「習得」

させそれを「活用」させるとともに、「総合的な学習の時間」の「探求活動」を充実させることを通じて「思考力・判断力・表現力等」を育てるという。また、「その基盤となるのは言語に関する能力」であり、全体として「学習意欲を向上させ、主体的に学習に取り組む態度を養う」ことをめざすというのである。

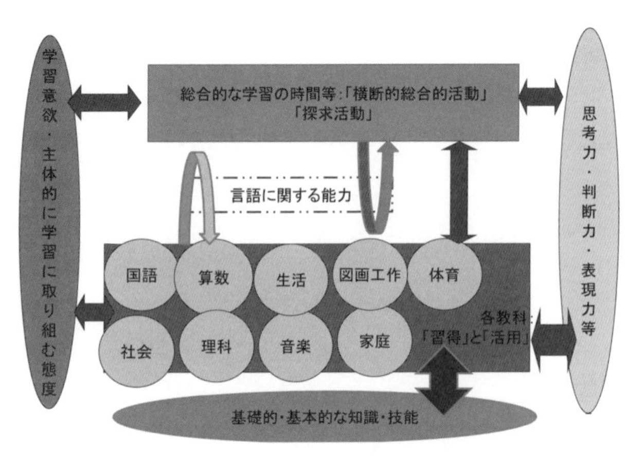

図 3-5 「確かな学力」と各教科の「観点別学習状況」評価との関係

3 体育の目標と「評価の観点」

2008 年に告示された小学校学習指導要領に示された体育科の目標と指導要録の「観点別学習状況」の観点との対応関係をみてみよう。小学校体育科の目標は、体育と保健に分けて 2 学年ごとに示されている。

体育は、高学年を例にとると「体つくり運動」、「器械運動」、「陸上運動」、「水泳」、「ボール運動」及び「表現運動」という「運動領域」ごとに、(1)「技能」(「体つくり運動」のみ「運動」)(2)「態度」(3)「思考・判断」という順に目標が示されている(文部科学省, 2008b, p.60-78)。示された順序は異なるが、表 3-4 のようにそれぞれ「運動の技能」「運動への関心・意欲・態度」「運動についての思考・判断」という「評価の観点」に対応している。

表 3-4 体育の目標と「評価の観点」

小学校学習指導要領 (2008) の目標	指導要録改訂 (2010) の評価の観点
(1)「技能」(「体つくり運動」のみ「運動」)	「運動の技能」
(2)「態度」	「運動への関心・意欲・態度」
(3)「思考・判断」	「運動についての思考・判断」

教科の評価は、「目標に準拠した評価」による「観点別学習状況」欄と「評定」欄への記入が中心となる。ただし、「評定」は「各教科の学習の状況を総括的に評価するものであり、『(1) 観点別学習状況』において掲げられた観点は、分析的な評価を行うものとして、各教科の評定を行う場合において基本的な要素とな

るものであることに十分留意する。（文部科学省初等中等教育局長，2010，別紙1，p.3)」と示されたため、「観点別学習状況」の記入が教師にまず求められることになる。

文部科学省初等中等教育局長通知（2010，p.17）によれば、体育科の「観点別学習状況」欄として表 3-4 の「評価の観点」が例示された。この「評価の観点」は、2001 年改訂の指導要録の「評価の観点」と一致しており変更はない。

「運動や健康・安全への関心・意欲・態度」「運動や健康・安全についての思考・判断」「運動の技能」「健康・安全についての知識・理解」

3-1「運動の技能」

2008 年告示の小学校学習指導要領で小学校体育科の学年目標は、「(1) 活動を工夫して各種の運動の楽しさや喜びを味わうことができるようにするとともに、その特性に応じた基本的な技能を身に付け、体力を高める。(2) 協力、公正などの態度を育てるとともに、健康・安全に留意し、自己の最善を尽くして運動をする態度を育てる。」（小学校 5•6 年の学年目標）とあるように、「運動の楽しさや喜び」を重視する路線は引き継がれた。しかしながら、より具体的にみると運動技能の目標が「(1) 次の運動の楽しさや喜びに触れ、その技ができるようにする。」（5•6 年学年目標、器械運動)、「次の運動の楽しさや喜びに触れ、その技能を身に付けることができるようにする。」（5•6 年学年目標、陸上運動・水泳）とされ、1977 年の小学校学習指導要領以降、各運動領域の「技能」の目標に示されていた「自己の能力に適した」の記述が削除された（文部科学省初等中等教育局長，2010，p.64，p.69，p.71)。

1998 年告示の小学校学習指導要領の小学校体育科の具体的な運動技能の目標は「自己の能力に適した課題をもって次の運動を行い、技に取り組んだり、その技ができるようにしたりする。（文部省，1998，p.82)」（5•6 年学年目標、器械運動)、「自己の能力に適した課題をもって次の運動を行い、その技能を身に付け、競争したり、記録を高めたりすることができるようにする。」（5•6 年学年目標、陸上運動)、「自己の能力に適した課題をもち、クロール及び平泳ぎの技能を身に付け、続けて長く泳ぐことができるようにする。」（5•6 年学年目標、水泳）とされ、「運動の技能」の目標は、「自己の能力に適した課題」に個別化されていた。つまり、学級全員の子どもに共通に学ぶべき基本の技や技能の習得は目標とされなかった。

これに対して、2008年告示の小学校学習指導要領は、5、6年の器械運動を例にとれば「次の運動の楽しさや喜びに触れ、その技ができるようにする。」ことを目標としている。「技能」の目標が、個別化されるのではなく全ての子どもに共通に設定されることになったのである。

「ア　マット運動では、基本的な回転技や倒立技を安定して行うとともに、その発展技を行ったり、それらを繰り返したり組み合わせたりすること。

イ　鉄棒運動（省略）

ウ　跳び箱運動（省略）（文部科学省，2008b，p.106.）」

「マット運動」を例にとれば、表3-5のような「評価基準」を学校や学年で合意し、全員が「できる」レベルに到達するような授業をめざし、「もう少し」のレベルの子どもに対しては教え方を工夫して個別に指導することが求められた。

表3-5　マット運動の学年別評価基準例（出典：森川（2002）p.27.を一部修正）

	評価項目	よくできる	できる	もう少し
第4学年	・技のポイントを理解し、課題にあった練習ができる。 ・マットで側方倒立回転や開脚後転などの技ができる。	・自ら技のポイントを見つけ、課題にあった練習ができる。 ・足の上がった側方倒立回転やひざを伸ばした開脚後転ができる。	・技のポイントを理解し、教師の支援で課題にあった練習ができる。 ・腰の上がった側方倒立回転や手を正しくついた開脚後転ができる。	・教師が働きかけても、技のポイントや課題にあった練習方法が理解できない。 ・側方倒立回転ができない。開脚後転で正しく手がつけない。
第5学年	・技のポイントを理解し、課題にあった練習ができる。 ・マットで側方倒立回転や開脚前転などの技を組み合わせて簡単な演技を行うことができる。	・自ら技や組み合わせ方のポイントを見つけ、課題にあった練習ができる。 ・足の上がった側方倒立回転や膝を伸ばした開脚前転ができる。 ・技と技をスムーズにつないだ演技ができる。	・技や組み合わせ方のポイントを理解し、教師の支援で課題にあった練習ができる。 ・腰の上がった側方倒立回転や開脚前転を組み合わせた演技ができる。	・教師が働きかけても技や組み合わせ方のポイント、課題にあった練習方法が理解できない。 ・腰の上がった側方倒立回転や開脚前を入れた演技ができない。
第6学年	・技のポイントを理解し、課題にあった練習ができる。 ・マットで組み合わせ方を工夫し、側方倒立回転や開脚前転などの技をいれた演技を行うことができる。	・自ら技や組み合わせ方のポイントを見つけ、課題にあった練習ができる。 ・膝の伸びた側方倒立回転や開脚前転ができる。 ・組み合わせ方を工夫し、できる技をスムーズにつないだ演技ができる。	・技や組み合わせ方のポイントを理解し、教師の支援で課題にあった練習ができる。 ・腰の上がった側方倒立回転や開脚前転ができる。 ・できる技をスムーズにつないだ演技ができる。	・教師が働きかけても技や組み合わせ方のポイント、課題にあった練習方法が理解できない。 ・腰の上がった側方倒立回転や開脚前転ができない。 ・技と技がスムーズにつながっていない。

3-2「運動についての思考・判断」

1998年告示の小学校学習指導要領の小学校体育科の「器械運動」を例にとると、「思考・判断」の目標は「(3) 自己の能力に適した課題の解決の仕方や技の組み合わせ方を工夫できるようにする。」(5•6年学年目標、器械運動) とあり、「ア　課題の解決の仕方を知り、自分の力に応じた練習の場や段階を選ぶこと。イ　技をつなぐ方法を知り、自分の力に合った技を組み合わせること。」と具体的に示されている (文部科学省, 2008b, p.69)。一方、「運動についての思考・判断」の「評価規準」は、文部科学省の「通知」によれば、「自己の能力に適した課題の解決を目指して、運動の仕方を工夫している。」と示されている (文部科学省初等中等教育局長, 2010, 別紙5, p.17)。

運動ができるようになるためには、器械運動の技のポイントやボール運動でのボールの投げ方、試合のルールなどの知識を理解することが必要である。ところが、足の伸びた側方倒立回転ができない子どもは、足を伸ばすという技のポイントがわかってもすぐにできるようにはならない。子どもたちは、足を伸ばすために練習を工夫し、足が伸びた高さにゴムひもを張り足が触れるまで何度も練習し、やっとできるようになる。つまり、「運動の技能」の達成は、「自己の能力に適した課題の解決を目指して、運動の仕方を工夫している。」という「運動についての思考・判断」の達成と密接に結びついている。技のポイントを理解した子どもたちは、いろいろな練習の仕方を考えて、苦手な子どもも技ができるように教え合って学習をすすめていく。「基礎的・基本的な知識・技能の習得とこれらを活用する思考力・判断力・表現力等をいわば車の両輪として相互に関連させながら伸ばしていく (中央教育審議会教育課程部会, 2010, p.12)」という2008年告示の小学校学習指導要領の趣旨を踏まえれば、体育では、「運動の技能」を「習得」する際に運動や練習の仕方についての知識を「活用」することが重要となる。つまり、「運動についての思考•判断」は、運動や練習の仕方についての知識を「活用」する能力を評価する観点なのである。

「運動についての思考・判断」を評価する方法は、第1に技のポイントを教え合ったり練習の仕方を考える子どもの学習活動を教師が観察することである。第2に、図3-6にあるような運動や練習の仕方についての知識とそれを活用する能力を問う小テストを用いて指導改善のための形成的評価や成績資料収集のための総括的評価として実施する方法もある。

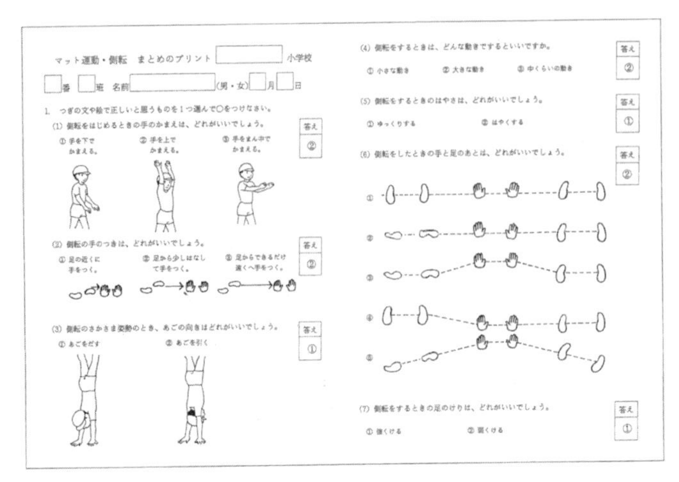
マット運動・側転　まとめのプリント　　小学校

番　班　名前　（男・女）　月　日

1. つぎの文や絵で正しいと思うものを1つ選んで○をつけなさい。

(1) 側転をはじめるときの手のかまえは、どれがいいでしょう。　答え ②

① 手を下でかまえる。　② 手を上でかまえる。　③ 手をまん中でかまえる。

(2) 側転の手のつきは、どれがいいでしょう。　答え ②

① 足の近くに手をつく。　② 足から少しはなして手をつく。　③ 足からできるだけ遠くへ手をつく。

(3) 側転のさかさま姿勢のとき、あごの向きはどれがいいでしょう。　答え ①

① あごをだす　② あごを引く

(4) 側転をするときは、どんな動きでするといいですか。　答え ②

① 小さな動き　② 大きな動き　③ 中くらいの動き

(5) 側転をするときのはやさは、どれがいいでしょう。　答え ①

① ゆっくりする　② はやくする

(6) 側転をしたときの手と足のあとは、どれがいいでしょう。　答え ②

①　②　③　④　⑤

(7) 側転をするときの足のけりは、どれがいいでしょう。　答え ①

① 強くける　② 弱くける

図 3-6　側転の思考・判断テスト
出典：大貫耕一（2004）「高学年　マット運動」、p.95.

3-3「運動への関心・意欲・態度」

2008年告示の小学校学習指導要領には「態度」の目標として、「協力、公正などの態度を育てるとともに、健康・安全に留意し、自己の最善を尽くして運動をする態度を育てる。」（高学年の目標）と示してある。この「態度」には、評価の在り方からみれば運動や健康・安全に「意欲・関心」を示すことと、学級という集団の中で運動や学習の得意な子も運動や学習の苦手な子も「協力」して学習することが大切と考えて行動する「態度」が含まれている。これらは、子どもたちの内面的な情意的目標であり教師が子どもの学習の活動を観察して評価することにならざるをえない。ただし、これらの「意欲・関心」や「態度」は、到達点を示すことが困難で変化に長い時間のかかる方向目標なので、これらの「観点別学習状況」の評価は、毎回の授業で行うのではなく単元終了後や学期の最後というように長い区切りの後に実施する。

また2008年告示の小学校学習指導要領に示された「協力、公正などの態度」には、上記の他に試合のルールやマナーを守る行動とチームのメンバーで協力して練習や試合をする行動が含まれている。これらの行動は、子どもたちの内面的な情意的目標ではなく、学習の課題として到達目標の形で示される（木原, 2010, pp.64-68）。つまり、ボール運動で試合をする学習では教師と子どもが合意した試合のルールを守る行動が目標とされ、自分たちのチームで練習や試合をする時には表 3-6 にあるように「準備・片付けができる」や「友だちへの声かけやアドバイスができる」という行動が目標として示される。ただし、これらの目標は教師が一方的に示すのではなく、教師と子どもが単元最初のオリエンテーションや授業で合意する必要がある。

表 3-6 「意欲・関心・態度」の学年別評価基準の例（出典：森川（2002）p.27.）

	評価項目	よくできる	できる	もう少し
第4学年	きまりを守り、協力して安全に運動しようとする。	・進んできまりを守り、友達と協力して運動する。 ・準備・片づけも進んで行い、安全な行動をとる。	・教師の指示を聞いて準備・片づけをしたり、きまりを守って安全に気をつけて活動したり友達と協力して活動したりする。	・運動するだけで準備・片づけをしようとしない。 ・きまりを守ったり協力したりしようとする意識が希薄。
第5・6学年	自己の目標を目指し、協力して安全に運動しようとする。	・自ら自己の目標を立て、それに向かって意欲的に活動する。 ・進んで友達に声かけやアドバイスするなど協力して活動する。 ・準備・片づけを進んで行い、安全な行動をとる。	・教師の指示のもとに目標を立てたり、活動したりする。 ・教師の支援のもとに友達への声かけやアドバイスができる。 ・教師の指示のもとに準備、片づけができ、安全な行動をとる。	・教師が支援、指導しても協力的、意欲的な活動ができない。 ・準備、片づけにも消極的で、自分勝手な行動が見られる。

教師はこれらの行動を授業の目標に設定するのであれば、1 人ひとりの子どもたちがどのように行動したかを授業での観察や学習カードへの記述をもとに評価する必要がある。

2008 年告示の小学校学習指導要領では各運動領域の「技能」の目標が、個別化されるのではなく全ての子どもに共通に設定されることになり、「運動の技能」の評価基準として用いられることになった。ここにいたって、「運動の技能」と「運動の楽しさ」と「運動の学び方」（2008 年告示の小学校学習指導要領では「運動についての思考・判断」と表記）という体育科の目標は、「目標に準拠した評価」を実行するところから、その関係を問い直されることになった。「運動の技能」と「運動の学び方」（「運動についての思考・判断」）は到達点の明示できる到達目標になりえるが、「運動の楽しさ」は目標の方向性を示すが到達点は示さない方向目標である。また、指導要録の求める「目標に準拠した評価」の目的は、教師の指導の改善と子どもの学習の理解、さらには対外的な成績の証明のための資料というものである。こうした体育科の目標の性格の相違や評価の目的の相違を踏まえ、「運動の技能」と「運動の楽しさ」と「運動の学び方」（「運動についての思考・判断」）を内在的に関係づける目標と評価のあり方がまさに問われる時期が来たのである。

3-4「運動の技能」と「運動に関する知識」「運動についての思考・判断」の区別と関連の実践的探求

大後戸（2017，2020）は、大学に転出してから広島大学附属小での授業実践を踏まえて、日本体育科教育学会シンポジウムで運動に関する「知識及び技能」と「思考力・判断力・表現力」の区別と関連を発表した。その背景には、以下のような小学校学習指導要領と指導要録の改訂があった。

2017年に告示された小学校学習指導要領では、全教科の目標が「知識及び技能」「思考力・判断力・表現力等」「学びに向かう力、人間性等」の3つの「資質・能力」で示された。また、2019年に中教審より通知された「児童生徒の学習評価の在り方について（報告）」（中央教育審議会，2019）では、全教科の「観点別学習状況評価の観点」として、「知識・技能」「思考・判断・表現」「主体的に取り組む態度」を評価し評定に総括することが示された。これらの改訂を受け、体育科の現場では体育の「知識」と「技能」と「思考・判断・表現」をどのように区別して単元計画を作成し、評価するのかが実践的な課題となった。

大後戸（2020）は、特に「知識」と「思考力・判断力・表現力」を岩田（2005）をもとに、図3-7のように整理した。つまり、「課題認識」を「知識」とし、「実体認識」と「方法認識」を「思考力・判断力・表現力」と考えるという整理であった。そのうえで、図3-8と図3-9のように、オープンスキル系の運動の代表としてFFを取り上げ、クローズドスキル系の運動についても、「知識」と「技能」と「思考力・判断力・表現力」の区別と関連が示された。その結果、「指導と評価の一体化」を実現するために教師は以下の点に留意して授業を計画し指導すべきと指摘された。

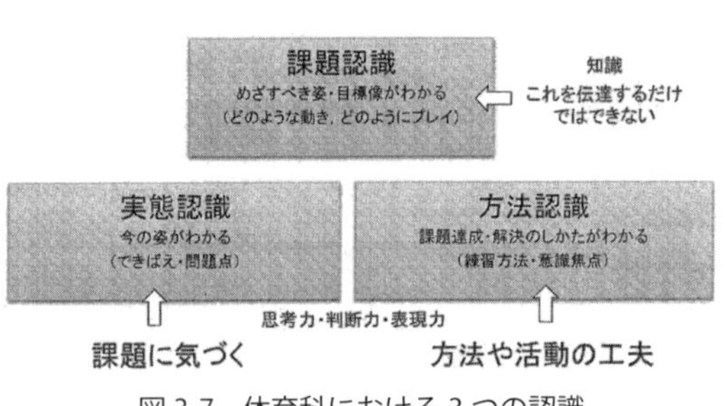

図3-7　体育科における3つの認識

①教えるべき「知識」と「技能」を具体化・明確化する。

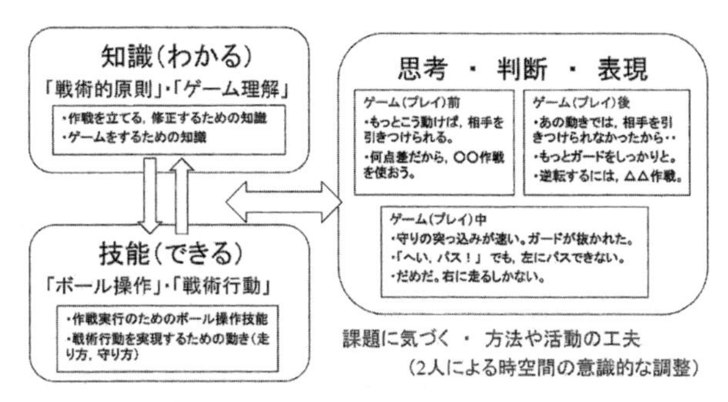

図 3-8　FF を学習する過程での「知識」「技能」「思考・判断・表現」

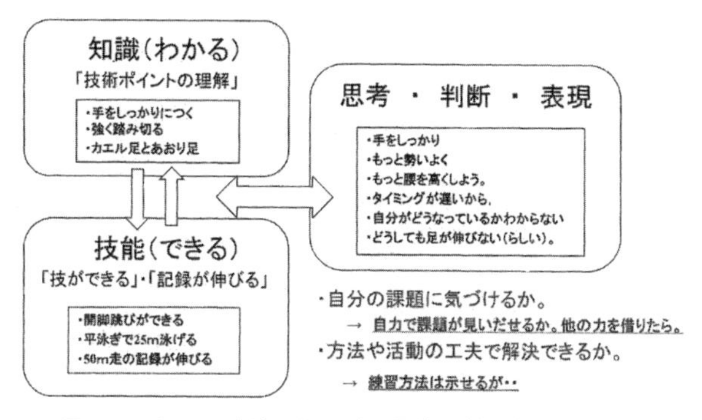

図 3-9　クローズドスキル系の運動を学習する過程での
「知識」「技能」「思考・判断・表現」

例えば、「前転ができる」とは、基準として「両手でしっかり体を支える」と「順次接触」の達成をめざしつつ、発展的な課題として、「膝を伸ばす」を取り入れる。「手を使わずに起き上がる」は求めない、といった教えたい知識と技能の整理をする。

②「思考・判断」したことを見取るためには、「表現」させて取り出すしかない。

目標とする運動課題が把握されないままの学習はあり得ない。そして、運動修正のためには、実態認識が欠かせない。ということは、課題認識と実態認識は全ての児童生徒に保障すべき事項であるということになる。そのためには、相互観察活動や、映像、記録、データなどで示したり、必要に応じて教師が直接助言したりする必要があるだろう。そして、その把握具合を表現する場と時間を確保する。（大後戸，2020，p.45）

この大後戸（2020）の指摘は、1998 年から 2012 年までの間、小学校体育専科教師として大後戸自身が、「教えるべき『知識』と『技能』の具体化・明確化」を行い、「課題認識と実態認識」を子どもに理解させるために、授業中に時間をとって「相互観察活動や、映像、記録、データなどで示したり、必要に応じて教師が直接助言したり」していた事実を示している。さらに大後戸は、FF の授業で学習カードを使用して、「知識」に加えて「思考力・判断力・表現力」を評価していた。この評価は、次のような子どもの学習の成果を評価し子どもたちを励ますことになっていた。

> ボール運動が苦手な子は、ゲーム中に要求される瞬時の判断ができなかったり、判断しても技能が追いついていなかったりする。ゲームだけを見て評価するなら、確かにこの子たちはできていない。だからといって、何も考えてないわけではない。「技能」を発揮できなくとも、頭の中ではゲームを理解し、「思考」を巡らし、前向きに取り組む多くの児童がいた。私は、何とかその子たちの頭の中で起こっていることを取り出し、その価値を見出し、適切に評価したいと考えてきた。（大後戸，2017，p.43）

大後戸の体育授業では、このように「知識」と「技能」と「思考力・判断力・表現力」の区別と関連が整理されていた。そして、この 3 つの目標をどのように区別して単元計画に具体化し、この 3 つの目標に準拠して子どもの学習成果をどのように評価するのかが示されていた。しかしながら、これらの 3 つの目標と「運動の楽しさ」や「学びに向かう力、人間性等」という情意目標との区別と関連は提案されず課題として残されていた。

第 5 節　まとめ

1989 年に告示された小学校学習指導要領及び 1998 年に告示された小学校学習指導要領では、体育科の目標は「運動の楽しさや喜び」が重視され、運動の機能的特性を中心に単元計画を作成する方向が示されていた。これに対し、林や大後戸は、彼らの教師の信念に基づき運動の構造的特性を中心に単元計画を作成していた。そして、単元計画に示した運動技能の習得や運動に関する知識の理解という目標を全ての子どもに対して達成できるように、運動技能や知識に加え、運動経過のイメージや「教科独自の学習法」を加えて目標に設定した。さらに、運動技能や知識に加え、運動経過のイメージや「教科独自の学習法」という目標に準拠した評価を実施し、その評価から得られた情報を指導の改善に生かそうとしていた。これらの目標や評価基準の観点は、学習指導要領の目標や指導要録の観点とは異なるものもあった。広島大学附属小が研究開発校として教育制度の制約から一定程度自由な取り組みを許されているために、これらの体育カリキュラムと評価観点の設定が可能であったのである。

2008年に告示された小学校学習指導要領では、「運動の技能」と「運動の楽しさ」、「運動の学び方」（「運動についての思考・判断」）を内在的に関連づける目標と評価の在り方が問われることになった。大後戸は、「知識」と「技能」と「思考力・判断力・表現力」の区別と関連を整理し、この3つの目標を区別して単元計画に具体化し、この3つの目標に準拠して子どもの学習成果を評価する授業を実践していた。しかしながら、これらの3つの目標と「運動の楽しさ」や「学びに向かう力、人間性等」という情意目標との区別と関連は提案されず課題として残されていた。

【文献】

『新しい教育』編集部（2010）「児童生徒の学習評価の在り方に関するワーキンググループにおける審議の中間まとめの概要」『新しい教育』日本標準，20号.
学校体育研究同志会編（1979）『体育の技術指導入門』ベースボール・マガジン社.
林俊雄（1988）「主体的な体育学習を引き出す授業の構成―「サッカー」5年―」『学校教育』852号，pp.30-37.
林俊雄（1994）「運動技術の習得をめざした『わかる・できる』授業構成のあり方―『ハードル走』の実践（6年）における言語活動に着目して―」『学校教育』919号，pp.24-29.
広島大学附属小学校編（1999）『21世紀に生きる教育課程』広島大学附属小学校.
広島大学附属小学校編（2007）『21世紀型学力を保障する教育課程の創造―教科カリキュラムの構想―』広島大学附属小学校.
細江文利（1993）「観点別学習状況評価規準の考え方・作り方」『体育科教育』41巻7号，pp.36-39.
木原成一郎（1993）「子どもが学ぶことを励ます体育の評価」『体育実践に新しい風を』大修館書店，pp.194-212.
木原成一郎・大貫耕一編著（2004）『教えと学びを振り返る体育の評価』大修館書店.
木原成一郎（2010）「体育科の目標構造を提案する」『体育科教育』58巻6号，pp.64-68.
小林一久編（1982）『達成目標を明確にした体育科授業改造入門』明治図書.
小林一久（1985）『体育の授業づくり論』明治図書.
京都の体育科到達度評価の実践　小学校編　編集委員会編（1982）『京都の体育科到達度評価の実践　小学校編』地歴社.
三木四郎（1990）「体育の学習指導に生かす評価の考え方と進め方」『体育科教育』38巻7号，pp.18-21.
森川敦子（2002）「器械運動の学年別評価規準」『体育科教育』50巻9号，pp.26-29
文部科学省初等中等教育局長（2010）「小学校，中学梗，高等学校及び特別支援学校等における児童生往の学習評価及び指導要録の改善等について（通知）2010年5月11日付」田中耕司編著（2010）『小学校新指導要録改訂のポイント』日本標準，pp.183-222.
文部科学省（2008a）『小学校学習指導要領解説　総則編　平成20年6月』東洋館出版社.

文部科学省（2008b）『小学校学習指導要領解説体育編』東洋館出版.
文部省（1989）『小学校学習指導要領』大蔵省印刷局.
文部省（1990）『小学校学習指導要領解説体育編』東山書房.
文部省（1991）『文部省発表　小・中学校指導要録』明治図書.
文部省（1998）『小学校学習指導要領』大蔵省印刷局.
中本雄一（2003）「『評価基準をつくる』とは？」『体育科教育』51 巻 6 号，pp.32-35.
中西紘士（2021）『小学校体育科の器械運動領域におけるはね動作習得のための体育科カリキュラムの開発』（広島大学大学院教育学研究科博士論文）https://ir.lib.hiroshima-u.ac.jp/ja/list/HU_type/9020/p/7/item/51241（2021.1.18 検索）
西岡加名恵（2003）『教科と総合に生かすポートフォリオ評価法』図書文化，p.16.
マイネル，K（金子明友訳）（1981）『マイネル スポーツ運動学』大修館書店.
中村敏雄編（1991）『続　体育の実験的実践』創文企画.
田中耕治（2009）「教育課程の編成主体と学習指導要領」田中耕冶編『よくわかる教育課程』ミネルヴァ書房.
中央教育審議会（2019）児童生徒の学習評価の在り方について（報告）. 文部科学省 HP, https://www.mext.go.jp/component/b_menu/shingi/toushin/__icsFiles/afieldfile/2019/04/17/1415602_1_1_1.pdf（2022 年 2 月 27 日検索）
中央教育審議会教育課程部会（2010）「児童生徒の学習評価の在り方について（報告）」田中耕司編著（2010）『小学校新指導要録改訂のポイント』日本標準，pp.158-182.
大貫耕一「高学年　マット運動」（2004）木原成一郎他編『教えと学びを振り返る体育の評価』大修館書店.
大後戸一樹（2005）「評価規準づくりから体育科の学力をとらえ直す：水泳と器械運動をに」『学校教育』第 1051 号，pp.18-23.
大後戸一樹（2008）「体育科授業における「わかる」とは（2）―水泳での自己観察と他者観察の相関分析から―」『学校教育』第 1087 号，pp.24-29.
大後戸一樹（2017）「『思考力・判断力・表現力』からみた体育授業研究の実践の成果―小学校ボール運動の実践事例から―」『体育科教育学研究』33（1）：43-48..
大後戸一樹（2020）「『指導と評価の一体化』の観点からみるこれからの体育の評価」『体育科教育学研究』36（1）：41-46.
佐藤学（1997）「教師の省察と見識〈教職専門性の基礎〉」『教師というアポリア―反省的実践へ』世織書房，pp.57-77.
品田龍吉（1995）「Q&A『学習評価の視点とその方法』」『体育科教育』43 巻 12 号，pp.17-21.
品田龍吉（2003）「体育の評価規準作成のポイント」『体育科教育』51 巻 6 号，pp.24-27.
常木己喜男（1992）「選択制授業の学習評価」『体育科教育』40 巻 4 号，pp.24-27.
宇土正彦編（1981）『体育学習評価ハンドブック』大修館書店.
宇土正彦編（1982）『小・中学校　体育科の観点別到達度評価』大修館書店.
内海和雄他編（1984）『体育のめあてを生かす授業と評価』日本標準.
内海和雄（1995）『体育の「新学力観」と到達度評価』大修館書店.
全国到達度評価研究会（1997）『体育：目標づくり　授業づくり』あゆみ出版.

終章

本書は次のリサーチクエスチョンを設定した。林と大後戸は教師をめぐるこの困難な時代に、どのようにして「誠実な教師」や「反省的実践家」をめざしてそのライフヒストリーを歩むことができたのであろうか。そしてこの問いに応えるために、本書は、広島大学附属小で林と大後戸が小学校体育専科教師として過ごしたそれぞれの24年間および14年間のライフヒストリーを対象に、2人の体育授業の力量形成の過程に焦点を当て、「授業スタイル」を形成し変容させた契機とその要因を明らかにすることを目的とした。

その結果、第2章及び第3章の「まとめ」に「授業スタイル」を形成し変容させた契機とその要因を明らかにした。特に「授業スタイル」を変容させた契機には、林の技能指導の行き詰まりや大後戸の学級の子どもが崩れた経験という困難な体験や大後戸の山内氏との出会いや我が子の運動指導の体験があった。同時に、それらの体験を契機として林と大後戸がそれまでの学級経営の実践や体育授業実践を「省察」することを通して、体育授業観や子ども観、学校観という教師の信念を組み替えたことが「授業スタイル」を変容させ、新たな「授業スタイル」を獲得できたことが明らかになった。また、第3章の1982年から2011年までの小学校学習指導要領と児童指導要録という教育制度の制約の中で、林と大後戸は彼らの教師の信念に基づき、研究開発校の特色を生かし教育制度とは異なる独自の体育科カリキュラムの開発を行うとともに独自の学習評価の観点に基づいた体育科カリキュラムの改善を行っていたことがわかった。

これまで林と大後戸の体育授業の力量形成に関するライフヒストリーを分析してきた。ここで2名の事例に共通したテーマが2つ浮かび上がった。それは、力量形成の条件、小学校体育科の教育的意義の明確化、であった。力量形成の条件は、「誠実な教師」や「反省的実践家」をめざして2人がライフヒストリーを歩むことができた条件を示すものである。また、小学校体育科の教育的意義の明確化は、2人のライフヒストリーの中で「授業スタイル」の形成と変容の要因として重要な役割を果たした教師の信念の中核に位置するものと考えられる。

第1節　力量形成の条件

1　入職後の教師の力量形成に対する大学の教員養成の役割

教職選択の動機として、林は1人ひとりを大切にしてくれた小学校の恩師の思い出が大きく、大後戸は実技力のある運動部活動を指導した中学校の保健体育教師の恩師へのあこがれが根本にあった。林の動機は、「子どもにとって意味のある授業（教師観）」「自分の想いみたいなことを安心してしゃべれる、そういうクラスを作ることが何より大事（子ども観）」という教師の信念に発展していった。他方、大後戸の動機は、中学校時代に経験していた「実技能力の差なく全員が認められる体育の授業」の意味を大学の教員養成学部の授業で学ぶことにより､「授業の目的は、運動の得意な子も苦手な子も体育授業でうまくなることができるという能力観を育てることに置く。」という「ここまで引っ張り上げる授業」という体育授業観に発展していく。林は1976年、大後戸は1987年に教員養成課程の大学に入学している。山崎準二（2002，p.330）は、それ以前の世代が「教育実習以後」に教職選択を決定した傾向があることに対し、1980年代以降の教育学部入学者たちの中には「小・中学校の頃」を選択する傾向が高かったと述べているが、林や大後戸も同時代の多くの教師と同じように教職選択の動機を抱いていたと言えよう。

また、朝倉（2016，pp.9-10.）は中高の体育専科教師が学校内で他教科より低い地位で現職教育の機会を受けにくい「周辺性 (marginality)」という特質を持つことや､学校における役割期待から生徒指導における管理志向や部活動重視の「負の遺産」を再生産する現状と体育教師が自己の部活動経験から形成した信念を問い直す難しさを指摘している。この指摘に対して、林は中高の運動部活動、大学の体育会馬術部と部活動のスポーツ経験を持ちつつも小学校での教育実習体験と編入学した教員養成学部の指導教員からの影響で「子どもにとって意味のある授業（教師観）」という信念を持ち入職した。大後戸は、入職後「授業の目的は、運動の得意な子も苦手な子も体育授業でうまくなることができるという能力観を育てることに置く。」という「ここまで引っ張り上げる授業」という体育授業観をあらためて自覚することになる。つまり、林と大後戸は入職時の段階で、中高の体育専科教師の一般的な傾向とは異なる信念を持っていたといえる。この信念に方向づけられて林と大後戸は子どもの学習に視点を置いた体育授業観をもち授業スタイルを形成していくことになる。入職後の体育授業観や授業スタイルの形成を考えた時、学生の信念の形成を促す可能性を持つ大学の教員養成が重要な役割を持つことが示唆される。

2　若い教師の力量形成におけるメンターの役割

序章第5節の「3-1-2　教科担任制におけるメンタリングと授業力量形成のた

めの授業研究」及び、第1章第1節の「2-3-3　メンターからの支援」で、初任教師の林は当時の体育主任の徳永氏から援助を受け、体育授業の知識や技能はもちろん、毎日学級通信を書く姿から学級担任として子どもの生活を理解する姿勢を学んだと述べていた。木原他（2010）によれば、若い教師がスムーズに教師の仕事ができるように教職に就いてから数年間の間彼らを援助する仕事は、メンタリングと呼ばれ、教職にとどまらず、医者や看護師、警官等の専門職において新しく職に就いた人々がスムーズに新しい職に参入するように援助する中堅職員の役割を意味している。メンタリングを行う人はメンターと呼ばれ、メンターの典型例は教員養成において教育実習生を指導する学校の指導教員である。このメンタリングは指導教員が教育実習生を援助する場合にとどまらず、学校に新しく参入する若い教員の成長を励ます教員の職能としても必要な力量となってきている。

30歳で広島大学附属小に転任した大後戸は、第2章第1節の「2-3　教師の信念の形成」で、小学校体育専科教師としての専門性を毎年行われる授業研究会での授業公開を通して行うことについて当時の体育主任の林から援助を受けたと述べていた。すでに公立小学校で学級担任教師として5年間教職を経験した大後戸は、林のメンタリングにより広島大学附属小の小学校体育専科教師として必要な知識や考え方を身に付けていったのである。林にとっての徳永氏、大後戸にとっての林のように、若手の成長に必要なメンターのメンタリングの役割は重要であり、広島大学附属小の体育科には学校文化としてメンタリングが根付いていた。

3　校内研修システムやカリキュラムの研究開発校という学校文化の存在

序章第5節の「3-1-2　教科担任制におけるメンタリングと授業力量形成のための授業研究」で述べたように、広島大学附属小では、毎年広島大学の教員が参加する校内研修で各教科の授業研究を実施していた。そこではその教科で何を教えるのかを含めて、授業の計画から実施、評価と改善の全過程を先行研究や先行実践を踏まえて作りだす創造的な提案が求められ、その提案を研究授業を観察した事実に基づき参加者全員で協議した。そして、各教科の専科教員は、毎年2月に開催される公開授業研究会で授業を公開するとともに、その成果を広島大学附属小が編集する月刊雑誌で公開するという学校文化が存在した。校内研修と公開研究会という授業研究のシステムが、各教科の専科教員の力量形成を支えていたといえる。

また、序章第3節の「3-1-1　研究開発校としての広島大学附属小」で述べたように、広島大学附属小は、国立大学附属の小学校として、小学校学習指導要領を踏まえながら、ある程度の自由裁量の余地を認められ、授業や教育課程を実験的に創造していく研究開発校としての歴史と実績を持っていた。この学校文化のもとで、体育科専科教員は序章第3節の「3-2　広島大学附属小における小学校体育専科教師の仕事」で述べたように、「学校レベル」や「教室レベル」の体育科カリキュラムを開発していた。さらに、第3章第3節「『運動の技能』と『運動の楽しさ』と『運動の学び方』を関係づける目標と評価」で述べたように、大後戸は、「知識」と「技能」と「思考力・判断力・表現力」の区別と関連を整理し、この3つの目標を区別して単元計画に具体化し、この3つの目標に準拠して子どもの学習成果を評価する授業を実践していた。そして大後戸は、学習評価の結果を教室レベルの体育科カリキュラムの成果と解釈し、不十分な達成については、次年度に向け必要な体育科カリキュラムの改善を行っていた。ある程度の自由裁量の余地を認められ、授業や教育課程を実験的に創造していく学校文化があればこそ、各教科の専科教師がこのように各教科レベルのカリキュラム開発を行っていくことができたといえる。

4　サークル等への参加による個人研修の役割

第1章第2節の「2.2　正解に持っていく授業」で述べたように、林は1987年3月に故中村氏が中心になり開催された学校体育研究同志会の西日本大会に参加し入会した。そして、学校体育研究同志会の創りだした概念を「熟考」(佐藤, 1997, p.65.) して翻案して具体化し、自らの「正解に持っていく授業」という授業スタイルを作りだしていった。さらに1996年になると、学校体育研究同志会のリーダーである出原氏の「体育の教科内容」の概念を「熟考」(佐藤, 1997, p.65.) し、「スポーツの中の男と女」という体育理論の授業に具体化し実践し、「正解を自分が見つける授業」へと授業スタイルを変容させていった。

また、第2章第1節の「3-3　教師の信念の形成」で述べたように、大後戸は1997年8月に学校体育研究同志会の中国ブロックで実践報告をして入会した。そして、学校体育研究同志会で開発された効果的な教材を実践し、「ここまで引っ張り上げる授業」として自己の授業スタイルを形成し、2005年に単著として実践記録を出版した。さらに、大後戸は2004年に学校体育研究同志会の小学校教師の山内氏の開発した「ねこちゃん体操」に出会い、2年間をかけて山内氏の開発した教材とその背景にある子どもの運動学習についての考え方を受容して、

2006年には授業スタイルを「場を提供して押し上げる授業」に変容させた。

林と大後戸は、ともに体育専科教師としての力量形成のために、学校体育研究同志会の成果である教材やその教材開発の背後にある考え方について、「熟考」して翻案し授業の計画に具体化することで、自分たちの授業スタイルを形成し、変容させていった。日本には学校体育研究同志会を含めて、全国体育学習研究会、教授技術の法則化運動、体育授業研究会等の多くの体育研究サークルの専門家集団がある。体育専科教師が力量を形成するためには、専門的知識を継続的に共有し実践の成果を交流するサークル等の研究団体への参加という個人研修が重要である。

第2節　小学校体育科の教育的意義の明確化

広島大学附属小では広島大学附属中高等学校への進学に選抜があり、進学者を含めほぼ全ての子どもが私立中学校を含めた中学校受験を経験する。そのため、中学年からほぼ全ての児童が塾に通い、入試の点数で序列化される学校への振り分けを卒業時に体験する。このような学校文化の中で、入試による中学校進学に貢献できない体育科の専科教員に対してどのような教育的役割を果たすことができるのかが厳しく問われる。

林への第6次インタビューで、林と大後戸は体育科の果たす教育的役割について次のように述べた。木原（K）が「絶対受験の中で偏差値で自分たちは序列化されるっていうのは強烈にこの子たち感じてますよね？特に高学年になって6年生になると輪切りにされて、お前はこっち、お前はこっち、って人生を偏差値で決められるじゃないですか。（後略）」と問うた後に、林（H）と大後戸（O）の回答が次のようにあった。

H65：その現実の世界からね、現実からすごくそういう…影響を受けて、ならざるを得ない。附属におった時は、上の学年になればなるほどそれは強くなってきてたと思う。僕がだから低学年が楽しかったのはその辺のことがそこまでまだないから、面白かったんだと思うし。大後戸さんなんかは何回か5、6年やっとるよね？担任。

O21：2回やりました。

H66：だからすごく大後戸さんなんかは強く感じてると思う。

O22：1 回目は打ちひしがれました。○○とか△△とか。

O24：（前略）（2006 年度から 2011 年度までの 6 年間持ち上がった学級担任について：引用者注）でも次に 6 年もった時にはもうちょっと良い終わり方だったかな、と思います。

H69：あーそうなん。それは何か分かってきたわけ？

O25：その一、受験なんかで崩さない、っていう信念。

H70：あー、素晴らしい。（笑）受験ごときで…

O26：受験ごときで崩れるような関係じゃダメ、っていう。それは親にもアピールしながらいけたので。最初は親の要望を飲みながらもってる感じでしたけど。次にもった時は親に発信しながら、っていう感じで。

H71：木原先生に言ったかどうか分かんないけど、私、明らかに違った 1 つが、大学院から帰って、やっぱり通信も含めて親への発信をすっごく意識しましたよ。親に発信することが無かったら、絶対ダメだな、っていうのは強く思ったので。あれも言わんかったっけ？ 1 年生があのね日記を書いてきて、1 年が書いてきたことの倍くらい返事を書くんだけど、その返事の半分は、半分以上かな、親を意識して書いてましたから。

O27：そうですよね。

H72：そこのところが一番大きな違いかもしれない。

K59：子どもの家庭生活とか、保護者の価値観とかそれに触れないと、自分の授業は勝てない、っていう感じですか？

H73：そうそうそう。一緒におそらく中には入っていかない感じ。それがすごく、大後戸さんは 1 年から 6 年までもってて、これはちょっと分からんかな。5、6 年だけもって、附属で 5、6 年だけ担任すると、そこまでできるかどうか。難しいかもしれん。

O28：僕は自信ないです。

H74：できないよね。1 年生 2 年生からいくから入りやすいし、入った時は掌握感があるんです。

O29：多分、言い方はあれですけど、親にも一番聞いてもらえる時期に「これが大事なんです」と伝え続けて、洗脳って言葉は悪いけど、崩れたのを丁度見てたから、僕はそんな風に思いたくない、っていうか思わせて卒業したくないっていうのは、1、2 年の頃からすごく言ってましたね。

H75：一緒ですよね、そこは。こっちから発信しなかったら絶対ダメだっていうのはものすごく強く、だんだんだんだん強くなっていって。だから今でもそれこそなかなかね、大学になっちゃうとあれだけど、学生に一番伝えたいのはそれは1つありますよ。

K60：まあ、学校教育って学力による序列化が社会へ出る労働力の配分機能としてあるので、強くそれを意識せざるを得ないんだけど、そうではない、人間の全面的な発達を学力形成から保証するっていう側面もあるので、多分かっこよく言うとねそういう言い方ですけど。本当にテストで計れる点数だけで幸せになれるんですか？っていう、そういうメッセージですかね？

O30：本当に、仲良かった友達が、受かった学校によって違ったら、離れちゃうっていうのを目の当たりにするので、今までずっと一緒に遊んでたのが、なぜそんなことで変わるんだよ、っていうのは実際ありましたよね。そんなのだけは、っていうのはすごく思って。この価値観は簡単に家でぶち壊してもらえるので。こっちはどんだけ大事、って言っても家でそんなんじゃねぇっていうのをシャワーを浴びれば、全然こっちの言葉は響かなくなっちゃうので。それはお家でも「そうだよ」って言ってもらえるようにしたいな、っていうのは低学年の時から思いましたね。

林と大後戸は、テストの点数や実技試験の記録という結果で人間を序列化する考え方に対し、学級担任でありかつ小学校体育専科だからこそ教師として低学年を担当した時から保護者にも働きかけて、共に学ぶ仲間としてお互いを尊重する学習集団をつくろうとしてきたと述べていた。さらに林は、木原(K)の、体育は「技能差ははっきりするし、できるできない見えるんだけど、だからこそ教えられるものがあった」のかという問いに対し、体育専科教師だからこそ人間を序列化する競争原理ではなく、能力は様々でも共同で学び合い高め合う仲間として共に生きる共生原理を教えることができると次のように第6次インタビューで述べた。

H87：うん。そうそうそう。算数と国語と違うみたいな。

K71：それは何が違うんですか？算数国語と何が違うんですか？

H88：やっぱり、みんなの前であからさまになることが事実としてあるじゃないですか。それを逆に逆手にとって。だから、点を獲れんかった子はこんな気持ちを持つこともあるし、みたいなことを出し合えやすいし、出していくことが、何て言うかな、武器になる教科、だとは思います。

K72：学習内容の結果に差が出るのがみんなに見えるから、じゃあ共同で同じ教材を学んでる意味はどこにあるんですか？っていうのを、ある意味問わざるを得ないですよね？

H89：そうそう。で、できたらそれをね、低中学年のうちにしっかりやっておく。やるべきじゃないかな、っていうのは思いますね。

K73：低中学年のうちにしっかりやっておくって、どんな意識を低中学年で、子どもたちと共有するんですか？

H90：どんな意識を？

K74：はい。

H91：いろんな人がおって良いんだ、ってことを。いろんな技能も違うし、体育なんか嫌いな子がいても良いし、そのことをちゃんと正直に出して良いし。そういうことが低中学年のうちにどれだけできてるかが一番大事なような気がしますけどね。

Armour and Jones（1998, pp.93-107）は6名の中等学校（日本の中高一貫校）の体育専科教師のライフストーリーから「教育的結社における地位の競争（Striving for Status in the Educational Club）」という主題を取り出し、イギリスのアカデミックな教科が重視される中等教育で体育が地位を向上させる方法として以下の3つを検討した。第1は健康やフィットネスへの貢献、第2は中等教育修了資格試験（GCSE）に体育とスポーツ科学を設置すること、第3に身体運動を実技で学ぶ教育的な意義の固有性の主張であった。検討の結果、健康やフィットネスの貢献は重要な要素で持続は必要だが授業時間だけでの達成は難しいとされた。また体育とスポーツ科学の試験は、地位向上の1つの方法として有効だが、スポーツ科学の内容が中心であり運動で実技を教える体育科の内容の一部に過ぎない。身体運動を実技で学ぶ教育的な意義の固有性は重要で実技授業の正当化をさらに研究する必要があるという。

広島大学附属小は小学校でありながら、Armour and Jones（1998）と同様にアカデミックな教科でない体育科の教育的意義の明確化が強く求められていた。林と大後戸の、人間を序列化する競争原理ではなく、能力は様々でも共同で学び合い高め合う仲間として共に生きる共生原理を教えることができるという主張は、実技授業で運動の経過が子ども全員の前にさらされる体育科だからこそ可能な教育的意義と考えられる。この主張は、Armour and Jones（1998）が重要な研究課題とした身体運動を実技で学ぶ教育的な意義の固有性の1つと考えられる。ただし、この試みは小学校体育専科教師が低学年から体育授業と学級経営を通して保護者と子どもとの対話を行い実現する教育的働きかけであり、学級担任を兼ねた小学校体育専科教師の役割に限定されるものかもしれない。

また、能力は様々でも共同で学び合い高め合う仲間として共に生きる共生原理を教えるためには、序章の第3節「3-2　広島大学附属小における小学校体育専科教師の仕事」で示されたように、小学校6年間の長い期間を見据えて体育専科教師が学校レベルの体育科カリキュラムを開発し授業を指導できる体制が重要な意味を持つ。体育専科教師は、特に運動の苦手な子どもたちに対して、単年度ではなく、次の年度も見据えて系統的に指導することができるからである。つまり、体育専科教師は単元の目標の運動技能の評価基準を達成できなかった子どもたちに対し、その目標を次年度の授業で学び直すことを知らせる。子どもたちは、次年度に再度前年度の目標である運動技能を学び直すことを知り、次の学年のために自ら休み時間に練習したり次年度の授業に期待する。体育専科教師は、個々の子どもの能力に合わせ、学年を越えて余裕をもって運動技能の達成をめざし、運動ができる経験をできるだけ子どもたちに保証する。そしてその授業の事実を通して、能力は様々でも共同で学び合い高め合うことに価値があるという考え方を子どもと保護者に語るのである。

ここまで共生原理を説明せずに用いてきた。そこで住民運動から学んで共生を論じた哲学者の説明を聞こう。花崎（1998，p.5）は、日本で1970年代以降発展した民衆の解放運動の成果をもとに「共生の倫理」を以下のように述べた。

「部落解放運動、障害者解放運動、女性解放運動、民族差別撤廃、被差別民族の権利回復運動など、課題別に、民衆の直接参加によって創始された諸運動が、しだいに世論形成と政治争点化の力をつけてきている。これら諸運動は、差別の関係を目に見えるものにし、その根拠（じつは無根拠）を明らかにすることによって、あるべき共生の関係と多様性を祝福とする文化への願いを育ててきている。」

この花崎の指摘をみれば、共生原理を論じる時、林が述べた「いろんな人がおって良いんだ、ってことを。」の「いろんな人」の意味する内容は、子どもの能力差による差別にとどまらず、社会の様々な差別を乗りこえようとする「共生の関係と多様性」を意味することが分かる。21世紀は国境を越えたグローバリゼーションの時代であり、「共生の関係と多様性」にもグローバルな視野での新たな視点も求められよう。本書で小学校体育専科教師が求めた共生原理はこのような発想の端緒になりうる考え方であると思われる。

第3節　本事例研究の意義

本書は林と大後戸という2名の小学校体育専科教師のライフヒストリーの事例研究である。このような少数の事例を扱う研究の意義について最後に述べておきたい。ステイク（2006）によれば、少数事例を扱う事例研究は、ある特殊な事例をより深く理解したいと思い着手する個性探究的な事例研究と、ある問題に関する洞察や一般化を導くために着手する手段的な事例研究の2つに分けられる。通常、事例研究に着手する研究者は個性探究的な関心をもって事例の分厚い記述を心掛けるが、その場合も一般化の問題を避けて通ることはできないとされている。本研究は、編者と林及び大後戸との個人的な関係に端を発したものであり、特殊な状況に置かれた2名の授業スタイルの形成と変容の特質に迫りたいという個性探究的な関心からすすめられた。

ステイク（2006, p.109）によれば、特殊な事例を読んだ読者は、他の事例とどのような点で異なるかを比較して考えながら特殊な事例の分厚い記述の物語を読み、そこにある出来事を追体験し自分自身の中にある様々な出来事の記憶を呼び覚ますことができる。その結果、読者は事例について深い意味付けを行うことができるという。これは、読者による「自然な一般化」とよばれ、特殊な事例の読者への研究の貢献の仕方と説明される。こうした読者による「自然な一般化」により、本研究の事例は一般化できるどのような知見を提供できるであろうか。

中央教育審議会（2021）は、小学校高学年に外国語（英語）、理科、算数の3教科で、2022年度をめどに「教科担任制」の導入を答申した。さらに、文科省の「義務教育9年間を見通した指導体制の在り方等に関する検討会議」は、2021年7月に「義務教育9年間を見通した教科担任制の在り方について（報告）」を出し、追加で「教科担任制」の導入に体育も対象とする案をまとめた。今後の財政状況を踏まえたうえで、実際の運用は決定されると思われる。

このような報道を受けて、良質の体育授業を実現する方法として、小学校の体育専科教師の採用に注目が集まるが、本事例を踏まえれば以下の示唆が指摘できる。読者は、先に述べた自然な一般化により、以下の示唆にご同意いただけるであろうか。もちろんその判断は、読者1人ひとりにゆだねるほかはない。

第1に、小学校の体育専科教師は、良質の体育授業を実現しようとすれば、学級を担任し、または学級担任と連携をとり、保護者の願いと子どもの個性や生活を理解しようとする必要がある。

第2に、若手の小学校の体育専科教師が、体育授業の力量を形成するためには、熟練したメンターから学級担任と体育専科教師として成長するための専門的かつ心理的支援を受ける機会を保障する必要がある。

第3に、小学校の体育専科教師が、低、中、高の各学年を担当すれば、各自の教師の信念に基づき、小学校6年間の体育科カリキュラムを作成、実践し改善する可能性が生まれる。

第4に、小学校の体育専科教師が、自己の体育授業実践や学級経営の実践を継続的に「省察」すれば、自分自身の信念である体育授業観や子ども観、教師観を組み替え、自己の授業スタイルを形成し変容させる可能性が生まれる。

【文献】

Armour, K. M. and Jones, R. L. (1998) Physical education teachers' lives and careers: PE, sport & educational status. London: Falmer Press.

朝倉雅史（2016）体育教師の学びと成長．学文社.

義務教育9年間を見通した指導体制の在り方等に関する検討会議（2021）「義務教育9年間を見通した教科担任制の在り方について（報告）」https://www.mext.go.jp/b_menu/shingi/chousa/shotou/159/mext_00904.html（文部科学省ホームページ，2021.8.25 検索）

花崎皋平（1998）「共生の理念と現実」佐伯胖・黒崎勲・佐藤学・田中孝彦・浜田寿美男・藤田英典編『岩波講座　現代の教育　第5巻　共生の教育』岩波出版，pp.3-25.

木原成一郎・林楠（2010）「イングランドの現職教育に関する研究―リバプール・ジョン・モア大学のメンター資格認定に焦点化して―」『学校教育実践学研究』Vol.16，pp.105-116.

佐藤学（1997）「教師の省察と見識〈教職専門性の基礎〉」『教師というアポリア―反省的実践へ』世織書房，pp.57-77.

ステイクR.(2006)「事例研究」デンジンN. K.・リンカンI. S. 編（平山満義監訳・藤原顕編訳『質的研究ハンドブック2巻　質的研究の設計と戦略』北大路書房，pp.101-120.

中央教育審議会（2021）「『令和の日本型学校教育』の構築を目指して～全ての子供たちの可能性を引き出す、個別最適な学びと、協働的な学びの実現～（答申）」（令和3年1月26日）https://www.mext.go.jp/b_menu/shingi/chukyo/chukyo3/079/sonota/1412985_00002.htm（文部科学省ホームページ，2021.8.25 検索）

山崎準二（2002）『教師のライフコース研究』創風社.

あとがき

本書は、全国的に数少ない小学校体育専科教師を対象にした授業力量形成に関するライフヒストリー研究の試みである。この研究の成り立ちを説明するために、対象とする方々と編者との関係について少々個人的な経歴を含めた話にお付き合い願いたい。

編者は、1992 年 4 月に広島大学学校教育学部に体育科教育担当の講師として採用され着任した。全く面識のなかった編者を業績と面接で審査された当時の体育科教育担当教授は、「体育科教育」誌に 1983 年 4 月から 2 年間、授業研究を連載された全国的に著名な故小林一久先生であった。編者は、小学校教員養成課程の体育科教育法と中学校教員養成課程の保健体育科教育法と体育史、いくつかの体育実技の授業を担当し、学校教育研究科修士課程の保健体育専攻で保健体育科教育学の授業を担当する責任を任された。その時の学校教育研究科修士課程で初めて大学院の指導を担当した学生が、当時修士課程 2 年目に在籍していた林と大後戸であった。

お二人の詳細な経歴は本文を読んでいただくとしてその概略だけ述べよう。林は 1982 年 4 月広島大学学校教育学部を卒業後、広島大学附属小で初任の小学校体育専科教諭として採用され 8 年間勤続の後、2 年間広島大学附属小を離れて大学院で研修のため派遣され大学院に在籍していた。大後戸は 1991 年 3 月に広島大学学校教育学部中学校教員養成課程を卒業し大学院に進学して 2 年目の学生であった。

お二人は 1993 年 3 月に大学院を修了し、林は 35 歳で広島大学附属小の小学校体育専科教師の仕事に戻り、大後戸は広島県の公立小学校の教諭として初任の小学校に赴任した。その後、大後戸は 5 年間の公立小学校の勤務を経て、1998 年に 29 歳で広島大学附属小の小学校体育専科教師として赴任した。編者は林が 2006 年 3 月に大学の教員養成課程に転任されるまでの 14 年間、校内研修や毎年開催される公開研究会はもちろん、学生の修士論文や卒業論文のために、幾度か単元レベルで体育の授業を観察し分析や批評を発表してきた。同様に、編者は、大後戸が広島大学附属小の小学校体育専科教師として赴任し、林と同僚であった

9 年間を含め、2012 年 4 月に広島大学教育学部に転任するまでの 14 年間、林と同様に、幾度か単元レベルで体育の授業を観察し分析や批評を発表してきた。

このお二人との体育授業研究の継続的な体験から、お二人の授業がいくつかの要因を契機として大きく変化したことを実感し、小学校体育専科教師の授業力量形成の過程を、お二人の授業や学校はもちろん、それらを取り巻く家庭や地域社会の広がりの中で明らかにしてみたいと強く思うようになった。その結果、ライフヒストリー研究の方法論でお二人の授業力量の形成過程を明らかにするという本書が成立したのである。

本書はこれまで編者が行ったライフヒストリー研究をもとに、それらに大幅に手を入れて書き下ろして執筆した。参考として以下に本書の下になった初出の論文及び図書を示しておく。

序章

第 2 節　木原成一郎・林俊雄・大後戸一樹 (2016)「授業の力量形成に関するライフヒストリー研究―A 氏の体育授業を中心に―」『学校教育実践学研究』第 22 巻，pp.217-227.

木原成一郎（2021）「ライフヒストリー研究」日本体育科教育学会編『体育科教育学研究のハンドブック』pp.133-138，大修館書店.

第 1 章

第 1 節　木原成一郎・林俊雄・大後戸一樹（2016）「授業の力量形成に関するライフヒストリー研究―A 氏の体育授業を中心に―」『学校教育実践学研究』第 22 巻，pp.217-227.

第 2 節　木原成一郎・林俊雄・大後戸一樹 (2017) 「授業の力量形成に関するライフヒストリー研究（その 2）―A 氏の体育の「授業スタイル」を中心に―」『学校教育実践学研究』第 23 巻，pp.81-91.

第 2 章

第 1 節　木原成一郎・大後戸一樹・中西紘士（2020）「授業の力量形成に関するライフヒストリー研究（その 4）―C 氏の体育授業を中心に―」広島大学大学院人間社会科学研究科紀要『教育学研究』第 1 号，pp.11-20.

第 2 節　木原成一郎・大後戸一樹・中西紘士（2021）授業の力量形成に関するライフヒストリー研究（その 5）―C 氏の体育の授業スタイルを中心に―」『学校教育実践学研究』第 27 巻，pp.113-122.

第 3 章

木原成一郎（2014）「体育科の目標と評価の展開」木原成一郎編著『体育授業の目標と評価』広島大学出版会，pp.17-36.

林と大後戸は、編者と自己のライフヒストリーを紡ぎだす研究に参加し、その成果を「自己のライフヒストリー研究を振り返って」にまとめた。林は、「今では子どもの教育に関する仕事に携わる者は、全てこの言葉の意味するところをしっかりと考えてみる必要があるのではないかと思うようになってきている。」と述べ、恩師の著作から「間接的（あるいは媒介的）指導」という言葉を紹介した。「間接的（あるいは媒介的）指導」とは、「授業の中で学ぶ主体はあくまでも子どもである。子どもが、よりよく学ぶ主体に育つであろう条件を教師はつくってやることしかできない。そして、学ぶ主体に育つ過程を励ましつづけるほかない。」ということである。つまり、林は大学の教師教育者として、教師が子どもに指導できることは、子どもが自分で学ぶことを励ますことにつきるという教師の仕事の限界を教えねばならないと確認したというのである。

大後戸は、教育実習生の指導という教師教育者の仕事に携わったことが、現在大学の教員として学生と現職教師の教師教育に携わる際の重要な観点を生み出したことに気づいたと述べた。第1の観点は、授業をする学生の向こうにいる子どもたちの成長を教師教育者として常に考えるという観点である。大後戸は、自己のライフヒストリー研究に参加して、現在の「学生をちゃんとした先生に育てるというよりも、ちゃんと児童が学べるように授業ができるように学生を育てている、という感じ」は、実習生を教えていた時の「教師の卵としての実習生に教えているというよりも、私の子どもたちにちゃんと教えられるようにするために実習生に教えているという関係」と同じことに気づいたという。大後戸は、学生の向こうにいる子どもたちの成長を常に考える大学の教師教育者としての観点が、教師としての教育実習指導の体験から生まれたことを自覚したのである。第2の観点は、教師が自己の授業の体験を語り他者を指導することは、その教師の信念を洗練し整理する重要な機会になるという観点である。大後戸は、自己のライフヒストリー研究に参加して、「積み上がった教育実習指導によって私が得ていたのは、そんな小手先の技量以上に、小学校教師としての譲れない信念のようであった。」ことに気づいたという。そして、このことに気づいたことにより、大後戸は、教職大学院で学ぶ現職の教員が学生に対して「自分をさらけ出して他者に対して語る」ことを要求する。なぜならば、大後戸は「他者へ指導したり、話したりするときには、必ず何らかの取捨選択をし、優先順位を考えて、意思決定を行っている。そのこと自体が、自分の教育観・信念を洗練させている行為で、それはかけがえのないチャンスなのである。」ということを、自己の教育実習指導の体験から確信したからである。

このように林と大後戸は、過去の自己のライフヒストリーと向き合うことで教師教育者としての現在の自分自身の姿勢を再認識する機会を得たのである。筆者と共同でライフヒストリーを紡ぎだす研究が、参加した林と大後戸の現在の教師教育者の仕事を再認識する契機となったことは本研究の予想を超えた成果であった。

編者は 2023 年 3 月をもって広島大学を退職する。お二人と一緒にライフヒストリーを紡ぎだす作業は、研究者としてまた教師教育者として 32 年間楽しく学生や同僚と一緒に働くことのできた自分自身の経験を振り返る機会を編者に与えてくれた。その意味でも林と大後戸のお二人と広島大学に心より感謝したい。

また、本書は 4 か月間のサバティカル研修を得てまとめることができた。研修を認めていただいた広島大学教育学部長の松見法男教授、カリキュラム開発領域主任の中村和世教授、並びに研修を受け入れていただいた京都大学大学院教育学研究科の西岡加名恵教授にお礼を申し上げる。

最後になりますが、出版業界の厳しい状況の中で、編者のこれまでの単著 1 冊及び編著 2 冊の出版に引き続き、本書の出版を引き受け編集の労をとっていただいた創文企画の鴨門義夫様と鴨門裕明様に心よりお礼を申し上げます。ありがとうございました。

2022 年 6 月

編者として　木原成一郎

執筆者プロフィール

【編著者紹介】

序章第 1 節・第 2 節・第 3 節 1・第 4 節　第 1 章第 1 節・第 2 節・第 3 節
第 2 章第 1 節・第 2 節・第 3 節　第 3 章　終章

木原成一郎（きはら　せいいちろう）

1958 年生，1989 年京都大学大学院教育学研究科博士後期課程学修認定退学
湊川女子短期大学，広島大学学校教育学部，広島大学大学院教育学研究科勤務を経て現職
現在　広島大学大学院人間社会科学研究科教授　博士（教育学）
専攻　体育科教育学　教育方法学
主著
『近代日本の体操科授業改革：成城小学校における体操科の「改造」』単著，不昧堂出版，2007 年.
『教師教育の改革：教員養成における体育授業の日英比較』単著，創文企画，2011 年.
『体育授業の目標と評価』編著，広島大学出版会，2014 年.

【著者紹介（執筆順）】

序章第 3 節 2・第 4 節

中西紘士（なかにし　ひろし）

広島修道大学人文学部助教．博士（教育学）

第 1 章第 4 節

林俊雄（はやし　としお）

広島都市学園大学子ども教育学部教授．修士（教育学）

第 2 章第 4 節

大後戸一樹（おおせど　かずき）

広島大学大学院人間社会科学研究科教授．博士（教育学）

小学校体育専科教師の授業力量形成に関する
ライフヒストリー研究
林俊雄と大後戸一樹の授業スタイルの形成と変容

2022年10月1日　第1刷発行

編　者　　木原成一郎
発行者　　鴨門裕明
発行所　　㈲創文企画
〒101－0061 東京都千代田区神田三崎町3－10－16 田島ビル2F
TEL：03－6261－2855　FAX：03－6261－2856
http://www.soubun-kikaku.co.jp
装　丁　　オセロ
印　刷　　壮光舎印刷㈱

ISBN 978-4-86413-166-7